国家双高专业群建设配套教材

# 塑料配混技术

(第二版)

孔　萍　主编
王玫瑰　主审
孔　萍　李四红　杨崇岭　陈大华　黄进荣　编著

中国轻工业出版社

### 图书在版编目（CIP）数据

塑料配混技术/孔萍主编. —2 版. —北京：中国轻工业出版社，2025.1

ISBN 978-7-5184-3615-6

Ⅰ. ①塑…　Ⅱ. ①孔…　Ⅲ. ①塑料—配混　Ⅳ. ①TQ320. 64

中国版本图书馆 CIP 数据核字（2021）第 161314 号

责任编辑：杜宇芳

策划编辑：杜宇芳　　责任终审：滕炎福　　封面设计：锋尚设计

版式设计：霸　州　　责任校对：晋　洁　　责任监印：张　可

出版发行：中国轻工业出版社（北京鲁谷东街 5 号，邮编：100040）

印　　刷：三河市国英印务有限公司

经　　销：各地新华书店

版　　次：2025 年 1 月第 2 版第 2 次印刷

开　　本：787×1092　1/16　印张：12. 75

字　　数：270 千字

书　　号：ISBN 978-7-5184-3615-6　定价：49. 80 元

邮购电话：010-85119873

发行电话：010-85119832　010-85119912

网　　址：http://www. chlip. com. cn

Email：club@ chlip. com. cn



242744J2C202ZBW

# 前　言
## （第二版）

根据高等职业学校高分子材料加工技术专业教学标准，“塑料配混技术”是高分子材料加工技术专业的一门专业核心课，本书是国家双高专业群建设配套教材。

《塑料配混技术》教材自 2009 年 8 月第一版出版以来，在多所高职院校得到使用，受到师生的广泛好评。为满足广大读者需求，并根据行业发展进一步更新内容，故对教材进行修订。一方面对原书中存在的不妥之处进行更正；另一方面通过对学习活动、知识与能力拓展部分的修编，融入课程思政内涵，学生在查询塑料材料配制与改性相关资料的同时，需了解国内行业发展进程和行业优秀企业，增强学生民族自豪感，通过完成材料配混方案的制定与实施，培养工匠精神、安全生产意识和质量意识，以及勇于探索的创新精神、分析问题和解决问题的能力。

“塑料配混技术”是一门实践性较强的课程，要求学生既要掌握塑料材料配合与混合的理论知识，又要具备塑料配混岗位操作能力，本次修订版基本保持了第一版的结构框架。全书共分 7 个项目，包含塑料成型所用物料类型：粉料、分散体及粒料（含母料），应用了化学改性、填充改性、共混改性、增强改性、纳米复合材料等改性方法，在各项目内容中插入了二维码，扫码可观看动画或视频教学等资源，以帮助学习者理解相关内容，并更新了一些近几年发表的新的参考文献。

本书为高职高专高分子材料成型加工类专业教学用书，也可供从事塑料材料改性与成型加工的技术人员参考。

本教材由广东轻工职业技术学院组织、校企合作编写，由孔萍主编、王玫瑰主审，项目一由佛山顾地塑胶有限公司黄进荣编写，项目二、五由孔萍编写，项目三、六由李四红编写，项目四由杨崇岭编写，项目七由陈大华编写。在编写过程中，得到了顾地科技股份有限公司赵侠高级工程师、广东炜林纳功能材料有限公司钱玉英工程师的支持，广东轻工职业技术学院校外实习基地、高分子加工技术教研室的同仁们也给予了通力协作，本教材参考了大量的公开出版发表的专著、教材、论文（见参考文献），在此一并表示衷心感谢！

本书是国家职业教育高分子材料加工技术专业教学资源库专业核心课程“塑料配混技术”主讲教材，可访问国家职业教育高分子材料加工技术专业教学资源库“塑料配混技术”课程网址： https：//www.icve.com.cn/portal/courseinfo？courseid=ynz1axmkeqpp4h6h7dhxxw，此外在高分子材料加工技术专业教学资源库“素材中心（https：//www.icve.com.cn/portalproject/themes/default/yu-yac2k96hjmjt-plinmg/sta_ page/material. html？ projectId＝yu-yac2k96hjmjt-plinmg）-塑料配混技术”有包含文本、 PPT 演示文稿、图形/图像、视频、动画等类型的千余条资源，可供使用。衷心感谢广东轻工职业技术学院和徐州工业职业技术学院共同组建的国家职业教育高分子材料加工技术专业教学资源库专业核心课程“塑料配混技术”建设团队的辛勤工作。

塑料材料的配混与改性发展很快，同时塑料配混包含了大量工业实用技术，涉及面广，编者水平有限，书中不妥之处，敬请各位专家、老师及读者提出宝贵意见。

编者

2021 年 5 月于广州

# 前　言
## （第一版）

随着现代社会经济、技术的发展，对材料性能与质量提出了更高的要求。塑料材料在高分子材料中用量最大，由高分子化合物与助剂经适当的配方、混合而得到。塑料配混即为塑料材料成型加工提供满足成型要求与制品性能的物料，是塑料材料成型的重要部分，相应的塑料配混工岗位要求掌握塑料与助剂、塑料改性原理、物料混合设备、混合原理与工艺等知识，并具备资料收集分析、配方设计、制定配混工艺、完成配混操作、控制检验配混物料质量等方面的能力。

“塑料配混技术”是一门实践性较强的课程，我们由塑料材料成型加工行业的实际情况出发，将教材内容分为上下两篇，共7个项目，包含了塑料成型所用物料类型：粉料、分散体及粒料（含母料），应用了化学改性、填充改性、共混改性、增强改性、纳米复合材料等改性方法。每个项目开篇的“学习目标、工作任务”有利于学生有的放矢地学习，设置的“查找、思考、分析、讨论、实操、总结、评价”等多种形式的学习活动引导学生完成各项工作任务，在实操中全面接触到塑料配混所需的多种助剂、设备和仪器，融“教、学、做”为一体，始终贯穿以学生为主体的教学理念，全面培养学生的知识、能力与素质。每个项目列出多个工作任务，可根据行业发展情况、教学环境条件选择，且工作任务未规定具体材料，以给予学生较大的自主性。另外，每个项目的知识与能力拓展部分，可开阔学生视野。

本教材由广东轻工职业技术学院组织编写，由孔萍主编、王玫瑰主审，项目一、二、五由孔萍编写，项目三、六由李四红编写，项目四、七由杨崇岭编写。在编写过程中，得到了广东顾地塑胶股份有限公司赵侠高级工程师、广东炜林纳功能材料有限公司钱玉英工程师的支持，广东轻工职业技术学院校外实习基地、高分子加工技术教研室的同仁们也给予了通力协作，本教材参考了大量的公开出版发表的专著、教材、论文（见参考文献），在此一并表示衷心感谢！

编写适用于高职专业教学的《塑料配混技术》教材尚属首次，同时塑料配混包含了大量工业实用技术，涉及面广，编者水平有限，书中难免出现错误，敬请各位专家、老师及读者提出宝贵意见。

编者

2009年5月于广州

# 目　录

上篇

# 塑料粉料与分散体的配混

## 项目一　塑料粉料的配制与塑炼

### 1.1　学习目标

粉料由粉状合成树脂与各种液体、固体粉状助剂通过配料、混合而制成，为松散干燥、自由流动的粉状物料，粉料可直接用于制品的成型加工，也可以塑化造粒后再成型。粉料成型的主要优点是原料在配制中受热历程短，对所用设备的要求低，生产周期短，其主要缺点是物料的均匀度较差。本项目学习的最终目标是能配制出合格的塑料粉料，并采用密炼机、开炼机完成塑炼（见表 1-1）。

表 1-1　　塑料粉料配制与塑炼的学习目标

| 编号 | 类别 | 目　标 |
|---|---|---|
| 1 | 知识 | 1. 理解混合的基本原理<br>2. 掌握聚氯乙烯(PVC)塑料的构成<br>3. 了解塑料的配方设计方法<br>4. 掌握原材料的预处理、配合称量的基本知识<br>5. 掌握常用计量器、混合设备的种类与结构 |
| 2 | 能力 | 1. 能分析 PVC 塑料配方<br>2. 能规范操作高速混合机、密炼机、开炼机和辅助设备，能运用理论知识解释操作过程<br>3. 会分析、处理混合工艺过程中常见的质量问题<br>4. 能对主要配混设备进行日常维护与保养 |
| 3 | 职业素质 | 1. 具备良好的职业道德和敬业精神<br>2. 具备团队合作与沟通能力<br>3. 具备自主学习、分析问题的能力<br>4. 具有安全生产意识、质量与成本意识、规范的操作习惯和环境保护意识<br>5. 具有创新意识 |

### 1.2　工作任务

在塑料成型中以粉料形式使用的主要是 PVC 塑料， PVC 塑料组分较多，配方复杂，不含增塑剂或增塑剂含量在5%以下的为硬质聚氯乙烯（R-PVC）塑料，增塑剂含量在5%~25%的为半硬聚氯乙烯塑料，增塑剂含量在25%以上的为软质聚氯乙烯塑料（S-PVC）。工作任务如表1-2所示。

表 1-2 塑料粉料配制与塑炼的工作任务

| 编号 | 任务名称 | 主要设备与材料 | 要求 |
|---|---|---|---|
| 1 | R-PVC 粉料配混 | PVC 树脂、助剂计量器、筛分设备、高速混合机 | 1. 熟悉所选制品性能要求，熟悉树脂与助剂<br>2. 制定配方，计算材料成本<br>3. 选定混合工艺与混合设备，按设备规格计算实际投料量，选择合适的计量器<br>4. 配料、混合、塑炼<br>5. 整理、讨论分析实操结果，写出报告 |
| 2 | S-PVC 粉料配混 | PVC 树脂、助剂计量器、筛分设备、研磨机、高速混合机 | 1. 熟悉所选制品性能要求，熟悉树脂与助剂<br>2. 制定配方，计算材料成本<br>3. 选定混合工艺与混合设备，按设备规格计算实际投料量，选择合适的计量器<br>4. 配料、混合、塑炼<br>5. 整理、讨论分析实操结果，写出报告 |

## 1.3 物料混合的基本原理

粉料的混合在较低的温度（低于树脂的熔融温度）下进行，目的是将原料各组分相互分散以获得成分均匀的物料。原料混合后的均匀度直接影响制品质量。

### 1.3.1 混合的含义

混合一般包括两方面的含义，即混合和分散（图1-1）。

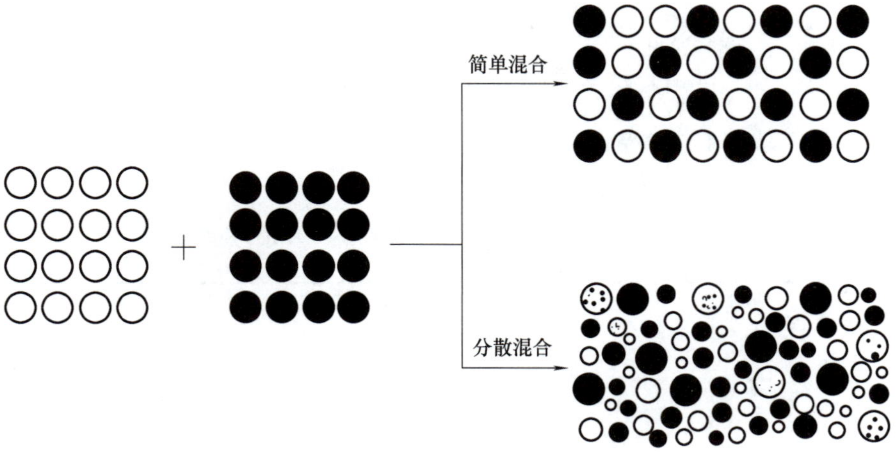


图1-1 简单混合与分散混合

混合也称为简单混合，是指将具有两种以上组分的物料相互分散在各自占有的空间中，使其在任何部位的组成比例均相同的操作，简单混合只增加了混合物中各组分空间分布的无规程度，并不减小各组分微小粒子的尺寸。

分散也称分散混合，是指混合物中各组分发生诸如物料块崩溃而致尺寸变小等物理持性变化，以及各组分向其他组分渗透后备组分均匀分布的过程，分散混合不仅使混合物中各组分空间分布的无规程度提高，还使各组分的微粒尺寸减小。

实际进行的混合操作很少只是简单混合，大多是在简单混合和分散混合并存情况下完成的。比如粉碎、研磨和搅拌等作用使各组分的粒度不断减小，增塑剂向 PVC 树脂中的渗透，低熔点的助剂（如石蜡）在混合过程中熔融，都使组分的微粒尺寸减小，也使各组分的空间分布趋向均匀化。故在以后的讨论中将简单混合和分散混合统称为混合。

塑料配制中，含有较多液体助剂的物料称为润性物料，反之，为非润性物料，润性物料配混中液态助剂将向固体树脂及助剂中渗透。常见的混合方式有：

① 混合。通常指固态组分间的混合，如粉末状组分与小颗粒状组分间的混合。要求各组分在空间分布均匀，主要用于非润性物料。

② 捏合。通常指液态与固态物料间的混合，是在捏合机中借助强烈的剪切作用使混合物各组分充分混合均匀的过程。捏合可用于润性物料，也可用于非润性物料。

③ 塑炼。主要用于塑性物料与固体物料或塑性物料间的混合。它是指借助热和（或）机械功作用，使热塑性塑料在处于可塑的熔融状态下与其他组分间进一步混合均匀的过程。

混合和捏合都是在低于树脂熔融温度以下时进行的，而塑炼时树脂处于熔融态。

## 1.3.2　混合的基本原理

塑料成型材料的均匀混合一般依靠设备的搅拌、振动、翻滚、研磨等达到扩散、对流和剪切 3 种作用来完成。

扩散是利用各组分的浓度差，推动各组分的微粒从浓度较大的区域向浓度较小的区域迁移，从而实现组成均一。通常气体之间、液体之间或液体与固体间扩散较易进行。对于固态物料的混合以及聚合物熔体的混合来说，扩散作用并不明显，需借助升高物料温度、增加接触面积和减小料层厚度等方法促进扩散作用。

对流是混合物中各组分在外界因素作用下相互向其他组分所占的空间进行流动，以达到各组分在空间的均匀分布的过程。对流作用可发生在固-固、液-液和固-液体系的混合过程中。机械搅拌是促使各组分做不规则流动，从而达到对流混合的重要手段。

剪切是依靠机械作用产生的剪切力使物料各组分的物料块产生形变从而扩大了物料各组分间的接触面积，在剪切力作用下物料颗粒的体积减小，从而达到使混合物组成均一的目的。剪切的混合效果与剪切应力的大小、剪切力的方向是否连续改变以及物料温度的高低有关。剪切应力越大，物料块产生的剪切形变也越大，不同组分间的接触面积越大，混合效果也越好；剪切力方向能不断改变（最好作 90°改变），将显著提高混合速度和混合效果；升高物料温度，

剪切

有利于形变的发生和发展，同样会改善混合效果。

在塑料物料的混合过程中，扩散、对流和剪切这 3 种作用经常是同时存在的，只是在不同的操作中，某一作用占优势。粉料配制过程中，物料绝大部分是粉状料，对流作用占优势；而在塑炼过程中，以剪切作用为主。

### 1.3.3 混合效果的评定

塑料成型材料的混合效果可从两个方面来考虑，即组成的均匀程度和物料的分散程度。

均匀程度是指从混合物中随机取样进行分析测定，所得某一组分的百分含量与理论或总体百分含量的差值。此差值越小，则物料混合的均匀程度越高。但取样点很少时不足以反映全体物料的实际混合和分散情况，应从混合物的多个位置随机抽取多个试样进行分析，其组成的平均结果则具有统计性质，较能反映物料总的均匀程度。

图 1-2 两组分固体物料的混合情况

经混合后，不同的物料相互分散，不再像混合前那样同种物料完全聚在一起、出现分散程度的差异。如各占 1/2 的两种组分混合后最理想的是形成极其均匀的相互间隔，形成有序排列，如图 1-2（a）所示的情况，但实际上是达不到的。图 1-2（b）和（c）的分布情况可能出现。

## 1.4 粉料的制备与塑炼

粉料的制备过程为：

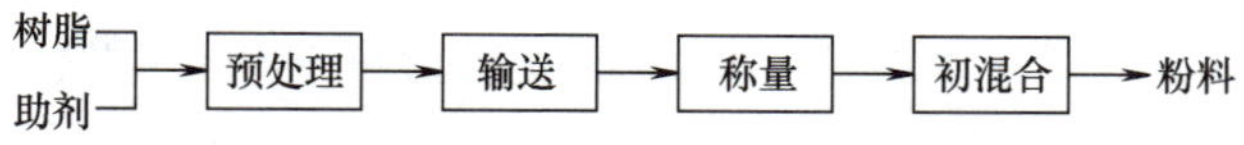


制成的粉料可直接用于挤出、注射成型等，也可塑化造粒后成型，或经密炼机、开炼机塑化后向压延机供料压延成型。粉料在塑料主要成型工艺中的应用见图 1-3。

### 1.4.1 PVC 塑料的构成与配方设计

#### 1.4.1.1 PVC 塑料的构成

PVC 塑料材料主要由树脂、热稳定剂、增塑剂、填料、润滑剂、冲击改性剂、加工改性剂等构成，为满足制品使用要求，有时还要加入抗氧剂、光稳定剂、着色剂等。

① 树脂。用于配制粉料的 PVC 树脂为悬浮法生产，工业上按 PVC 平均相对分子质量的大

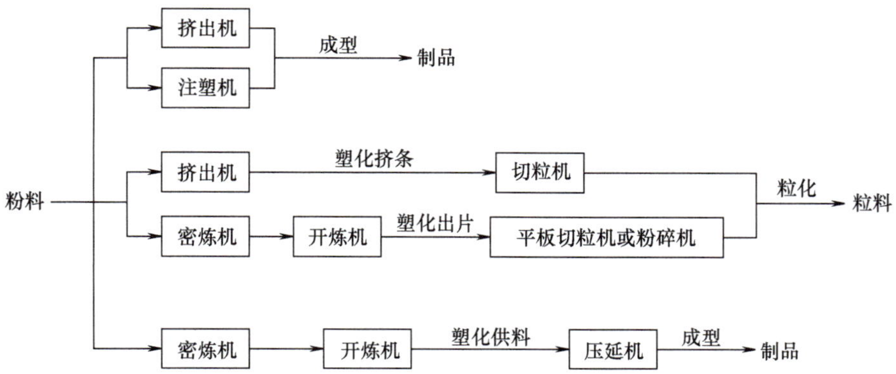


图 1-3　粉料在塑料主要成型工艺中的应用

小划分为不同的规格型号。根据 GB/T 5761—2018，我国悬浮法均聚的 PVC 树脂型号有 8 种（SG1～SG8），型号小的 PVC 树脂，黏数大、平均相对分子质量高，树脂的力学性能好，热稳定性和玻璃化转变温度高，成型加工温度也高，塑化较困难，为了改善其成型加工性能，需加入较多的增塑剂，因而这类树脂适用于力学性能要求较高的 PVC 软制品；与此相反，型号大的 PVC 树脂，黏数小、平均相对分子质量较低，其力学性能较差，但成型加工容易，可用于生产要求无增塑剂或有少量增塑剂的 PVC 硬制品。

### 学习活动（1-1）

查找：

我国 PVC 塑料行业的发展概况，我国有哪些主要的 PVC 生产企业？查找其所生产的树脂产品型号、性能指标和用途。

② 热稳定剂。PVC 树脂对热很敏感，未稳定的 PVC 在受热时会引起降解，甚至在较低温度下进行干混合也会引起热降解。所以 PVC 塑料必须加入热稳定剂。可作为 PVC 热稳定剂的有铅盐、金属皂、有机锡及复合稳定剂等，不同稳定剂并用的效果可能会产生比单独使用效果之和更好或更差，即“协同效应”或“对抗效应”。

③ 增塑剂。经过增塑的 PVC，其软化点、玻璃化转变温度、脆性、硬度、拉伸强度、弹性模量等均下降，而耐寒性、柔顺性、伸长率则会得到提高。PVC 的常用增塑剂有邻苯二甲酸酯类、脂肪族二元酸酯类、磷酸酯类、柠檬酸酯类增塑剂等。

④ 填料。填料可降低成本、减小成型收缩、提高塑料的硬度和压缩强度等，最常用的填料是碳酸钙，碳酸钙的类型和用量对制品的力学强度和耐化学性有显著影响，填料的表面处理也很重要，选用适当的偶联剂或表面处理剂对填料进行表面处理，可提高强度、改善塑料的熔体流动性。常用的偶联剂及表面处理剂有硅烷、钛酸酯、铝酸酯偶联剂、硬脂酸等。填料对塑料材料的改性称为“填充改性”，详见下编项目五。

⑤ 润滑剂。与热稳定剂一样，润滑剂也是必须加入 PVC 中的添加剂。润滑剂可促进物料

从设备的金属表面脱离、降低熔体黏度、影响物料的熔融时间，润滑剂有内润滑剂、外润滑剂，常用的有石蜡、聚乙烯蜡和金属皂。

⑥ 冲击改性剂。硬 PVC 塑料的缺口冲击强度及低温冲击强度低，需添加韧性优越的弹性体或树脂作为冲击改性剂，以达到制品需要的冲击强度，常用的冲击改性剂有氯化聚乙烯（CPE）及丙烯酸类共聚物（ACR）。

⑦ 加工改性剂。硬质 PVC 塑料成型加工时的凝胶速度慢、流动性差，加入加工改性剂后能加快树脂在塑炼过程中的凝胶速度，使其充分凝胶而发挥树脂应有的力学性能。这样，既提高了树脂的流动性，又能改善制品的质量，加工改性剂主要是 ACR，α-甲基苯乙烯的低聚物 M-80 也时有应用。

**学习活动（1-2）**

练习：

选择常见的 R-PVC 及 S-PVC 制品各一种，查找配方，分析各组分作用及协同效应。

### 1.4.1.2 PVC 塑料的配方设计

#### 1.4.1.2.1 配方设计的依据

PVC 塑料的配方设计与其他配方设计一样，主要应该考虑3个方面：制品的性能要求、原辅材料的性能特点、成型加工工艺和设备的要求。

作为一个称职的配方设计者，在制品的性能要求方面必须做到：

① 熟悉所要生产或研制的制品的各种性能指标。国家标准、部颁标准、ISO、ASTM 等都对许多制品制定了相应的性能指标。如果暂时没有相关标准，可参照类似产品的性能指标，也可根据用户的要求来确定；

② 了解制品的使用环境、使用方法以及使用中可能出现的各种问题；

③ 了解市场信息，消费者的兴趣、爱好和销售趋势。

对于原材料及辅助材料的性能方面，配方设计者应该做到：

① 熟悉原辅材料的生产方法、规格、型号和成型加工性能，了解其质量及试验分析结果；

② 了解所用原辅材料的主要特性、使用范围以及相互之间可能产生的效应，以便发挥它们的协同效应，避免对抗效应；

③ 熟悉所用原辅材料的用量与制品使用性能和成型加工性能之间的关系；

④ 了解原辅材料的来源和价格，对材料的成本心中有数。

在成型加工工艺和设备要求方面，配方设计者必须做到：

① 充分了解物料在成型加工设备中的受热过程、受热方式和受热行为；

② 熟悉物料在成型设备中的受力过程、受力方式和受力行为；

③ 熟悉物料流变性能与机头或模具结构之间的关系；

④ 熟悉物料的成型工艺特点和条件。

在上述配方设计依据的基础上，选择 PVC 树脂和助剂，初定其用量，得到初定配方，初定配方要通过实验筛选而使之最佳化。

### 1.4.1.2.2 配方设计法

使初定的配方通过实验最佳化，首先必须认真分析，确定这次试验中进行考察的因素，根据影响因素的多少，配方设计有单因素和多因素之分。

（1）单因素配方设计法

单因素法设计简便易行，故首先考虑单因素法设计，在试验中只考察一个因素，采用这种方法必须找出问题的关键，而把其他因素固定在适当状态而暂不考察，如在填充改性配方中仅改变偶联剂的用量。

单因素配方设计多采用消去法来确定，其基本原理是在搜索区间内任取两点，比较其函数值，舍去其中一个，这样搜索区间缩小再进行下一步，使区间缩小到允许误差之内。常用的搜索方法主要有以下几种。

① 爬山法（逐步提高法）。该法适合于工厂小幅度调整配方用，比较方便，损失也较小。其方法是：先找一个起点 A，这个起点一般为原来生产配方，也可是一个估计配方。在 A 点向该原材料增加的方向 B 点做试验，同时向该原材料减少的方向 C 点做试验。如果 B 点好，原材料就增加；如果 C 点好，原材料就减少。这样一步步改变，如果到 W 点，再增加或减少效果反而不好，则 W 点就是要寻求的该原材料的最佳值。选择起点的位置很重要，起点选得好时，则试验次数可减少。选择步长大小也很重要，一般先是步长大一些，待快接近最佳点时，再改为小的步长。该爬山法比较稳妥，对生产影响较小。

② 黄金分割法（优选法，0.618 法）。该方法是根据数学上黄金分割定律演变而来的。其具体做法是，先将配方试验范围（A，B）的 0.618 点做第一次试验，再在其对称点 0.382 处做第二次试验，比较两点的结果（指制品的物理力学性能），去掉“坏点”以外的部分。在余下的部分再进行黄金分割，再比较、取舍，最终得出最佳值。该法试验次数少，较方便，适于推广。

③平分法（对分法）。该法与黄金分割法相似，只是在试验范围内，每个试验点都取在范围的中点上，根据试验结果，去掉试验范围的某 1/2，再在另 1/2 中取中点，做试验，又将范围缩小 1/2，这样逼近最佳点范围的速度很快，而且取点也极为方便。采用平分法的前提是应对制品的性能指标有所了解，以此标准作为对比条件。同时，还应预先知道该变量对制品物理性能、加工性能影响的规律，这样才能知道其试验结果所表明该原材料的用量是多或少。

④ 分批试验法。分批试验法可分为均分分批试验法和比例分割分批试验法两种。

（a）均分分批试验法是将每批试验配方均匀地同时安排在试验范围内，将其试验结果比较，留下好的部分（范围），再均匀分成数份，再试验，又留下好的部分，最终找出最佳配方。当原材料添加量变化少，而制品力学性能变化显著时，采用该法最好。

（b）比例分割分批试验法与该法相似，只是试验点不是均匀划分，而是按一定比例划分。该法由于试验效果、试验误差等原因，不易鉴别，所以一般工厂常用均分分批试验法。但当原材料添加量变化较小，而制品的力学性能却有显著变化时，用该法较好。

**学习活动（1-3）**

思考：

要将已知配方的S-PVC塑料的硬度降低至某一值，可采用哪一种配方设计法？

（2）多因素配方设计法

多因素法设计较复杂，但在经过认真分析后仍需同时考察若干因素，如填料用量增加，将影响塑料熔体的流动性，须同时考虑润滑剂及加工改性剂的用量时，就必须使用多因素法。多因素试验法很多，其中以正交试验法用得最多。

正交试验法是在选优区内一次布置一批试验点，通过这批试验结果的分析，缩小选优范围。这种方法只做较少的试验，便可判断出较优的配比。正交试验法的步骤：确定因素（变量数目）、水平（实验值数目）；选正交表；表头设计；列出实验方案；进行实验；结果分析，选出最优水平组合；按最优水平组合进行验证实验。

如果只能在生产设备上进行配方试验，则试验用料量大，试验次数不可能太多。为此，只能在原设计出的配方基础上做出一些小的变化。如果在小型的试验设备上先进行试验，则可以按照设计配方→小试→中试→正式投产的顺序循序渐进，按部就班。小试是在试验设备上多次试验，优选出较好的配方。中试是将小试优选出来的配方通过实际的小批量生产进行检验，证实合理之后方可正式投产。

**学习活动（1-4）**

练习：

查找正交表 $L_9(3^3)$，正交表记号 $L_9(3^3)$ 的各个数字表示什么？正交表有哪些特性？试用 $L_9(3^3)$ 安排实验。

#### 1.4.1.2.3 配方的表示

塑料配方有基本配方、质量百分比配方和实用配方3种表示形式（见表1-3）。

表1-3 PVC管材配方示例

| 原料 | 基本配方/份 | 质量百分比配方/% | 实用配方/g |
|---|---|---|---|
| PVC树脂(SG-5) | 100 | 84.25 | 500 |
| 钙锌复合稳定剂 | 2.8 | 2.36 | 14 |
| 轻质活性碳酸钙 | 8 | 6.74 | 40 |
| CPE | 4 | 3.37 | 20 |
| 聚乙烯蜡 | 0.4 | 0.34 | 2 |
| 钛白粉 | 2 | 1.68 | 10 |
| ACR | 1.5 | 1.26 | 7.5 |
| 合计 | 118.7 | 100.00 | 593.5 |

基本配方以树脂用量为100质量份数时，其他助剂的用量为树脂质量的百分之几来表示，可用“份”作单位，也可表示为“phr”（parts per hundred resin）；质量百分数配方用某一组分占整个物料的质量百分数表示；实用配方是根据混合设备大小确定的每一次配混操作的实际称料量。

**学习活动（1-5）**

查找：

在学习活动（1-2）的基础上，按制品的性能要求、原辅材料的性能特点、成型加工工艺和设备的要求3方面收集相关资料。

讨论：

小组讨论，初定配方，计算配方的质量成本。

## 1.4.2　原料的准备

原料的准备主要有原料的预处理，计量及输送。

### 1.4.2.1　原料的预处理

#### 1.4.2.1.1　干燥与预热

塑料原料在储存和运输过程中可能吸收水分，水分含量过大将造成：称量和配料不准、混合过程中物料难以分散均匀、成型过程中水分挥发会产生气泡、脱层、水纹、闷光等制品缺陷。此外，对增塑剂进行预热，可加快其扩散速率，强化传热过程，加快树脂溶胀，以提高混合效率。根据材料的性质、现状及成型要求等而确定某一具体组分材料是否需要干燥、干燥的程度如何。

常见的干燥设备有普通烘箱、真空转鼓干燥器、沸腾床干燥器（见图1-4）、远红外线干燥器，其各自的优缺点及适用范围见表1-4。

表1-4　常见干燥设备

| 设备 | 优缺点 | 适用范围 |
|---|---|---|
| 普通烘箱 | 有电加热、蒸气加热、真空电热等形式，结构简单，但干燥效率低 | 适于干燥少量物质 |
| 真空转鼓干燥器 | 设备结构简单，物料可翻动，干燥效果好、效率高，但属间歇操作 | 适用于中、小型塑料厂，尤其适用于易氧化的物料 |
| 沸腾床干燥器 | 物料与热风混合充分，干燥时间短，单位容积的干燥量大，允许干燥温度高，极限含水量低，可达0.01% | 适于小至80~250μm、大至15~25mm的物料，特别适用于高聚物的干燥 |
| 远红外干燥器 | 投资少，节电，干燥速度快、质量好、效率高；振动式红外干燥器可使物料翻动，干燥效果更好 | 可用于预热或干燥，大多数工程塑料在整个远红外波段有很宽的吸收带，宜用此法 |

#### 1.4.2.1.2　粉碎与研磨

某些颗粒过大或块状固体塑料助剂（如石蜡）需粉碎，可用手工或机械粉碎。

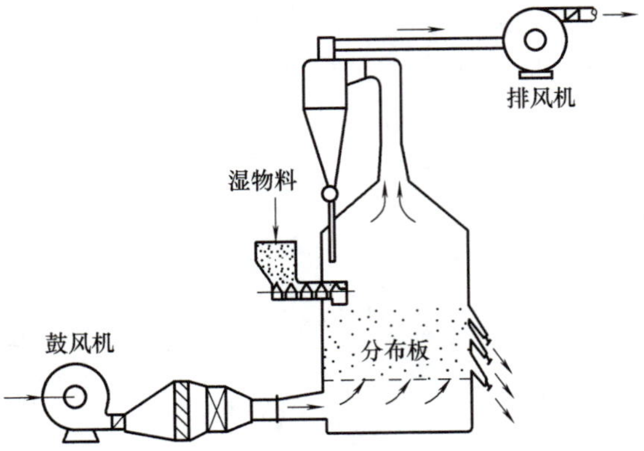


图 1-4　单层沸腾床干燥器

单层沸腾床干燥器

目前采用的某些稳定剂、填料以及色料等，其固体粒子常易发生凝聚现象。为减小颗粒尺寸、有利于这些小剂量物料的均匀分散，可将稳定剂、填料或色料与一定数量的增塑剂（一般用邻苯二甲酸二辛酯）研磨制成浆料或母料。母料是事先配制成的含有高百分比助剂的塑料混合物。常用的研磨设备为三辊研磨机。

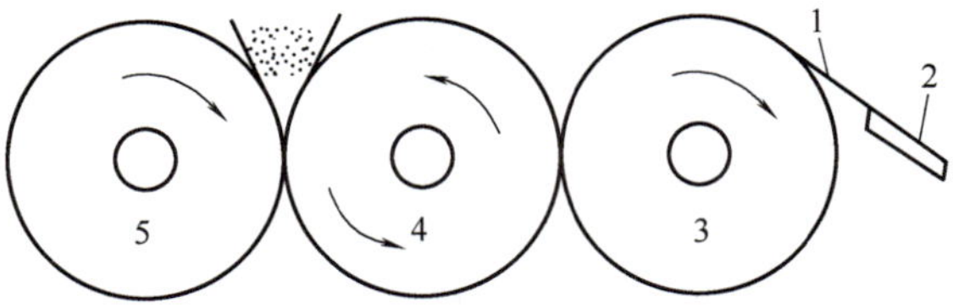


图 1-5　三辊研磨机的工作原理

1—刮刀　2—滑槽　3—前辊　4—中辊　5—后辊

三辊研磨机工作原理如图 1-5 所示，由辊筒、挡板、压力调整机构、刮刀和传动机构等主要部件构成。 3 个辊筒平行地安装在机座上，中辊固定，前后两辊可调节辊距，以满足研磨物料的要求。 3 个辊的速度不同，速比一般为 1∶3∶9（后辊∶中辊∶前辊）。挡板装在中、慢速两辊筒之间，挡板的位置可由螺丝进行调节。压力调整机构用来调整辊筒的松紧程度以达到研磨的要求。刮刀用来刮下磨出来的浆料。颗粒受辊筒间隙处的压力和剪切力而破碎。研磨后的浆料细度可用细度板测定。

#### 1.4.2.1.3　过筛（也称筛分、筛析）

PVC 树脂在生产和运输过程中有可能混入其他机械杂质，为避免机械杂质对设备和制品质量的影响，在生产之前可据需要进行过筛。

常见的树脂筛选设备为振动筛。振动筛有机械振动和电磁振动两种。机械振动筛结构比较简单，如把筛网装在弹簧的框架上，通过电机的某种偏心或不均匀的转动，使筛网发生振动，电磁振动筛通过电磁振动器使筛网发生振动。

**学习活动（1-6）**

讨论：

确定你们的配方中需要预处理的原料，制定预处理工艺及操作过程中的安全措施。

实操：

完成原料的预处理。记录工艺条件及现象。

#### 1.4.2.2　原料的计量与输送

计量是保证物料中各种原料组成比率精确的步骤，有手工称量和自动称量。根据所称物料的多少选用计量器，手工称量的相对误差不应超过2%，自动化生产中相对误差有时要在0.5%以下。小试的配料过程中，常用计量器有分析天平、架盘天平和台秤；正式生产中常用台秤或磅秤，量少的物料也有用架盘天平的；大型自动化生产中采用电子秤、计量泵，也可采用比例配料器或全自动计量混合装置进行称量。袋装或桶装的原料，通常虽有规定的质量，但为保证准确计，有必要进行复称。图1-6介绍了自动供料系统。

原料的输送，一种是机械化自动化输送，对液体原料常用泵通过管道输送到高位槽贮存，使用时再定量放出，固体粉状原料（如树脂）则常用气流输送；另一种是人工输送。

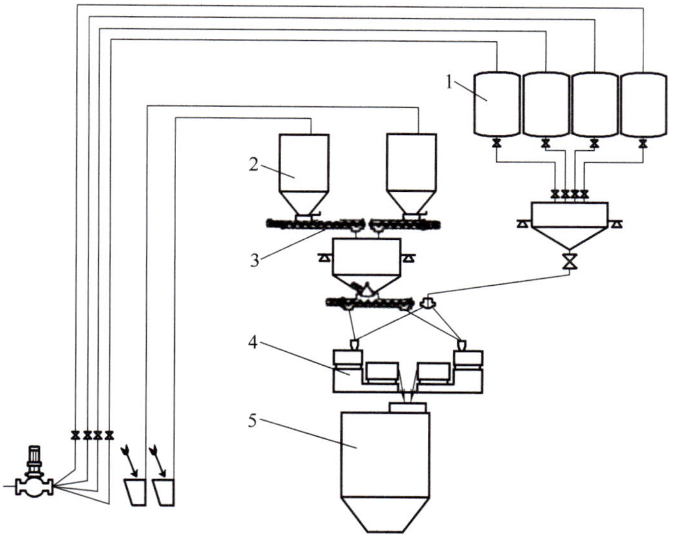


图1-6　自动供料示意图

1—液罐　2—原料仓　3—配料秤　4—冷热混合机组　5—储料仓

### 1.4.3　物料的初混合操作

#### 1.4.3.1　初混合设备

粉料配制过程中的混合称为初混合，经初混合制得的物料，称为干混料。所谓初混合是指使用混合设备或捏合设备在不太高的温度和不太大的切变速率下，把成型物料的各组分进行初步混合分散或混合浸渍的过程。由其定义也可以看出，初混合实际上包括了前面提到的混合方式中的混合和捏合。常用的初混合设备有螺带式混合机、捏合机和高速混合机。

##### 1.4.3.1.1　螺带式混合机

螺带式混合机是一种低强度的混合设备，适用于粒状或粉状物料与添加剂的混合，也可以用于固态助料与少量液态添加剂的混合，如塑料的着色、PVC粉料的干混、共混物及填充混合物的初混等。

螺带式混合机通常由混合室、螺带、机架和驱动装置等部分组成。根据螺带的个数与旋向，可分为单螺带式混合机和多螺带式混合机；根据螺带的安装位置，可分为卧式螺带式混合机、立式螺带式混合机和斜式螺带式混合机。

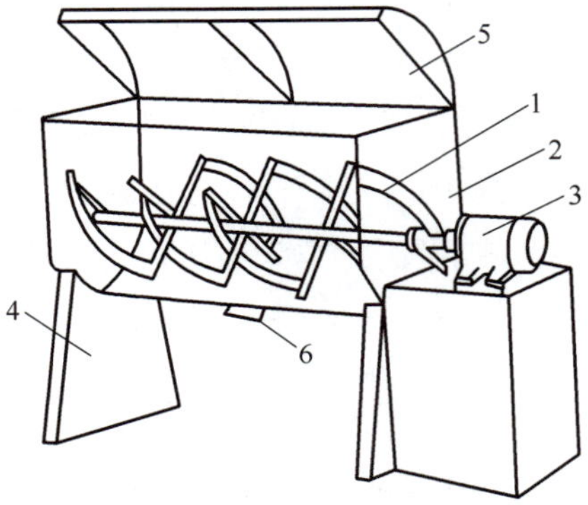


图 1-7　卧式单螺带混合机

1—螺带　2—混合室　3—驱动装置

4—机架　5—上盖　6—卸料口

图 1-7 所示为卧式单螺带混合机。混合室是一个两端封闭的半圆槽形，槽上有可启闭的盖作装料之用，也可在盖上设加料口，槽体附夹套加热或冷却。当螺带旋转时，其推力棱面推动物料沿螺旋方向移动。由于物料之间的摩擦作用，使得物料上下翻滚，以使物料各部分的位移发生错乱，从而达到混合的目的。螺带的转速一般为 10～30r/min。混合室底部开有卸料口，卸料时，将排料口打开，并转动螺带，将物料排出。小型混合机，也可以设计成翻转式，只需将混合室翻转一定的角度，即可排料。

#### 1.4.3.1.2　捏合机

捏合机兼用于润性、非润性两种物料的混合。其结构如图 1-8 所示。主要结构是一个带有 W 形或鞍形底钢槽的混合室和一对搅拌器，混合室钢槽用不锈钢衬里，槽壁附有夹套，可加热或冷却。捏合机混合室的底部一般开有卸料孔，也可靠混合室的倾斜来完成卸料。搅拌器的形状很多，最普通的是 S 形和 Z 形。混合时，两转子可以同向旋转，也可以异向旋转，转子间的速比一般为 1.5∶1、2∶1 或 3∶1。混合过程中，转子旋转时对物料搅动与翻转，物料沿混合室的侧壁上翻而在混合室的中间下落，在转子的外缘与混合室内壁之间的缝隙处、两转子的相切处受到强烈的剪切作用，从而达到均匀混合。

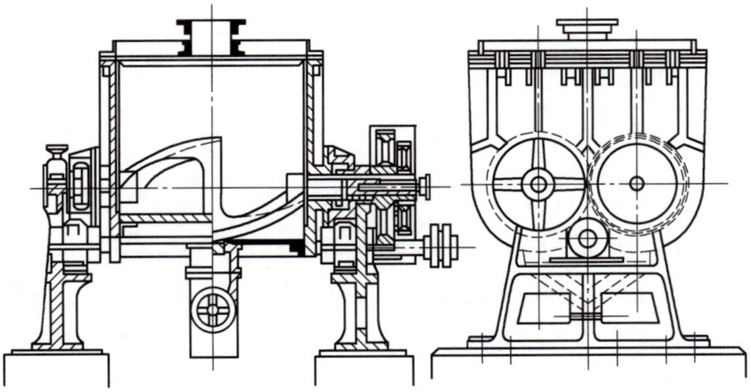

图 1-8　Z 形捏合机

#### 1.4.3.1.3　高速混合机

高速混合机简称为高混机，可以用于混色、制取母料、配料和共混材料的预混，结构如图 1-9 所示。在一个圆筒形混合室中设有位于混合室下部的快速叶轮和可以垂直调节高度的折

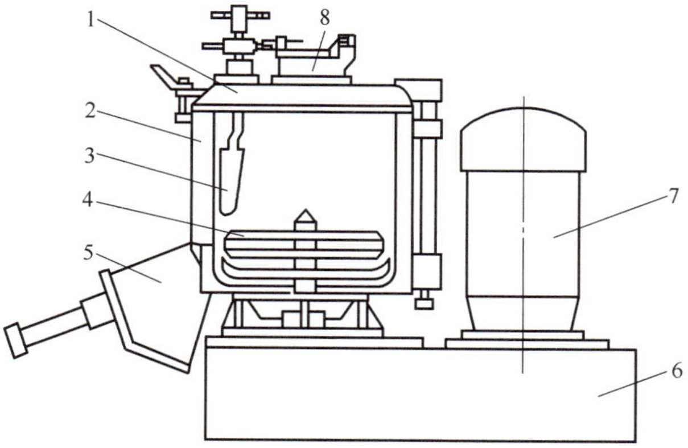


图 1-9 高速混合机结构示意图

1—回转盖 2—混合室 3—折流板 4—搅拌桨 5—排料装置 6—机座 7—电动机 8—进料口

流板。

高混机工作时，高速旋转的搅拌桨使物料由混合室底部向侧壁运动、爬升，至一定高度后，在重力作用下落下。如此反复，则物料可得到均匀混合，快速运动的物料流使得物料相互发生摩擦、碰撞，团状物料被粉碎，另外，物料在运动过程中，物料之间以及物料与桨叶、混合室壁间由于摩擦热，使物料温度升高，低熔点的组分熔融，因此，高混机除具有混合作用外，还可使物料部分塑化。折流板使做圆周运动的物料受到阻挡，物料运动更加无序，促进物料均匀混合。折流板内部可设置测温元件，即时、准确地测定及控制物料温度。高混机加热方式有：在其夹套内通入加热蒸汽或导热油、电加热等。

若使用密炼机或开炼机作为塑炼设备，高混机排出的热料可直接排入下一设备塑炼，其他生产方式均要先使高混机排出的热料立即予以冷却，以防止物料结块和积热分解。

物料的冷却在冷却混合机（冷混机）中进行，冷混机的混合室内表面衬有不锈钢板，外部附有双腔循环冷却用水夹套，混合室的搅拌轴上固定有搅拌桨，物料进入冷混机后，在缓慢转动的搅拌桨作用下，物料与冷却夹套接触，进行有效的热交换，使物料的温度降低。一般料温降至 40℃以下，即可出料。

目前生产上所用 PVC 粉料混合设备多为将高速混合机、冷却混合机组合、配套生产的混合机组，冷混机的容量一般为高混机的两倍以上，以保证混料工序的连续进行。

#### 1.4.3.2 混合工艺与操作

用高速混合机制备粉料须确定加料量、加料顺序、排料温度。

确定高速混合机中的投料量应在保证混合质量的前提下提高生产效率，通常物料的体积占混合器空容积的 50%～70%。物料的体积为混合器空容积的 50%以下时，摩擦生热较小，达到预设的混合温度需要时间长、效率低；加料量在 50%～70%时，升温较快；加料量在 70%以上时，物料翻腾的空间小，混合效果变差，升温速度也不再明显提高，混合机还存在过载危险。

PVC 配方中的组分很多，加料顺序应有利于助剂作用的发挥，避免助剂相互之间的不良影响，使应该在 PVC 树脂内分散的助剂，得以充分进入树脂的内部，如增塑剂应被 PVC 树脂吸收而不是被填料吸收。

含较多液体助剂的 S-PVC 的加料顺序从理论上分析，应为：树脂→增塑剂→浆料→色料、填料及其他助剂，工业生产中，一般分为两步：先将树脂和增塑剂混合一定时间，再将其余物料全部加入，在高混机中混合至 90～105℃排料， 冷混至 40℃排料待用。或由高混机排料至密炼机、开炼机塑化。

R-PVC 理论上的加料顺序为：聚合物→稳定剂→加工助剂→色料→石蜡→填料、润滑剂等，工业生产中，一般分为两步：先将树脂和稳定剂混合一定时间，再将其余物料全部加入，高混机中混合至 105～120℃排料，冷混至 40℃排料待用。或高混机排料至密炼机、开炼机塑化。

高速混合机制备 SPVC 粉料

**学习活动（1-7）**

讨论：

1. 确定加料顺序与排料温度；
2. 定出配混操作规程、安全及防护规定。

实操：

1. 熟悉设备的结构与操作规程；
2. 按配方估计物料的表观密度，确定投料量，将基本配方换算为实用配方；
3. 据实用配方中的原料用量，选择合适的计量器，称料；
4. 遵守安全及防护规定，按所定的配混操作规程完成操作，记录数据与现象。

### 1.4.4 物料的塑炼操作

塑炼的目的是改变物料的性质和状态，借助于加热和剪切力的作用使树脂熔融、混合，同时驱出其中的挥发物，使混合物各组分的分散更趋均匀，并使混合物达到适当的柔软度和可塑性，塑炼后的物料更有利于制得性能一致的制品。

塑炼在聚合物流动温度以上和较大的剪切力下进行，有可能造成聚合物分子的热降解、力降解、氧化降解而降低所得制品品质，应控制好塑炼条件。

#### 1.4.4.1 塑炼设备

塑炼所用的设备主要有密炼机、开炼机和挤出机等。本工作任务用密炼机和开炼机完成。

密炼机是一种密闭、加压的塑炼设备，基本结构如图 1-10 所示，由混炼室、转子、压料装置、卸料装置、加热冷却装置及传动系统等组成，混炼室壁、上下顶栓可进行加热或冷却。在密炼机的混炼室内，物料受到上下顶栓的压力，在两个相对回转的转子间隙中、转子与混炼室壁的间隙中以及转子与上、下顶栓的间隙中受到不断变化的强烈撕拉、剪切和挤压作用，促使物料产生剪切变形、摩擦生热而进行混炼，为了适应不同物料和不同混炼阶段的要求，密炼

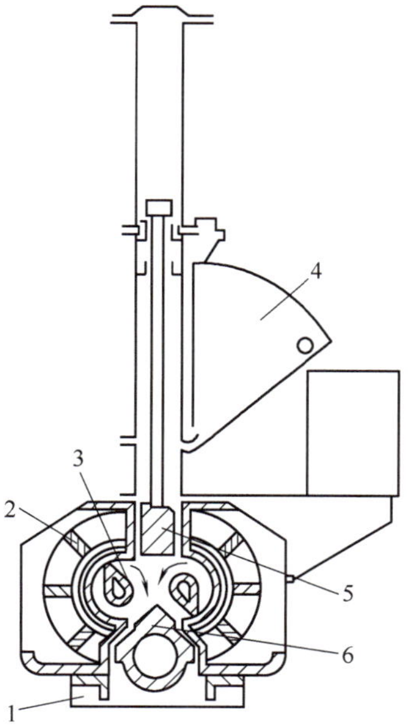


图 1-10　密炼机结构示意图

1—底座　2—混炼室　3—转子　4—加料斗　5—上顶栓　6—下顶栓

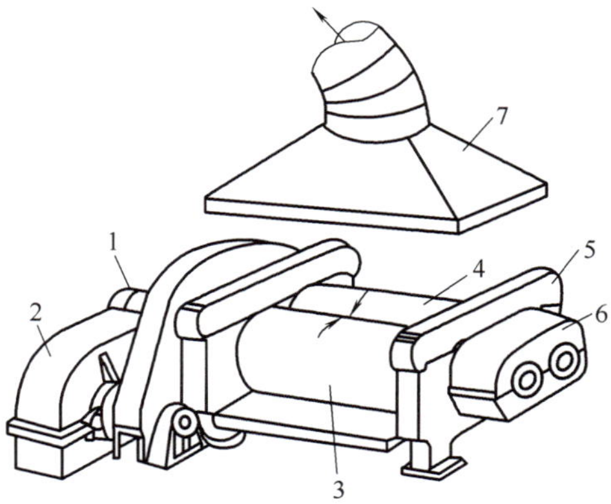


图 1-11　开炼机的组成

1—电动机　2—减速箱　3—前辊　4—后辊　5—机架　6—速比齿轮罩　7—排风罩

机转子的转速通常可调。

开炼机又称开放式炼塑机，基本结构如图 1-11 所示。主要由前后辊筒、机架、紧急停机装置、辊距调节装置、加热装置、挡料板、电机、减速箱等部件组成。开炼机工作时，一对平行辊筒以不同转速相向转动，物料不断进入辊筒间隙反复滚压，辊筒间的物料中存在速度梯度，产生了剪切应力，对塑料起到混合塑炼作用，辊距越小时剪切作用越强，塑化效果越好，使开炼机的生产能力有所降低。

### 1.4.4.2　塑炼工艺与操作

#### 1.4.4.2.1　密炼机的塑炼

密炼机塑炼时要确定投料量、投料顺序、转子转速与速比、上顶栓压力、混炼温度等工艺参数。

（1）投料量

每一次塑炼的物料量应适当，通常物料的体积应占密炼机混炼室有效体积的 50%～80%。投料量太低，生产能力低，而且由于混炼室内的物料太松散，不能形成足够的物料流动阻力，减弱了转子对物料的剪切与挤压作用，不利于其分散与塑化；投料量太高，物料充满密炼机的混炼室，没有流动余地，也不利于混合的进行，甚至可能发生机械故障。

（2）加料顺序

混合时将各组分同时加入密炼机的混炼室，称为一次加料，如将经高速混合机初混合的物料直接排入密炼机中；在混合时各组分按照一定的顺序依次加入，称为分段加料。

含有填料的 PVC 润性物料，直接用密炼机混合时，应避免液态助剂被填料所吸收，先将液态助剂与树脂一次加入混炼室，待混合均匀后，再加入固体填料；若塑料配方中有不易分散的助剂（如炭黑、颜料等），混合时需要高剪切来达到分散混合，因此，应该在物料未软化以前加入；液态助剂则应该在物料软化以后再加入，以免过早地加入的液态助剂在物料与转子的表面及混炼室的内壁之间形成润滑层，阻碍物料的分散。

（3）转子转速与速比

转子转速高，对物料的剪切作用大，有利于分散混合的进行，可以缩短物料混炼时间；转子转速过高，会导致物料的温度上升、黏度下降，使剪切力下降、物料发生焦烧或降解的可能性增大。通常根据物料所允许的最高卸料温度来选择转子的转速。小型密炼机的转子转速通常为 50～150r/min，大中型密炼机的转子转速通常为 20～60r/min。

密炼机的两转子之间保持适当的速比，可以促进其混炼室内物料的卷折与推挤作用。转子的速比分为名义速比与实际速比。所谓名义速比，是指两转子之间的转速之比；所谓实际速比，是指两转子工作表面上各相对应点的线速度之比。密炼机的名义速比一般为 1.07∶1～1.12∶1。

（4）上顶栓压力

密炼机的上顶栓压在混炼物料上，可以使混炼室内的物料密实，减少物料在转子表面和混炼室内壁面上的滑移，使物料有效地被剪切与挤压。一般上顶栓的压力值为 0.1～0.6MPa，高的可达 1.0MPa。

（5）混炼温度

混炼过程物料温度控制的目的在于防止物料的过热，使卸料温度尽量低，并使物料具有一定的黏度，以适应混合要求。

密炼机装有热电偶温度计和功率表，这些仪表基本上能反映出物料在密炼过程中的变化。密炼机功率表表示密炼机电动马达负荷的情况，当物料加入密炼机后，电动机带动转子，克服物料的摩擦做功，负荷增加，功率急剧上升。此时物料在上顶栓的压力和转子的强大剪切力的作用下，发生摩擦产生热量，温度逐渐上升。当温度上升到物料塑化临界温度时，物料变软，电动机负荷减少，功率下降。等到物料完全塑化，功率趋于恒定，结合温度的变化，就可以准确地判断出物料的塑化情况。

#### 1.4.4.2.2 开炼机的塑炼

开炼机的加料量根据开炼机的辊筒大小和物料的特性而定。

开炼机辊温按所塑炼的聚合物的熔融温度而定，慢速辊的温度比快速辊高一些，这是因为操作一般在慢速辊筒上进行，温度应较快速辊高一些，可使物料包住慢速辊，便于操作。温度和混炼时间主要影响物料的剩余热稳定性和塑化程度，升高温度和延长混炼时间有助于提高物料的塑化程度，减少制品中的鱼眼数，但导致剩余热稳定性下降。所以，应在保证一定的塑化程度的前提下尽量降低混炼温度和混炼时间。

开炼机的辊距调整通过转动手轮来实现，辊距的大小由工艺确定，辊距小时对物料的剪切力大，通常在塑炼过程中要改变辊距以得到良好混合效果，如调小辊距对物料“薄通”。辊距、辊筒转速及速比主要影响混炼物料所受到的剪切力，辊距越小，辊筒转速及速比越大，辊筒对物料所施加的剪切力越大，有利于物料快速均匀地塑化，这对减少制品中的鱼眼十分有效，但剪切力过大易引起物料摩擦过热及化学降解。因此，辊距、转速及速比的控制应适当。

开炼机两辊筒对物料的作用是单方向的剪切，不利于物料大范围内的混合均匀，在塑炼操作中须用切割装置或小刀不断地切开辊面物料使其交叉叠合即“打三角包”或将物料打卷后改变方向进行辊压，其目的是不断改变物料受剪切力的方向以提高混合效果。

**学习活动（1-8）**

讨论：

1. 用学习活动（1-7）中初混合得到的粉料，估计表观密度，据密炼机、开炼机的大小，确定投料量；
2. 确定密炼机排料温度、开炼机辊温；
3. 定出塑炼操作规程、安全及防护规定。

实操：

1. 熟悉设备的结构与操作规程；
2. 遵守安全及防护规定，按所定的塑炼操作规程完成操作，记录数据与现象。

### 1.4.5　粉料与塑炼物料的质量与检验

① 粉料外观质量。混合料的颜色应均匀，无粗大结块及颗粒，无分离倾向。用手捏粉料，物料基本上能形成所捏的形状，用手指一弹又能散开，放下物料后手上应没有油性物残留，说明液体助剂基本被 PVC 树脂吸收；表观密度增大，有良好的自由流动性（易下料）和贮存性。

② 塑化料外观质量。在开炼机塑化过程中，切开物料断面观察，塑化好的物料断面光滑，不显毛粒，颜色均匀，同时熔体强度没有降低，可顺利出片。

③ 水分与挥发物的含量。水分多是助剂或树脂的游离水分，挥发物是指塑料受热发生化学反应释放出的易挥发的低分子物。塑料中含水量与挥发分过多时，会降低制品质量或出现缺陷，对各种塑料的水分和挥发分含量均有一定的技术指标。在生产中常是测定水分和挥发分的总量。测定方法一般是称取试样（约 5g），在 100～105℃的烘箱内烘 30min，烘后的质量损失率即为水分与挥发分的含量。

④ 流动性。熔体流动性影响塑料的成型工艺过程，采用流变仪可对 PVC 塑料的熔融、流动做出评价。其他塑料流动性常用熔体流动速率仪测定。

⑤ 力学性能。将粉料用密炼机或开炼机塑化后，压制为板材，裁制试样，或用粉料注塑试样，根据制品性能指标要求，按测试标准测定拉伸强度、冲击强度等力学性能。

对不合格的物料，若为混合不好、水分或挥发分过大，可加入高速混合机中进行补充加工至符合要求；若为物料轻度降解或力学性能稍低，可以一定比例掺混在正常物料中，但必须控制掺混比例不能过高，保证制品质量。

**学习活动（1-9）**

实操：

检验你们所配制的物料；记录、整理检验结果。

# 1.5 总结与提高

## 1.5.1 总结与评价

完成了学习活动（1-1～1-9），还需要对本项目工作任务进行：

**总结与评价**

1. 资料整理

汇总本项目中所做的各项资料查询、讨论记录，制定的配方、混合工艺规程、安全及防护规定，混合操作与现象记录，所得混合物料的质量检验结果。

2. 写出总结报告。

3. 小组讨论，对工作任务完成情况做出评价。

（报告编写格式、评价指标见附录）

## 1.5.2 知识与能力拓展——PVC 制品的卫生性

长期以来，人们普遍认为 PVC 的卫生性差，然而，慢性毒性试验表明， PVC 树脂本身是无毒的。 PVC 塑料制品的卫生性主要有两个方面的问题：一是树脂中残留的氯乙烯单体是有害的；二是所使用的许多助剂（如稳定剂、阻燃剂、增塑剂等）有一定的毒性和异味。另外，PVC 产品在生产时的粉尘和刺激性气味也产生了不良影响。

随着 PVC 合成技术的进步，树脂中氯乙烯单体的含量已可以降低到 5mg/kg 以下，基本上解决了树脂中单体含量过高的问题。

同时，通过无毒助剂的选用，合理地进行配方，可以制得满足卫生要求的 PVC 制品。需要注意，不同国家和地区的标准和规范有差异，随人们生活水平、环保意识的提高，卫生要求也在提高，已不再限于食品包装、儿童玩具，对农膜、电缆、建材等许多产品也必须考虑卫生性。例如环保型 PVC 电缆料要求不含铅、镉、锡、锑等对人体有害的重金属元素，常选用无毒的钙锌复合稳定剂来制备。

关于 PVC 卫生性方面的问题，还应该考虑到助剂的析出和在溶剂中的溶解度等问题。在生产中，在满足制品性能和成型加工要求的条件下应尽量减少助剂的用量，并选择那些不易析出和耐溶剂抽出的助剂品种。例如，在 PVC 中使用聚酯类增塑剂以及其他低分子量聚合物类增塑剂，即能降低成型加工温度，增加柔性，又能大大降低溶剂抽出量。

查询国内外关于 PVC 塑料儿童玩具的相关标准与规定，给出确保制品符合安全卫生要求的方案。

# 项目二　塑料分散体的配混

## 2.1 学习目标

塑料的成型加工通常由塑化、成型、定型 3 个阶段构成，可通过加热使塑料熔融流动而成型，如粉料、粒料用于挤出、注射成型；也可通过添加液体组分使塑料获得流动性，如采用分散体。

分散体是一种或多种细微分散物质均匀分布在另一种物质中所形成的多相物系。塑料成型工业中作为原料用的分散体主要是固态氯乙烯聚合物或共聚物与非水液体形成的悬浮体，通称为聚氯乙烯（PVC）糊或 PVC 溶胶塑料，因 PVC 糊中组分的不同，有增塑糊、稀释增塑糊、增塑胶凝糊、稀释增塑胶凝糊 4 种。由 PVC 糊生产制品要经过塑形（或成型)、烘熔两个过程。塑形就是利用模具或其他器械，使糊状料具有一定形状，烘熔是将塑形后的物体进行热处理，从而使糊状料通过物理或化学变化成为固体。应用 PVC 糊的成型方法有搪塑、浸渍、涂覆成型等，可制得玩具、手套、墙纸、人造革等产品，并可用于粘接、密封等行业。本项目学习的最终目标是能制备出合格的 PVC 糊（见表 2-1）。

表 2-1　　塑料分散体配混的学习目标

| 编号 | 类别 | 目　标 |
| --- | --- | --- |
| 1 | 知识 | 1. 掌握 PVC 糊的构成<br>2. 了解塑料配方设计方法<br>3. 掌握原材料的预处理、配合称量的基本知识<br>4. 掌握常用计量器、混合设备的种类与结构<br>5. 掌握 PVC 糊的特性<br>6. 理解 PVC 糊成型过程中的变化 |
| 2 | 能力 | 1. 能分析 PVC 糊配方<br>2. 能规范操作研磨机、混合机和辅助设备，能运用理论知识解释操作过程<br>3. 会分析、处理混合工艺过程中常见的质量问题<br>4. 能对主要配混设备进行日常维护与保养 |
| 3 | 职业素质 | 见表 1-1 |

## 2.2 工作任务

塑料分散体配混工作任务如表 2-2 所示。

表 2-2 塑料分散体配混的工作任务

| 编号 | 任务名称 | 主要设备与材料 | 要求 |
|---|---|---|---|
| 1 | PVC 增塑糊(PVC 塑性溶胶)的配混 | PVC 树脂、助剂计量器、研磨设备、混合机 | 1. 熟悉所选制品性能要求,熟悉树脂与助剂<br>2. 制定配方,计算材料成本<br>3. 选定混合工艺与混合设备,按设备规格计算实际投料量,选择合适的计量器<br>4. 配料、混合制糊、搪塑成型<br>5. 整理、讨论分析实操结果,写出报告 |
| 2 | PVC 凝胶增塑糊(PVC 塑性凝胶)的配混 | PVC 树脂、助剂计量器、研磨设备、混合机 | 1. 熟悉所选制品性能要求,熟悉树脂与助剂<br>2. 制定配方,计算材料成本<br>3. 选定混合工艺与混合设备,按设备规格计算实际投料量,选择合适的计量器<br>4. 配料、混合制糊、涂覆成型<br>5. 整理、讨论分析实操结果,写出报告 |

## 2.3 PVC 糊种类与特性

### 2.3.1 PVC 糊的种类

PVC 糊是细微固体（固态氯乙烯聚合物或共聚物、固体助剂）分散在非水液体组分中的混合物，因组分的不同，有以下 4 种：

① 增塑糊。为 PVC 树脂悬浮体，液相全部为增塑剂，亦称塑性溶胶。

② 稀释增塑糊。为 PVC 树脂悬浮体，其液相有分散剂和稀释剂两种，分散剂内可有或无增塑剂，亦称有机溶胶。

③ 增塑胶凝糊。为加有胶凝剂的塑性溶胶，亦称塑性凝胶。

④ 稀释增塑胶凝糊。为加有胶凝剂的有机溶胶，亦称有机凝胶。

为保证 PVC 糊在成型过程中的流动性，其液体分散剂必须有较多的分量，增塑糊中的分散剂全是增塑剂（不得少于树脂的 40%），由于增塑剂的沸点高，在成型烘熔过程中损失少，并渗透到 PVC 树脂分子之间，形成均匀的塑料材料，故增塑糊只能生产软制品。

要制成硬度较高的制品，就不能采用增塑糊，将增塑糊中增塑剂的部分或全部用挥发性高的非水溶剂来代替，这样便成为稀释增塑糊。稀释增塑糊的液相物有稀释剂（非极性液体）和分散剂（包括增塑剂和挥发性溶剂两类，这两类物质都是极性的），稀释剂和分散剂要有适当的配比，否则不能取得良好的效果。

增塑胶凝糊与稀释增塑胶凝糊的区别和增塑糊与稀释增塑糊的区别相同。前两者与后两者的不同点在于前两者组成中都加有胶凝剂，只有当剪应力高达一定值后才发生流动，这样，在不受外力和加热的情况下，物料不会因自身的重力而发生流动，在整个成型过程中，物料就不会产生流泄和塌落现象，同时容易成型，使最后所得到的制品能保持塑成时的形状。

## 2.3.2 PVC 糊成型过程中的变化

PVC 糊是 PVC 树脂及固态助剂分散在液体分散介质中形成的分散体，属于热力学不稳定系统，但由于分散相粒子的扩散及制备时加入的表面稳定剂可以有效地对抗不稳定的相互凝结作用而使其处于相对稳定状态，因而可视为动力学稳定体系。据史托克斯定律（stokes law），树脂和固体助剂粒子半径越大，与液相介质的密度差越大，则沉降速度越大，介质黏度越大，沉降速度即越小。沉降速度越小，表示分散相粒子不会很快下沉，分散体的动力稳定性就越好。

PVC 糊中树脂粒子要比液体分散介质分子大几个数量级，粒子过大，将成为粗分散粒子而丧失动力稳定性，粒子过小就不存在相界面，丧失溶胶的多相特征而变成真溶液。分散介质必须选用在常温下难以溶解 PVC 树脂的液体，如果所用液体易于溶解 PVC 树脂，则液体将被树脂吸收，无法得到具有一定流动性的 PVC 糊。

在配制、贮存、成型过程中， PVC 糊颗粒和增塑剂的界面发生了一系列物理化学变化：湿润，溶剂化、凝胶及塑化。

配制分散过程首先是增塑剂或溶剂等液相介质对颗粒的湿润，颗粒被湿润后，在剪切力、扩散力、范德华力的作用下，增塑剂小分子开始向颗粒孔隙内渗透，即开始溶剂化，在此过程中，颗粒膨胀，次级粒子发生崩解。溶剂化作用在贮存时仍继续发生，随着溶剂化的进行，体系中游离增塑剂量减少，黏度上升。

当温度超过 35℃ 时，溶剂化进程显著加快。高温下的深度溶剂化最终导致凝胶和塑化。

PVC 糊在加工中受加热的作用，糊黏度降到最低点后便开始急骤上升而失去流动性呈凝胶状，即发生凝胶化，此时的温度称凝胶化温度。随着温度的继续上升，增塑糊黏度变得非常高，呈现脆性干酪状，此状态可认为是“熔融”阶段，此时的温度称为熔融塑化温度。凝胶化过程发生的温度和黏度上升的速度，可以统称为凝胶化性能，主要受糊树脂特性（相对分子质量、颗粒形态）和增塑剂特性和用量的影响，增塑糊在此过程中的变化见图 2-1。

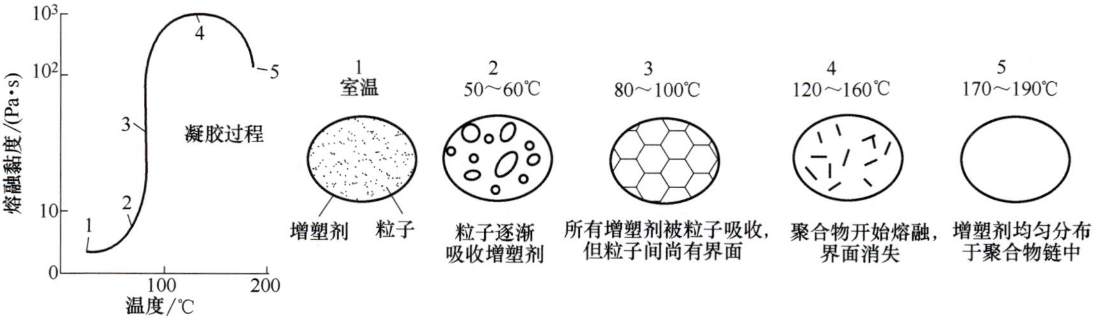


图 2-1 增塑糊因温度变化而发生凝胶化—熔融塑化的过程[18]

塑化过程直接影响 PVC 糊制品的力学强度。为了获得较高的力学强度，应使 PVC 糊料充分塑化。塑化温度、时间要依据配方调节，在使用对 PVC 树脂溶剂化能力较低的增塑剂（如 DOS，DIDP）时，塑化温度应适当提高，或延长塑化时间。

增塑糊因温度变化而发生凝胶化—熔融塑化的过程

### 2.3.3　PVC 糊的流变性

与塑料熔体一样，PVC 糊的流变性能对成型加工具有重要意义，流变性能主要包括糊黏度及糊黏度随剪切速率的变化关系。不同的成型工艺要求 PVC 糊有不同的黏度，如在搪塑和滚塑工艺上，通常需要的 PVC 增塑糊流动性好，能倾倒或泵送，并能在室温下流淌到模具内腔各部分，直至细微花纹的模腔表面，搪塑成型的 PVC 糊还应有较好的高温稳定性。

PVC 糊的黏度总是大于它的液相介质的黏度．而且随着固体粒子含量的增加而增大。这首先是以下两个原因造成的：①由于糊中固体粒子间的碰撞而导致摩擦力的增加；②通过固体粒子间的液体发生了干扰。

PVC 糊的黏度还可以由于以下几种原因而使其猛烈上升：①树脂的溶剂化；②树脂粒子吸附的分散介质能增加颗粒的有效体积；③受力时，树脂颗粒会变形；④表面活化剂对粒子的作用；⑤树脂颗粒带有电荷；⑥树脂颗粒容易结块等。目前理论上的探讨还不够成熟。

PVC 糊在低剪切速率下的初始黏度与树脂的粒径及其分布密切相关，树脂的粒径小、分布窄，糊初始黏度就大。此外，在溶剂化过程中 PVC 次级粒子发生崩解，崩解情况的不同将影响 PVC 糊的流变性能。当剪切速率很低时，PVC 糊的流动行为可能与牛顿液体一样，而在剪切速率较高时，则表现为假塑性液体；如果剪切速率继续增高，则又能出现膨胀性液体的流动行为（此现象仅限于树脂浓度大的 PVC 糊）。但也有表现为牛顿液体后直接表现为膨胀性液体的（如果所用分散剂的溶剂化能力是优良的）。加有胶凝剂的还具有一定的屈服值。出现假塑性液体行为的原因是：树脂表面吸附层或溶胀层在受剪应力时会被剥脱或变形；出现膨胀性液体行为则是因为树脂颗粒产生了敛集效应，以致能够任意活动的液体数量行所减少。

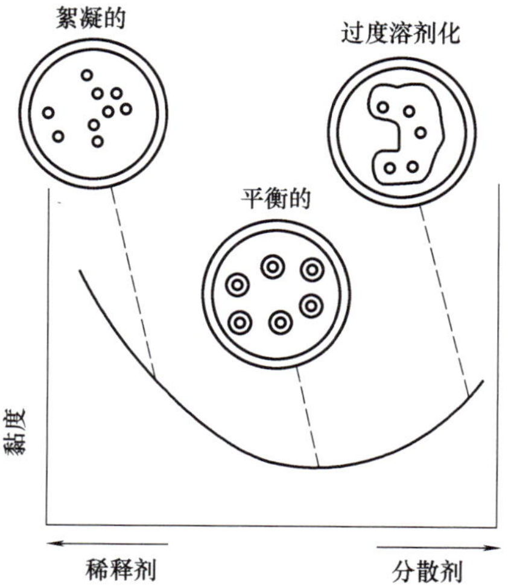


图 2-2　稀释增塑糊中分散剂—稀释剂比例对黏度的影响

稀释增塑糊中的液相介质有分散剂与稀释剂两种。配制时，如果分散剂用得太多，树脂颗粒常易发生过度的溶剂化，黏度会增大。反之，稀释剂用得太多，黏度也会变大，这是由于树脂颗粒发生絮凝作用的结果。由此，如果两种液体的比例能够取得平衡，则稀释增塑糊的黏度就会出现最低值，见图 2-2。在生产中，为稳妥起见，分散剂的用量总是略高于黏度最低值的应有用量。这样，一方面可以抵偿在贮存中由树脂缓缓吸收的一部分分散剂，再则可减少热处理过程中出现的絮凝现象。

温度升高，起初会使 PVC 糊黏度下降，但在短时间后，出于聚合物的溶胀和凝胶化作用，黏度便会显著增加。

增塑剂的用量、化学结构和溶剂化能力对 PVC 糊的流变行为有重要影响。糊黏度在给定剪切速率下随增塑剂用量的增加而降低，但增塑剂用量高达一定程度后即对黏度的影响显著减小。溶剂化能力强的增塑剂易被树脂颗粒吸收，使液体分散介质减少；同时，增塑剂又使树脂表面溶解而导致分散介质黏度增加。因而由相容性好的增塑剂制成的 PVC 糊，不但初始黏度高，而且存放过程中的黏度变化也大。

学习活动（2-1）

思考：

蘸塑成型、涂覆成型对所用的 PVC 糊流动性要求如何？

## 2.4 PVC 糊的制备

### 2.4.1 PVC 糊的组分及作用

PVC 糊所含组分有树脂、分散剂、稀释剂、胶凝剂、稳定剂、填充剂、着色剂、表面活化剂以及为特殊目的而加入的其他助剂等。

（1）树脂

制备 PVC 糊用的树脂称为 PVC 糊树脂、指乳液法 PVC 树脂或微悬浮法 PVC 树脂，现在糊树脂已形成一大类，工业化生产方法有：乳液种子聚合法、乳液连续聚合法、乳液无种子聚合法、乳液溶胀聚合法、微悬浮聚合法、种子微悬浮聚合法、乳-微混合法（无均化法）、掺混树脂（一种特殊的悬浮树脂）等。它们的共性是：糊树脂的初级粒子为 0.2～2.0μm，干燥后的树脂粒度大小为 30～70μm，在增塑剂中能崩解，还原成初级粒子，以制成稳定的增塑糊料。

树脂颗粒太大时，容易在所配制的分散体中下沉，而且在加热处理后不易得到质量均匀的制品，反之，颗粒太小时，在室温下常会因过度的溶剂化而使 PVC 糊的黏度偏高，同时还不耐存放。但从成糊的难易程度来说，小颗粒较易成糊，由于稀释增塑糊和稀释胶凝增塑糊中液相物的黏度一般偏低，因此，为防止沉淀而选用颗粒偏小的树脂。在颗粒形状上，常希望它呈球形，因为球形体的比表面积小，可以防止室温下过多溶剂化。

糊树脂的相对分子质量一般为 50000～120000（相当于聚合度 800～2000），相对分子质量高的树脂，能适当地阻止溶剂化，还能为制品带来较为优良的物理—力学性能。

（2）分散剂

分散剂包括增塑剂和挥发性溶剂两类，这两类物质都是极性的。

增塑剂的黏度对所配 PVC 糊的黏度有直接影响，即黏度高的，所配糊料的黏度也高。增塑剂的溶解能力大小常反映在配制糊的存放时间上，溶解能力越大的，越不利于久放，因为存放时其黏度增长快。辅助增塑剂的溶解能力相对来说都很小，配用时对黏度的降低和存放都有利。

挥发性溶剂的黏度和溶解能力对所制糊的影响与增塑剂相同。常用的溶剂以酮类为多，如甲基异丁基甲酮和二异丁基甲酮等，其他还有某些酯类和二醇醚类。所用溶剂的沸点应在 100 ~200℃。

理想增塑剂应与 PVC 树脂有较高的相容性、低的挥发性、耐迁移、耐抽出、耐高低温差、无毒、无味、加工性能好且价廉等，但实际上是达不到的，在应用中常选择几种增塑剂并用以满足主要性能要求。

（3）稀释剂

稀释剂与分散剂相溶，不溶解树脂；使用稀释剂的目的在于：降低糊的黏度和削弱分散剂的溶剂化能力。稀释剂用的物质是烃类，它们的沸点亦应为 100 ~ 200℃，沸点均应低于分散剂。这样，在热处理时，稀释剂就会先逸出，从而使余存的分散剂能够充分发挥溶剂的作用而为制品带来较好的性能。芳烃对 PVC 树脂是略具溶胀作用的，萘烃几乎没有，而脂烃则完全没有溶胀作用。成型过程中散逸的稀释剂蒸气易造成火灾、爆炸、“三废”问题等，必须合理排放。

（4）胶凝剂

胶凝剂的作用是使溶胶体变成凝胶体。当溶胶体中加有胶凝剂时，能在静态下形成三维结构的凝胶体。这种三维结构是以物理力结成的，在外界应力大至一定程度后即被摧毁，以致胶凝体又重新表现液体的行为。而当应力解除后又恢复其三维结构。常用的胶凝剂有金属皂类和有机质膨润土，金属皂类兼有润滑作用，有机质膨润土效果好。胶凝剂的使用量约为树脂的 3%~5%。

（5）填料

用作填料的物质有磨细或沉淀的碳酸钙、重晶石、煅烧白土、硅土和云母粉等。含水量高的物质，如纤维素与木粉等，一般不用作填料，因为在加热处理时易起泡。填料颗粒的直径应为 5 ~ 10 μm，颗粒大小和形状对填料的分布均匀性和制品的性能具有一定的影响。对填料的吸油量应该引起重视，吸油量越大时所配制的糊料的黏度增加越大（显然，采用大量色料时也会引起这种问题）。吸油量的大小与填料的种类和所用非水液体的类型有关，而用同一种填料时，如果其他情况不变，则颗粒大的吸油量偏小，这是因为比表面积小的缘故。所以，在填料用量高而要使配制的糊的黏度偏小时，可采用颗粒偏大的填料。经表面处理的与未处理的填料相比，糊黏度降低，其制品的物理性能如冲击强度、拉伸强度等提高，制品的表面光洁度也有明显的提高。填料的用量一般不超过树脂的 20%。

（6）热稳定剂

PVC 糊必须加入热稳定剂，否则无法得到制品。在选用热稳定剂时，除稳定效果、相容性、安全性、色泽、价格等因素外，还要考虑热稳定剂在糊中的分散、对 PVC 糊常温下的初黏度的影响和糊受热后的最佳凝胶、熔融温度的影响。热稳定剂有粉状和液状。如果要求的是很低黏度的增塑糊，则不首先考虑选择使用干粉状稳定剂，因粉状稳定剂会吸附增塑剂，提高糊黏度，且制品中有造成起霜的趋势；液体复合稳定剂兼有增塑剂的某些作用，可降低糊的黏度，但润滑性差。有机锡类液体稳定剂，稳定效果好，但大都有气味、价格较高。

（7）表面活化剂

这类物质用于降低或稳定溶胶塑料的黏度。常用的有三乙醇胺、羟乙基化的脂肪酸类和各种高相对分子质量的烷基磷酸钠等。表面活化剂的用量一般不超过树脂的 4%。

（8）其他助剂

这一类助剂在 PVC 糊的组成中都是较次要的，种类很多，重要的有：为使糊能够用作制造泡沫塑料而加入的发泡剂；为增加制品表面黏性而加入的氧茚-茚树脂；为增加制品硬度而加入的各种热固性树脂单体和热固性树脂；避免制品不良气味的气味改良剂；以及在粉料中也使用的润滑剂、阻燃剂、色料、驱避剂等。总之，加入这类助剂的目的，是有利于成型操作、提高制品性能和使用价值、扩大糊的用途等。

**学习活动（2-2）**

查找：

选择一种 PVC 糊制品，按制品的性能要求、原辅材料的性能特点、成型加工工艺和设备的要求 3 方面收集相关资料。

讨论：

小组讨论，初定配方，计算配方的质量成本。

### 2.4.2 PVC 糊的配制与贮存

理想的 PVC 糊，其中的 PVC 树脂在室温下在分散剂中不溶解，但经加热后树脂必须溶解，且能与其他组分熔融。因此，在配制过程中不能使树脂-分散剂体系过分变热，否则在配制过程中 PVC 糊即已受热凝胶或熔融，从而丧失必需的流动性能。 PVC 糊在制备阶段中最重要的是控制黏度。相同的材料和配方，由于配制设备的不同或配制工艺的不同，糊黏度会有很大的差别。

（1） PVC 糊的制备

制糊即将 PVC 树脂和固体助剂分散在分散剂（或分散剂与稀释剂的混合物）中，制备过程包括：原材料的预处理、计量、混合、脱气等。

制备 PVC 糊前，着色剂、粉末稳定剂、胶凝剂和发泡剂应与适量分散剂混合，在三辊研磨机研磨成浆。

制备 PVC 糊的最传统方法是采用由涡轮搅拌器驱动、低速度、低剪切的混合机，能对各种高、低黏度的增塑糊予以较良好的混合，但分散作用较差。 也可采用捏合机、球磨机等。随着科技的进步和生产的发展，许多高效率的、高速度的、高剪切的机械得到了开发，采用在搅拌混合机料桶和套桶间通水冷却降温，减少增塑糊的升温。图 2-3 为行星搅拌型的立式混合机。

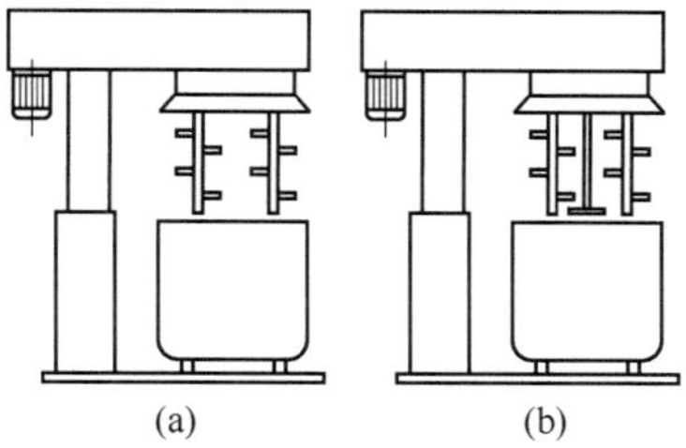

图 2-3 行星搅拌型的立式混合机

（a）基本的 （b）改进的

在混合机中，加入增塑剂、糊树脂、色浆、稳定剂、填料和发泡剂浆等，然后进行搅拌，制成 PVC 糊。糊料在搅拌桶中的高度一般不宜超过桶高的 2/3，以免搅动时飞溅和溢出。混合搅拌器的旋转叶片的形式、大小、叶片位置高低均会影响混合效果，过高的转速和剪切力将造成糊料升温过快，并在液面形成过大过深的旋涡使大量空气混入增塑糊内。混合期间的温度应低于 30℃，否则会促使树脂的溶剂化，从而增大黏度。

混合时，混合料的黏度一般是先高后低，变至最低值后，如果再行混合，则黏度又能回升。先高后低的原因是成团或成块的树脂逐渐被分散，而以后由低而高的原因则是树脂溶剂化作用增加。

搅拌后，如糊料中有结块，可以再进行研磨。如结块不多，也可以通过滤网滤去。在搅拌过程中， PVC 糊中会夹入大量气泡，使用表面活化剂或料的黏度较高时，卷入的空气不易逸出。用于生产泡沫塑料制品（如发泡的壁纸和人造革）可允许糊料中有少量气泡，无须对糊料专门脱泡，可在静置中使其自然脱泡。为保证非发泡制品的质量，需要将气泡脱除，脱除的方法有：①将配成的糊料按薄层流动的方式从斜板上流下，以使气泡逸出。②抽真空使气泡脱除。③利用离心作用脱气。④综合式，即同时利用上述两种或两种以上作用的结合式。

图 2-4 为 PVC 糊的工业化生产流程。连续法生产 PVC 糊时，固体物料通过转动元件连续地进入涡轮混合机的顶部，同时喷入增塑剂，使固液相混合而形成微分散体，固体粒子表面得到润湿。如果要配低黏度糊，可在涡轮混合机轴间几点喷入增塑剂。

（2） PVC 糊的贮存

由于刚配制的 PVC 糊的糊黏度等性能都不够稳定，不利于加工过程的正常进行。静置一段时间后，各种性能趋于稳定，一般应静置 8～24h 后使用，这个过程称为“陈化”。

PVC 糊在贮存期中可能由于溶剂化的增加而导致不可逆的黏度升高，贮存温度不应超过 30℃；微量的铁和锌能加速 PVC 的分解，故不应与光以及铁、锌等接触，贮存的容器可以用锡、玻璃、铝或某些纤维板制成。

另外，增塑糊在长时间的存放过程中，树脂、填充剂或颜料有时会出现凝聚及沉降现象，从而引起糊料流动性能的变化，在低温下存放时，也会引起黏度升高。然而，由以上两种原因引起的糊料流动性变化是可逆的，经过搅拌或恢复室温，增塑糊的流动性即恢复正常。

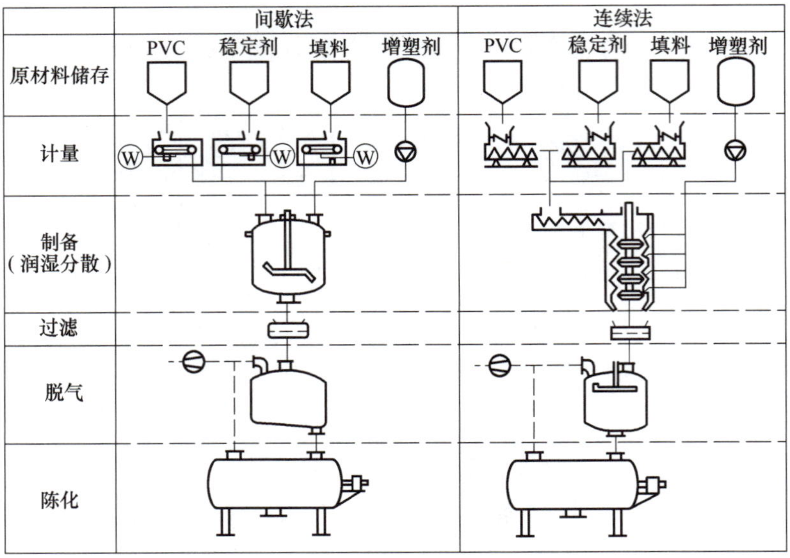


图 2-4　PVC 糊工业制备流程图

**学习活动（2-3）**

讨论：

1. 确定需要预处理的原料，制定预处理工艺及操作过程中的安全措施；
2. 制定 PVC 糊制备操作规程、安全及防护规定。

实操：

1. 熟悉设备的结构与操作规程；
2. 完成原料的预处理，确定投料量，将基本配方换算为实用配方；
3. 据实用配方中的原料用量，选择合适的计量器，称料；
4. 遵守安全及防护规定，按所定的操作规程完成制糊，记录数据与现象。

## 2.4.3　PVC 糊的质量控制

（1）　PVC 糊的黏度

PVC 糊的流体性质要适合所选择的加工工艺，在制糊过程中要注意测量糊的表观黏度，控制糊的黏度。通常，根据糊的黏度来衡量配方的可行性，生产中常用 B 型（Brookfield）旋转式黏度计来测定糊料黏度。

旋转式黏度计的工作原理

（2）　PVC 糊的细度

PVC 糊的混合过程的控制一般都靠细度的测定，而混合料的细度用刮板细度计测定，其平板测定器由工具合金钢（牌号 Cr12）制成，板上有一个与金属板长边平行的沟槽，长（155 ±0.5） mm，宽（12 ±0.2） mm，在

150mm 长度内刻有 0～150 μm（沟槽倾斜度 1∶1000，推荐测定范围：80～140 μm），或 0～100 μm（沟槽倾斜度 1∶1500，推荐测定范围：10～90 μm）的表示槽深的等分刻度线。检验时，放平测定器，将足够量的糊料缓慢倾倒在沟槽较深的一端，使其稍微溢出沟槽，然后用刮刀垂直置于测定器沟槽深端的试样边缘处，刮刀刃与测定器的宽向平行，保证刮刀与测定器严密接触，快速刮至另一端，试样刮好后，迅速使视线与测定器表面成 15°～30°角，在能看清楚测定器表面线状刮痕的光线下，取最长刮痕起点的读数作为测定值。

PVC 糊细度的测定

（3）凝胶化性能

凝胶化即 PVC 糊在加工中受加热的作用而失去流动性，凝胶化过程发生的温度和黏度上升的速度，可以统称为凝胶化性能，可以用布拉本德塑化仪或旋转黏度计来测定。

（4） PVC 糊的力学性能

将脱泡、陈化后的 PVC 糊倒入模具，在烘箱中于一定温度下保持一段时间，塑化成型制得试片，裁制试样，按制品性能要求，测定拉伸强度、硬度等性能指标。

**学习活动（2-4）**

实操：

1. 检验你们所配制的物料，记录、整理检验结果；
2. 制备 PVC 糊制品，记录成型工艺方法、工艺条件与制品质量情况。

## 2.5　总结与提高

### 2.5.1　总结与评价

完成了学习活动（2-1～2-4），还需要对本项目工作任务进行：

**总结与评价**

1. 资料整理

汇总本项目中所做的各项资料查询、讨论记录，制定的配方、制糊工艺规程、安全及防护规定，混合操作与现象记录，所得 PVC 糊的质量检验结果，制备糊制品的成型工艺与质量情况。

2. 写出总结报告。

3. 小组讨论，对工作任务完成情况做出评价。

（报告编写格式、评价指标见附录）

## 2.5.2 知识与能力拓展——PVC 糊的交联改性

要生产硬质的 PVC 糊制品，除采用稀释增塑糊或稀释增塑胶凝糊外，还可对 PVC 进行交联改性。

在 PVC 糊中采用可聚合型增塑剂作为交联剂，如邻苯二甲酸二烯丙酯（DAP)、聚乙二醇二甲基丙烯酸酯、马来酸酯等，这些增塑剂能在糊的加工初期与 PVC 树脂相混成良好的增塑糊，在加热后发生交联，失去增塑作用；引发剂一般是有机过氧化物，如二叔丁基过氧化物（DMDBH）、过氧化二异丙苯（DCP）等，通过化学反应法形成活化中心而引发交联。

由于过氧化物易造成颜料的变色，无机颜料比有机颜料更为有利。最终的硬质制品随着硬度的提高，冲击强度则下降，适量的增塑剂如 DOP 的添加，或纤维状的无、有机填充剂的添加，或冲击改性剂如液态丁腈橡胶（腈基含量 40%）的添加等，都能改善制品的脆性，提高制品的冲击性和其他力学性能。经交联改性的 PVC 糊制品可提高拉伸强度、硬度、耐热性等性能。

交联法的难度较其他加工法高，在加工中应严格控制温度和时间，因为过氧化物有半衰期，应在适当的温度下的短时间内完成交联。为了有利于脱模，应控制交联度。模塑制品中的有机树脂体系不应是全交联的三维网状的不溶不熔的物质，应是适度交联形成的三维网状结构与其他线状结构等的混合物质，在一定的温度下仍具有一定的软化持性。

若在 PVC 糊中只添加有机过氧化物，能否交联？可能会出现什么问题？

下篇

# 塑料改性粒料的配制

## 项目三　化学改性塑料粒料的配制

### 3.1　学习目标

在通用塑料大量生产的同时，高附加值、多品种、小批量的工程塑料和热塑性弹性体的加工成型制品正在向着高性能化、高功能化、提高产量和降低生产成本的方向发展，近10年来发展迅猛，聚合物的化学改性显得尤为重要。反应挤出加工技术的出现与应用备受高分子加工行业的关注，成为聚合物化学改性的重要手段。

本项目学习的最终目标是能生产出合格的聚烯烃熔融接枝马来酸酐或完成聚合物的控制降解、交联，并能使用反应挤出的混合设备（见表3-1）。

表3-1　化学改性塑料粒料配制的学习目标

| 编号 | 类别 | 目　标 |
|---|---|---|
| 1 | 知识 | 1. 了解塑料化学改性的种类<br>2. 理解塑料化学改性常用预混机及塑化熔体混合机的种类与结构<br>3. 掌握反应挤出的概念及特点<br>4. 掌握塑料接枝改性、交联改性与控制降解的原理与工艺 |
| 2 | 能力 | 1. 能分析制定聚烯烃熔融接枝马来酸酐、聚乙烯交联、聚丙烯控制降解的配方和工艺<br>2. 学会选用引发剂和接枝单体<br>3. 能规范操作高速混合机和螺杆挤出机，能运用理论知识解释操作过程<br>4. 会分析聚烯烃熔融接枝（或交联、降解）的影响因素<br>5. 能对主要配混设备进行日常维护与保养 |
| 3 | 职业素质 | 见表1-1 |

### 3.2　工作任务

聚烯烃作为通用塑料，以产量大、应用面广以及物美价廉而著称。但聚乙烯（PE）、聚丙烯（PP）等聚烯烃具有的非极性和结晶性，使它们和其他材料如极性聚合物、无机填料及金属的相容性差，复合使用时需加入相容剂来增加界面黏结，同时它们的染色性、粘接性、抗静电性、亲水性也很差。对聚烯烃接枝极性单体使其极性化，利用极性基团的极性和反应性改善其性能上的不足，是扩大高分子材料用途的一种简单而有效的方法。聚烯烃熔融接枝马来酸酐是常用的接枝改性方法之一。

PE 是一种生产量和消费量较大、价格低廉的通用塑料。但商用 PE 的耐温性能较差，其力学性能和耐溶剂腐蚀能力等也不尽人意。PE 经过交联改性后，力学性能、热性能、化学药品腐蚀性能、抗蠕变性和电性能等综合性能得到改善，大大拓宽了 PE 的应用领域。

在常规反应釜中生产的 PP 通常具有较高的相对分子质量和较宽的相对分子质量分布，所导致的高熔体黏度和弹性限制了它在一些实际应用中的加工效率，并可能有损于产品质量。PP 出釜后采用可控降解改性方法（由过氧化物引发的自由基反应）可以使其相对分子质量降低，相对分子质量分布变窄，从而降低了它的黏度和弹性，改善了加工性和产品质量。工作任务如表 3-2 所示。

表 3-2 化学改性塑料粒料配制的工作任务

| 编号 | 任务名称 | 主要设备与材料 | 要求 |
|---|---|---|---|
| 1 | 聚烯烃熔融接枝马来酸酐粒料的制备 | 低密度聚乙烯(PE-LD)或线形低密度聚乙烯(PE-LLD)、高密度聚乙烯(PE-HD、PP)、马来酸酐、过氧化物、其他助剂<br>高速混合机、反应挤出机 | 1. 查阅资料,制定配方<br>2. 选定合适的混合工艺与混合设备,按设备规格计算实际投料量,选择合适的计量器<br>3. 配料、混合、挤出、造粒<br>4. 性能测试<br>5. 分析实操结果,写出报告 |
| 2 | PP 控制降解 | PP、过氧化物、其他助剂<br>高速混合机、反应挤出机 | 1. 查阅资料,制定配方<br>2. 选定合适的混合工艺与混合设备,按设备规格计算实际投料量,选择合适的计量器<br>3. 配料、混合、挤出<br>4. 性能测试<br>5. 分析实操结果,写出报告 |
| 3 | PE 交联改性 | PE、交联剂、抗氧剂、其他助剂<br>高速混合机、反应挤出机 | 1. 查阅资料,制定配方<br>2. 选定合适的混合工艺与混合设备,按设备规格计算实际投料量,选择合适的计量器<br>3. 配料、混合、挤出<br>4. 性能测试<br>5. 分析实操结果,写出报告 |

## 3.3 塑料化学改性的基本原理

### 3.3.1 塑料的化学改性概念

#### 3.3.1.1 塑料的改性

塑料材料具有密度小、电器绝缘性好、隔热性能好、力学强度的范围宽、成型加工性好等优点，其应用已经深入到科学技术、工农业生产以及人们的日常生活等各个领域。然而，人们在塑料的成型加工和使用过程中也发现了塑料材料的许多缺点，如强度对温度的依赖性大、强度和刚度低，不易加工成为尺寸精度高的制品、制品在使用过程中易产生蠕变、冷流、疲劳和结晶等。为了适应不同的需要，必须对塑料材料的缺点加以改进，即进行塑料的改性。而各种改性方法都必须通过配方设计、物料混合等才能实现。

塑料改性的方法主要可划分为 4 类：

① 化学改性。利用聚合物化学反应改变聚合物的分子结构，以改善塑料的某些性能，这种改性方法称为塑料的化学改性。

② 共混改性。将两种或两种以上的聚合物掺混在一起，使其中每一种聚合物的性能可以互相取长补短，以弥补单一聚合物性能上的不足，这种方法称为塑料的共混改性。这是塑料改性中最常用的方法之一。

③ 填充改性。在塑料用聚合物中加入无机或有机填料，使塑料材料的成本降低，使它的硬度、蠕变性、热性能等也得到改善，这种方法称为塑料的填充改性，若采用的填料为纳米尺寸，则可制得纳米复合塑料。

④ 增强改性。在聚合物中加入填料，使塑料材料的力学强度得到大幅度的提高，这种方法就是塑料的增强改性。

共混、填充、增强改性过程中主要为物理变化，但通常也有化学反应的发生，化学改性制得的接枝聚合物常作为其他改性方法中增强界面结合的助剂，如熔融接枝得到的马来酸酐接枝聚丙烯可用于 PP 与聚酰胺共混的增容剂。近些年来，随着改性技术的进步与发展，化学改性越来越受到人们的重视。

### 3. 3. 1. 2　塑料化学改性的分类

（1）聚合度相似转变

聚合物与低分子化合物作用，仅限于基团（侧基和/或端基）转变而聚合度基本不变的反应，称作（聚合度）相似转变。聚合物的相似转变在工业上应用很多，如由醋酸乙烯酯水解生产的聚乙烯醇，它是水溶性高分子化合物，根据醇解度的不同而有各种不同用途。其他如纤维素的酯化、PE 的氯化、离子交换树脂等也是由聚合物的相似转变反应制得的。

例如纤维素与醋酸和醋酸酐混合液作用在浓硫酸存在下制备醋酸纤维素的反应：

$$[C_6H_7O_2(OH)_3]_n \xrightarrow{CH_3COOH} [C_6H_7O_2(OCOCH_3)_3]_n + nH_2O \qquad (3\text{-}1)$$

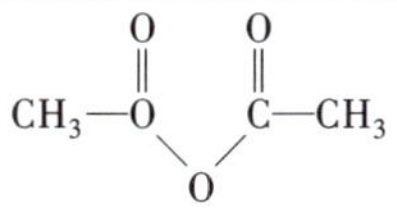

（2）聚合度变大的反应

通过交联、接枝、扩链、嵌段等反应，使聚合物的聚合度增大，所得聚合物为交联、接枝、扩链、嵌段聚合物，达到改性。

聚合物在光、热、辐射或交联剂作用下，分子链间形成共价键，产生凝胶或不溶物，这一过程称为交联。烯烃聚合物的交联可以通过双烯烃的硫化、过氧化物交联、高能辐射交联、离子交联等方法使线形大分子形成交联。

通过化学反应在某聚合物主链上接上结构、组成不同的支链，这个过程为接枝，形成的聚合物叫作接枝共聚物。接枝共聚物以一种大分子链为主链，支链为另一种结构；支链需有一定的长度，带短侧基的聚合物不能算作接枝物。接枝共聚物的性能取决于主、支链的组成结构和长度以及支链数（接枝点的密度）。通常支链聚合物的性能可在一定范围内与主链聚合物的性能进行互补和综合，达到改性的目的。接枝方法大致分为两类：一是聚合法，即主链聚合物的侧基经过活化后，在引发剂、光、热或高能辐射等条件下产生自由基或离子型活性中心，从而引发加入的其他单体进行聚合，最后使主链聚合物转化为接枝共聚物；二是偶联法（嫁接支链），如果某一大分子主链带有活性侧基，另一大分子带有活性端基，两者反应，就嫁接上支链。

对相对分子质量不高（几千）的聚合物，通过适当方法，如通过活性端基的反应，使多个大分子连接在一起，相对分子质量因而增大，这一过程叫扩链。活性端基有羧基、羟基、胺基、环氧基等，带有羟端基和羧端基的预聚物最有实际意义。可采用自由基聚合、阴离子聚合、缩合聚合反应合成预聚物，再通过活性端基的反应，达到扩链的目的。

由较长的 $M_1$ 链段和较长的 $M_2$ 链段间隔排列形成大分子链。根据链段的多少可以分为二嵌段，如苯乙烯-丁二烯共聚物；三嵌段，如苯乙烯-丁二烯-苯乙烯；多嵌段共聚物等。工业上最常见的是 SBS 热塑性弹性体， S 代表苯乙烯段，相对分子质量约 1~1.5 万， B 代表丁二烯段，相对分子质量约 5 万~10 万， B 段也可以是异戊二烯。在室温下 SBS 反映 B 段弹性体的性质， S 段成玻璃态微区，相当于物理交联。

（3）聚合度变小的反应

聚合物的降解是聚合度变小的化学反应的总称，其中包括解聚、无规断链、侧基和低分子物的脱除等反应。绝大多数聚合物材料在大气环境中、浸在水或海水中或埋在地下使用，在热、光、氧、水、化学介质、微生物等的综合作用下，聚合物的化学组成和结构会发生或浅或深的变化，物理性能也会相应变坏，如变色、发黏、变脆、变硬、失去强度等，这些变化和现象统称为老化。研究聚合物降解反应有重要的理论和实际意义。它与防止聚合物在加工、使用过程中的防老化，制定防老化措施，开发各种稳定剂、抗氧剂等密切相关；与废弃聚合物材料的再资源化和无害化处理密切相关，这是当前紧迫而重大的课题。此外，聚合物的降解还应用于高分子合成。

## 3.3.2 常见化学改性的改性机理

### 3.3.2.1 聚烯烃熔融接枝改性机理

关于聚烯烃接枝改性的机理，不同的文献上说法不尽相同。但大部分认为，反应历程首先是引发剂产生自由基，自由基对聚烯烃链脱氢产生聚烯烃自由基。在不存在反应单体时，甲基与亚甲基脱氢后，倾向于交联，次甲基脱氢后，由于立构位阻而倾向于裂解。因此在过氧化物引发剂的存在下，聚烯烃的接枝反应往往伴随着副反应的发生，且与聚合物种类有关。 PP 容易降解， PE 容易交联，乙丙共聚物则是两种副反应均有，而且程度随引发剂的增多而提高。在有反应单体存在时，大分子自由基即可与反应单体接枝，能使副反应减轻。多种竞争反应的存在，何者为主，取决于反应条件，如反应温度、引发剂种类及浓度、单体种类及浓度等。聚烯烃的接枝机理如下所示。

① 引发剂受热分解：

$$R—O—O—R \xrightarrow{\triangle} 2RO\cdot \qquad (3-2)$$

② 形成大分子自由基：

$$RO\cdot + \;\overset{|}{\underset{|}{CH_2}} \longrightarrow ROH + \;\cdot\overset{|}{\underset{|}{CH}} \qquad (3-3)$$

③ 与接枝单体 MAH 反应：

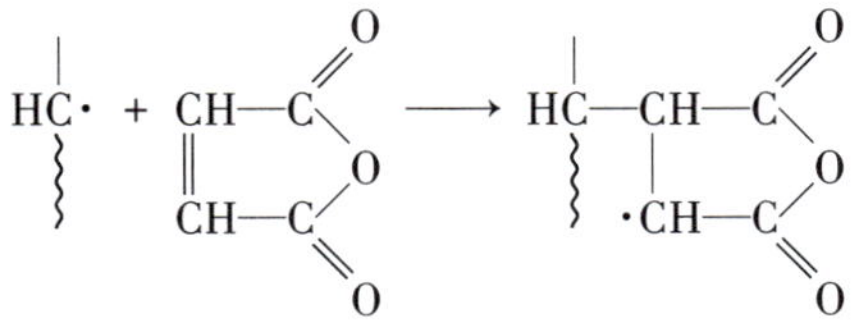

（3-4）

④ 自由基转移：

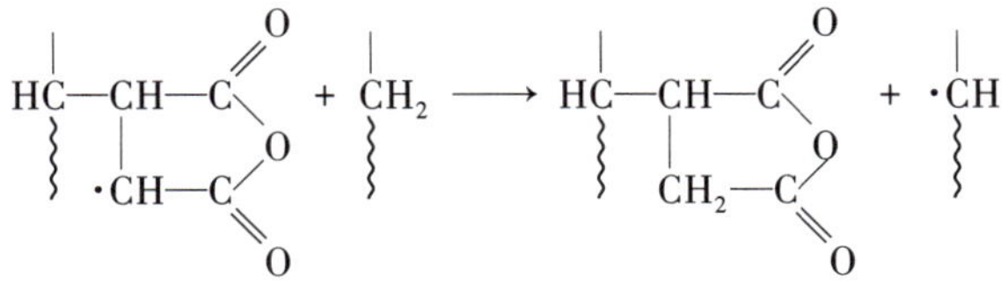

（3-5）

⑤ 自由基偶合：

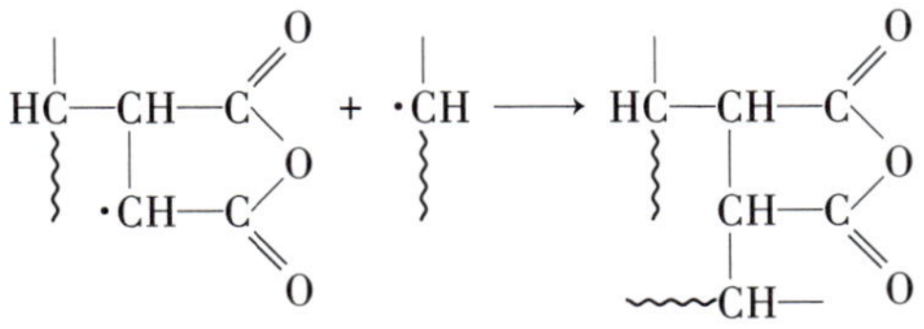

（3-6）

### 3.3.2.2　PP 控制降解原理

反应挤出技术还可用于聚合物的控制降解化学改性，来改变已合成出聚合物的相对分子质量和其分布，根据需要使相对分子质量降低，从而达到材料或制品的需要。如 PP 在过氧化物的作用下可以通过控制降解提高聚合物的加工性能、耐热性、力学性能和耐化学介质性能等。长期以来，在 PP 树脂纤维（即丙纶）的工业生产中，曾存在着纺丝温度过高，成纤质量差这一技术难题。后经采用控制降解法，才使这一难题得到了圆满的解决。同样，在 PP 塑料制品方面，为扩大 PP 用途而添加各种助剂的改性 PP 中，由于助剂的影响，使 PP 的熔体流动速率（MFR）下降，注塑工艺困难，流动性差，所以在注射工艺上不易控制，容易出现注射不满或飞边现象。采用 PP 控制降解法不仅可以使 PP 的 MFR 增大，还能使相对分子质量分布变窄，从而改善 PP 的流动性。

在常规反应釜中生产的 PP 通常具有较高的相对分子质量和较宽的相对分子质量分布。相对分子质量越高，熔体黏度越高。由于分子链间缠结点的大量增加，还会使聚合物熔体的弹性表现明显增加。高熔体黏度和弹性限制了它在一些实际应用中的加工效率，并可能有损于产品质量。 PP 的相对分子质量和相对分子质量分布可以在出釜后采用可控降解这一化学改性方法（由过氧化物引发的自由基反应）来改变。在这种所谓的可控流变性的聚丙烯（CRPP）中，无规的链断裂反应使得 PP 的相对分子质量降低，相对分子质量分布变窄，从而降低了它的黏度和弹性。 CRPP 具有适宜于一些特殊应用的良好的加工性能。例如，CRPP 具有较低的熔融加工温度，在超细纤维的熔融纺丝、薄膜的挤出以及薄壁制品的注射成型中都具有较高的加工速度。

控制降解的原理是在 PP 中加入适量的过氧化物（ROOR）并进行反应挤出。 PP 在熔融状态下通过过氧化物的引发作用，进行链引发、链断裂、链转移和链终止的自由基反应而发生降解。聚合物主链首先在过氧化物自由基的作用下，其叔碳原子上的氢脱出，形成了大分子自由基；这一大分子自由基又发生了链断裂（β 断裂），从而降低了聚合物的相对分子质量。这一反应过程能通过大分子自由基的重组和歧化反应而终止。以下是简化的反应图式：

$$ROOR \longrightarrow 2RO\cdot \qquad (3-7)$$

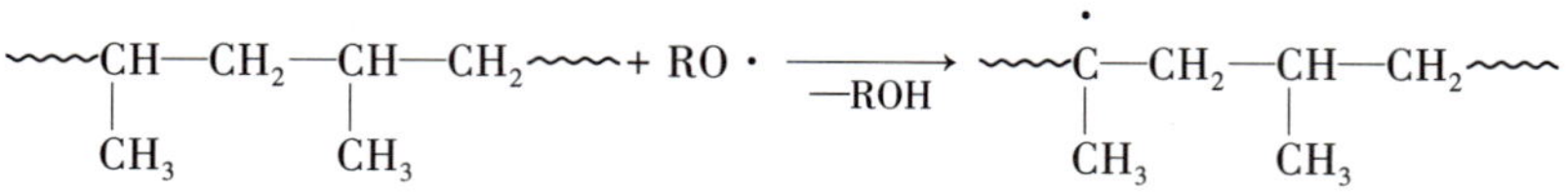

（3-8）

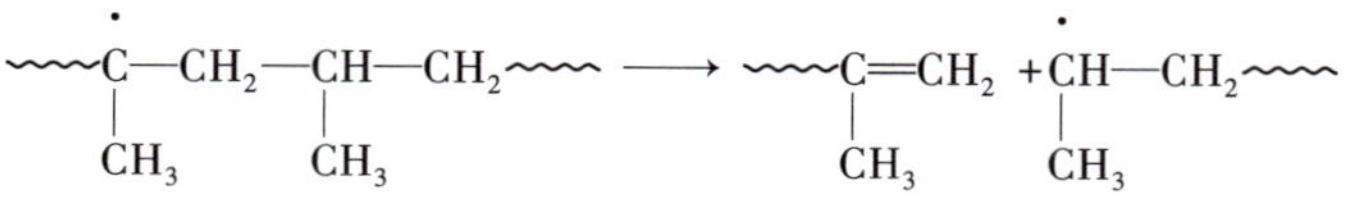

（3-9）

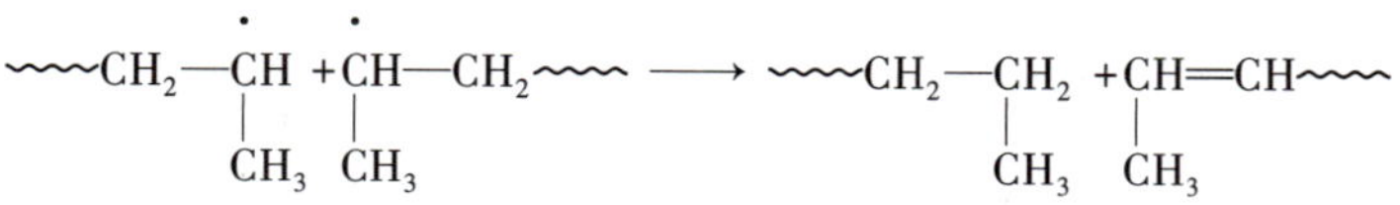

（3-10）

在以上反应中，由于偶合终止受 $CH_3$—空间位阻的影响，不如歧化终止快，故偶合终止的概率很小，因此产物以相对分子质量降低为主。

在控制降解法中，由于使用有机过氧化物， PP 会有一定程度的降解。由于这一降解过程主要在高相对分子质量部分进行，这样，大分子链断裂成小分子链，相对分子质量降低，从而提高了 MFR。而相对分子质量特别大的部分，更容易断链，从而使 PP 的相对分子质量分布变窄。这样就改善了 PP 的流动性。

#### 3.3.2.3 PE 交联改性方法及机理

交联改性是一种化学改性方法，可引发交联的外界因素为不同形式的能源，具体有光、热及辐射等。就化学反应而言，交联与降解是一对互相可逆的反应。在上述所提及的外界因素作用下，有的聚合物会自动发生交联反应，如 PE、PP、聚苯乙烯（PS）、聚氯乙烯（PVC）、PVA 及 PAN 等；但有些聚合物有自动发生降解反应的倾向，如聚四氟乙烯、聚异丁烯、聚甲基丙烯酸甲酯（PMMA）、聚 α-甲基苯乙烯（AMS）及聚偏二氯乙烯等。这就要求在实施交联反应时需对有降解倾向的聚合物采取一定措施，防止降解反应发生并使之转变为交联反应。

PE 是比较容易交联的聚合物。 PE 交联技术是提高其材料性能的重要手段之一。经过交联改性的 PE 可使其性能得到大幅度的改善，力学性能和燃烧的滴落现象得到很大改善，耐环境应力开裂现象减少甚至消失，化学药品腐蚀性能、抗蠕变性和电性能等也得到改善，而且非常明显地提高了耐温等级，可使 PE 的耐热温度从 70℃提高到 100℃以上，从而大大拓宽了 PE 的应用领域。

可以使聚合物发生交联反应的方法有很多种，目前已经开发并获得广泛应用的有辐射交联、过氧化物交联、硅烷交联，此外还开发了紫外光交联及盐交联法等其他方法，但不如前 3 种方法普及。

（1）辐射交联

在辐射交联过程中，聚合物自由基是通过高能射线照射产生的。实验室实验时，辐射源一般为 β 射线或 γ 射线，在工业上，常用大型电子加速器产生的电子束来使聚合物发生交联。辐射交联主要是使用高能射线打断 PE 中 C—C 键和 C—H 键所产生的自由基来引发交联的。

塑料辐射交联反应为自由基链式反应，PE 辐射交联机理可分 3 步：

① 初级自由基及活性氢原子的生成：

$$\sim\sim CH_2—CH_2—CH_2\sim\sim \xrightarrow{\text{辐射能}} \sim\sim CH_2—\dot{C}H_2—CH_2\sim\sim + H\cdot \qquad (3-11)$$

② 活泼氢原子（H·）可继续攻击 PE，再生成自由基：

$$H\cdot + \sim\sim CH_2—CH_2—CH_2\sim\sim \longrightarrow \sim\sim CH_2—\dot{C}H—CH_2\sim\sim + H_2 \qquad (3-12)$$

③ 大分子链自由基之间反应形成交联键：

$$2\sim\sim CH_2—\dot{C}H—CH_2\sim\sim \longrightarrow \begin{matrix}\sim\sim CH_2—CH—CH_2\sim\sim \\ | \\ \sim\sim CH_2—CH—CH_2\sim\sim\end{matrix} \qquad (3-13)$$

用辐射交联法生产的交联 PE 具有以下优点：挤出与交联分开进行，因此挤出产量不受限制，产品产量由辐射过程决定；交联过程中不需要另外的自由基引发剂，保持了材料的洁净性，提高了材料的电气性能；特别适合于化学交联法难于生产的小截面、薄壁绝缘电缆。这种方法的主要缺点是对于大截面制品（如厚壁管）所需的辐射能巨大，投资成本相当昂贵。

（2）过氧化物交联

聚合物过氧化物交联是用有机过氧化物（ROOR）作交联剂，起着引发作用，在一定温度下分解产生氧自由基（RO·），这种氧自由基夺取聚合物大分子链上的氢而生成大分子自由基。当两个大分子自由基在混炼时相遇后变会结合，形成交联键。此法成本低，比较常用。

有机过氧化物作交联剂，常用的品种主要有过氧化二异丙苯（DCP）、过氧化苯甲酰（BPO）、2，5 二甲基-2，5 二特丁基过氧化己烷（DHBP）等。

交联与降解是一对互相可逆的反应。生成的大分子自由基不仅发生交联反应，也可能因键的断裂而发生断链。是以交联为主，还是以断链为主，则与高分子的结构有关。PE 的过氧化物交联改性采用高相对分子质量高密度 PE，通过使用过氧化物交联剂，在高温、高压下，在 PE 的长分子链间产生化学键，实现化学交联。反应机理如下：

① 过氧化物 DCP 受热时，分解而产生自由基：

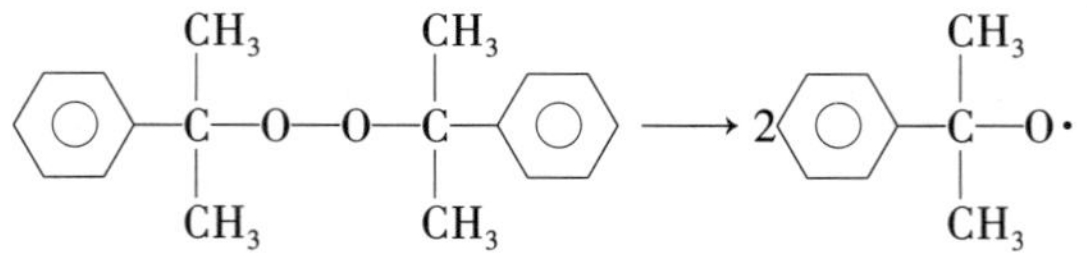

（3-14）

② 自由基进攻 PE 大分子链，夺取 PE 大分子链上的氢原子，生成 PE 大分子链自由基：

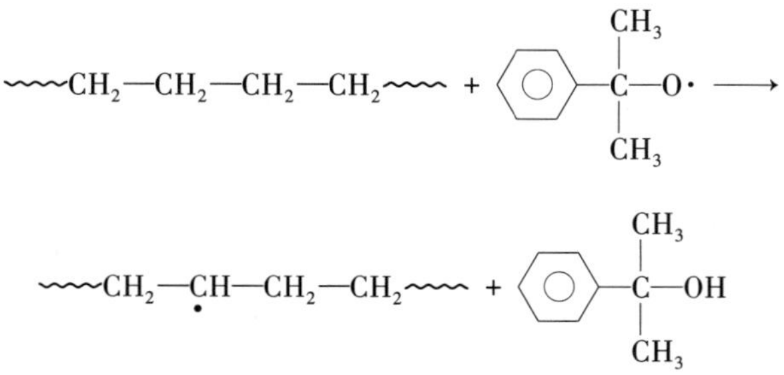

（3-15）

③ PE 大分子链自由基具有高度反应活性，当两个 PE 大分子链自由基相遇时，便相互结合，形成高分子链间的化学键而达到交联的目的：

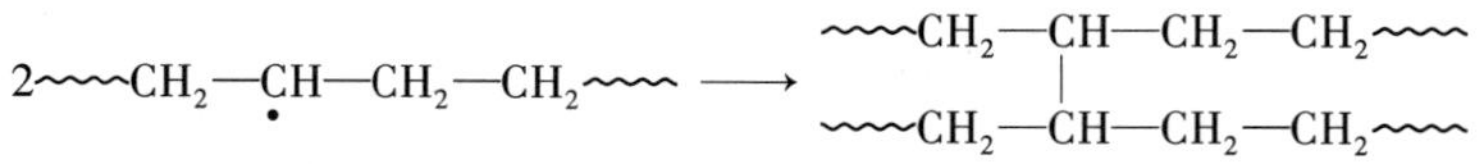

（3-16）

上述反应为 PE 在单一的过氧化物交联剂存在下的交联反应过程。对于含有助交联剂的交联反应过程与此不同，它不是 PE 大分子链之间碳碳的直接键合，而是助交联剂之间的搭桥或键合。其反应过程为过氧化物先引发成 PE 大分子链自由基，助交联剂与 PE 分子自由基接枝，接枝助交联剂的 PE 大分子链之间反应形成交联结构。

过氧化物交联可生产优质的交联制品，但在制品的加工过程中，挤出温度必须保持很低，否则早期交联可能出现焦化，影响制品的质量甚至损坏设备，该温度极限严格，限制挤出速度。而且过氧化物交联需要在高温高压和几十米长（甚至上百米）的专用管道进行连续加热，设备占据空间大，能量消耗大，生产效率低，不适合中小生产线生产。

（3）硅烷交联

硅烷交联是采用将硅烷接枝到 PE 主链上，在水和催化剂的作用下，引起硅氧烷键交联而获得 PE 交联的一种方法。此法优点是成本低，交联度高，因而比较常用。

其化学过程原理是通过游离引发剂如过氧化物作用，将硅烷的乙烯基与 PE 接枝，从而生成含有三氧基硅脂的聚合物，此硅脂基水解后生成硅醇基，通过硅醇的缩聚反应交联而成交联 PE。硅烷交联 PE 的机理如下。

① 先同不饱和硅烷接枝：

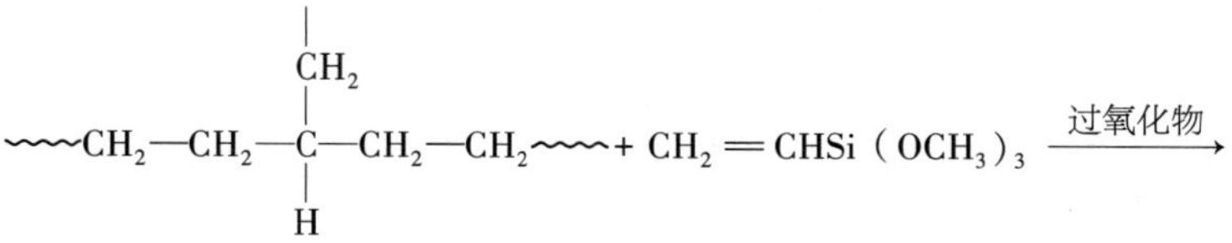

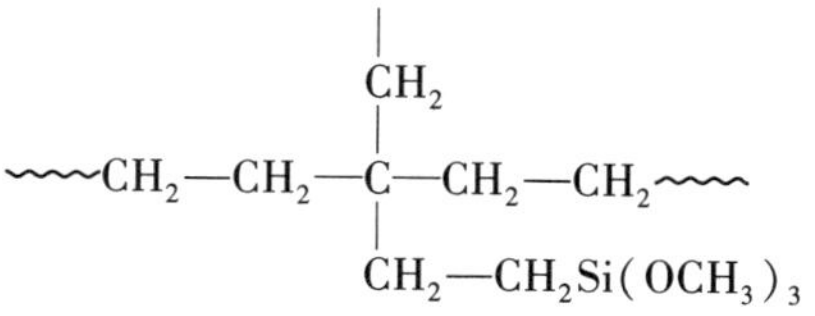

（3-17）

② 烷氧基水解为硅醇：

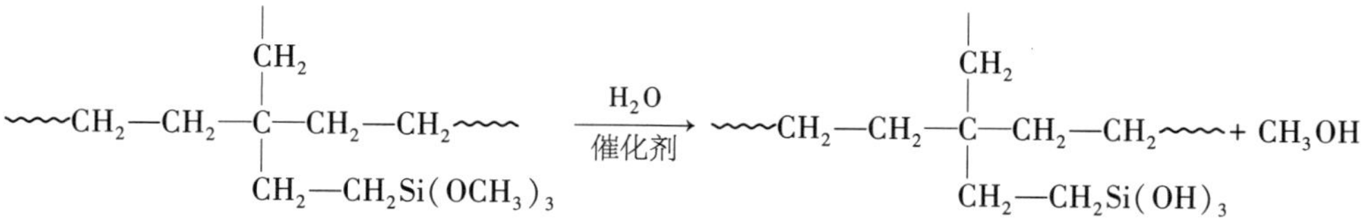

（3-18）

③ 硅醇脱水缩合，形成 Si—O—Si 交联键：

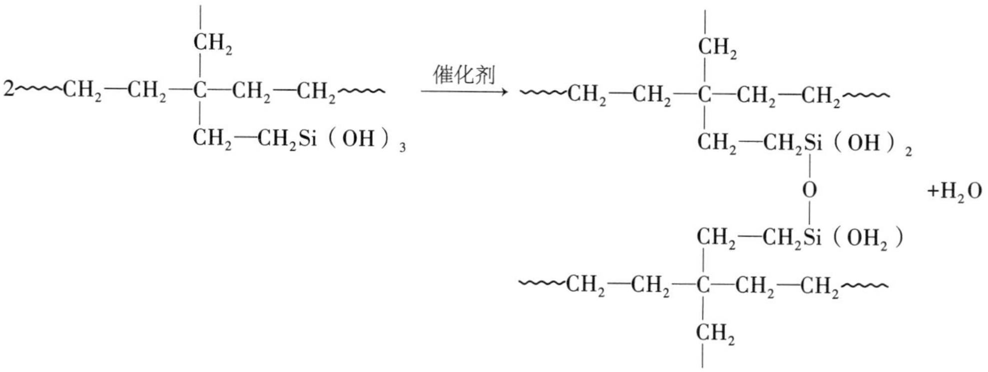

（3-19）

必须指出，硅醇脱水缩合反应是可逆的，特别是有催化剂、水存在及加热条件下，反应很快达到平衡，这可能是硅烷交联 PE 交联度不高的原因。

与其他方法相比，硅烷交联 PE 产品具有如下优点：①交联设备简单，投资少，生产效率高，成本低。②工艺通用性强，适用于所有密度的 PE，亦适用于大部分有填充料的 PE。③适用于厚薄各种形状的制品。④过氧化物用量少（仅为单独用过氧化物交联时的 10%），因此在 PE 绝缘层生成微孔较少，有利于保持 PE 的高绝缘性。⑤耐老化性能好，使用寿命长。硅烷交联的缺点是交联度不高，作为热水管使用寿命短。

（4）紫外光交联

G. Oster 于 1956 年首次提出光敏化交联方法，即通过光引发剂吸收紫外光能量后转变为激发态，然后在 PE 链上夺氢产生自由基而引发 PE 交联。光交联在技术原理上类似于高能电子束辐射法，但是它采用低能的紫外光作为辐射源。设备易得，投资费用低，操作简单，防护容易。因此，PE 紫外光交联技术越来越受到重视，特别在发展交联电线电缆方面具有一定的市场潜力。

（5）盐交联

盐交联又称为离子交联，类似于硅烷交联，首先在大分子链上接枝可反应官能团，如—COOH 或—$SO_3H$，经 $Zn(OH)_2$ 中和处理后，在大分子链之间形成离子盐桥，如—$COOZn^{2+}$

OOC—或—$SO_3H$ $Zn^{2+}$ $O_3S$—，将大分子链连接起来形成交联结构。盐交联与其他交联方法不同的是盐交联产物具有可塑性，而不像其他交联产物只具有热固性。

学习活动（3-1）

练习：

比较聚合物交联改性中的辐射交联、过氧化物交联、紫外光交联及硅烷交联各自的优缺点。

## 3.4 塑料化学改性的实施

### 3.4.1 常见塑料化学改性物料的配方及配方设计

#### 3.4.1.1 聚烯烃熔融接枝用组分及配方设计

聚烯烃熔融接枝马来酸酐的配方组成主要有树脂、接枝单体、引发剂及抗氧剂。

##### 3.4.1.1.1 树脂

被接枝的聚烯烃多为 PP、 PE-HD、 PE-LD、 PE-LLD。

##### 3.4.1.1.2 接枝单体

（1）接枝单体的种类

进行接枝的极性单体可分为酸性官能团单体和碱性官能团单体。酸性官能团单体分为羧酸及酸酐。

① 马来酸酐。在聚合物熔融接枝的课题中，马来酸酐接枝聚烯烃的研究最为普遍。马来酸酐与饱和的或不饱和的聚烯烃（或烯烃共聚物）的接枝反应如下：

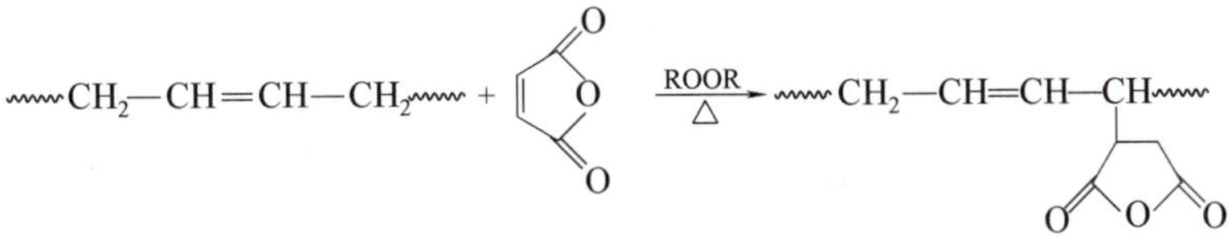


（3-20）

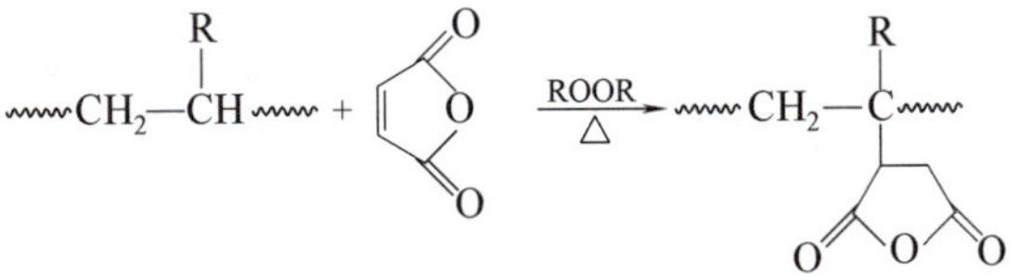


（3-21）

② 不饱和二元酸。不饱和二元酸是马来酸酐的类似物，如衣康酸、富马酸、马来酸等，它们接枝聚烯烃的反应与马来酸酐接枝聚烯烃的反应类似。

③ 不饱和一元酸类，如丙烯酸（AA）、甲基丙烯酸（MAA）。其典型的接枝反应如下：

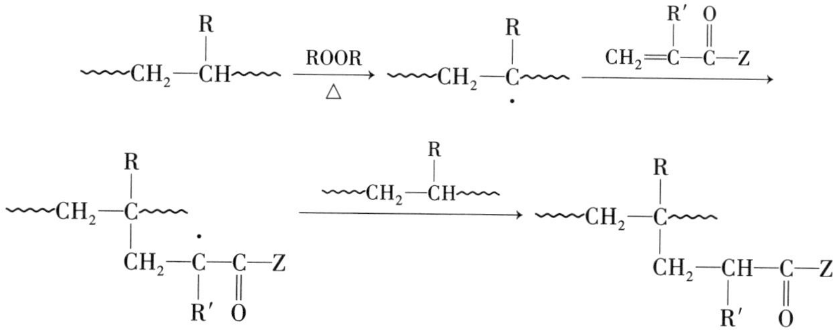

（$Z=OH$，$OR$，$NR'_2$；$R'=H$，烷基）　（3-22）

碱性官能团单体有甲基丙烯酸缩水甘油酯（GMA）、甲基丙烯酸甲酯（MMA）、甲基丙烯酸 β-羟乙酯（HEMA）、马来酸二丁酯（DBM）、（甲基）丙烯酸二甲胺基酯及恶唑啉等。

单体的加入量在1%以上，最高加入量在20%。

（2）接枝单体的选择

酸性官能团单体以马来酸酐使用最多。这是因为马来酸酐单体在接枝条件下不会形成长的接枝链，其一避免了长的接枝链而使聚烯烃的整体性能下降；其二，防止了由于单体的自聚合而降低接枝效率；其三，避免了接枝物的极性过大，在作为聚烯烃与极性材料相容剂时，与聚烯烃相的黏结能力下降。更重要的是，酸酐基团是玻璃纤维、填料和极性高聚物（如聚酰胺等）的反应性高效偶合剂，有价格优势，使马来酸酐改性聚烯烃成为很具竞争力的商品。近年来，不少研究者采用高沸点、低毒性的DBM来代替毒性大、易挥发的马来酸酐作为接枝单体。使用酯类单体还因为该类单体极性相对较小，与非极性的聚烯烃有更好的相容性，有利于提高接枝率。

近年来，碱性官能团单体对GMA和HEMA的研究最为活跃。GMA含有反应活性较强的环氧基团，且单体制备较容易，毒性较低，是一种合适的接枝体。而HEMA分子中既含有双键，又含有羟基和酯基官能团，因而同样是一种很好的接枝单体。

#### 3.4.1.1.3　自由基引发剂

引发剂是易分解成自由基的化合物，分子结构上有弱键，主要可分为偶氮类引发剂和过氧类引发剂，前者分解后形成的自由基一般是碳自由基，缺乏脱氢能力。因此，很少用作接枝聚合的引发剂。

常用于聚烯烃熔融接枝马来酸酐体系的过氧化物引发剂有：BPO、DCP和2，3-二甲基-2，3-二（苯基过氧基）丁烷（DMDPB）等，加入量为1%左右。自由基引发剂不仅用于聚合物的熔融接枝改性，也用于聚合物的交联改性与控制降解。

BPO的结构式与分解反应式为：

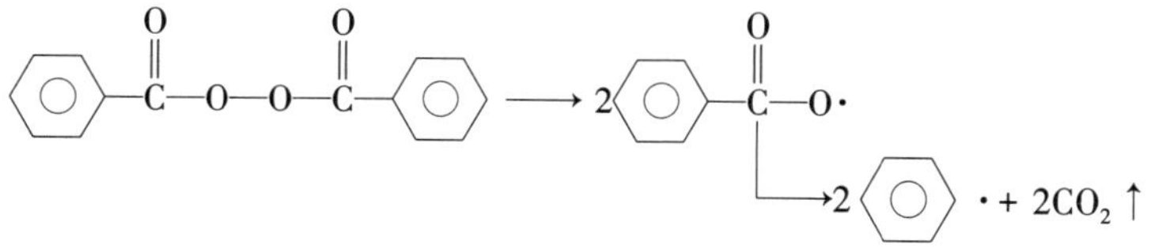

（3-23）

DCP 的结构式与分解反应式为：

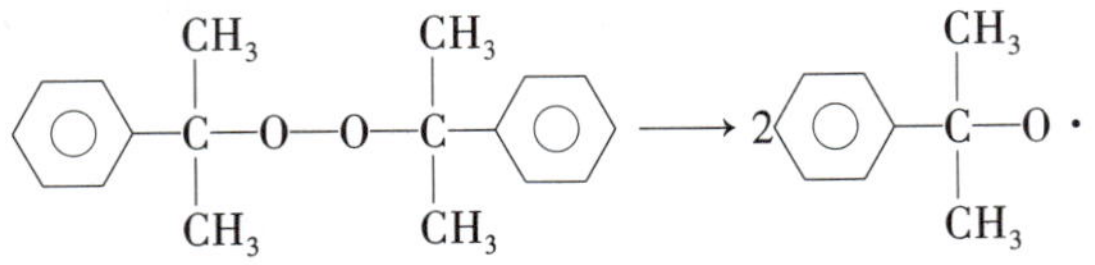

（3-24）

DMDPB 的结构式与分解反应式为：

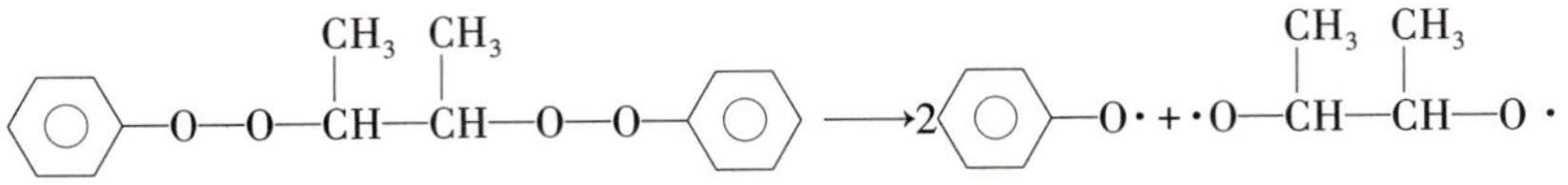

（3-25）

DMDPB 为新型引发剂，与 BPO 和 DCP 相比，虽然引发效率不高，但优点是分解温度高，生成的自由基较稳定，能降低接枝物交联而生成大分子凝胶的概率，使接枝物在加工中不出现凝胶或凝胶含量低。近年来，开始研究复合引发剂的应用，如 DCP/BPO（1∶1）并用时，接枝率增加 1 倍。

一般情况下，较理想的引发剂必须具备以下特征：非氧化性、具有取代氢的能力以及在相应的接枝条件下具有合适的半衰期。引发剂分解活化能过高或半衰期过长，则分解速率过低，将使聚合时间延长。但活化能过低或半衰期过短，则引发过快，温度难以控制，有可能引起暴聚；或引发剂分解过早结束，在低转化率阶段即停止聚合。因此，一般应选择半衰期与聚合时间同数量级或相当的引发剂。

#### 3.4.1.1.4 抗氧剂

抗氧剂可防止在接枝反应的同时发生降解反应，具体有抗氧剂 1010、硫代二丙酸二月桂酯（DLTDP 或 DLTP）等，加入量为 0.5%左右。

### 3.4.1.2 PP 控制降解用组分及配方设计

#### 3.4.1.2.1 PP 基础树脂

表 3-3 是基础树脂对 CRPP 的 MFR 的影响。从表 3-3 可以看出，对于同一牌号 PP 树脂，粉料（2401）降解效果较粒料（2401）好，这主要是降解剂等助剂与粉料能充分混合，而粒料难以做到。同为 PP 粉料的降解效果也有差异，小本体法 PP 氯含量高，酸性大，降解剂在酸性介质中按离子型机理分解，降解效果差；经脱氯处理或造粒后的小本体 PP 能提高降解效果。高相对分子质量 PP（1300）树脂进行降解时，由于降解反应先发生于高分子级份，故需消耗更多的降解剂，才能获得较高 MFR 的 CRPP，但其相对分子质量分布窄。较低相对分子质量的 PP 树脂（8014），在合成过程中用氢为相对分子质量调节剂，其相对分子质量分布较宽，按照 PP 相对分子质量大小依次降解，低熔体黏度下自由基偶合终止概率大的规律，其降解效果相对来说就差，所以采用通用级 PP 树脂作为原料是适宜的。

表 3-3　　基础树脂对 CRPP 的 MFR 影响

| PP 树脂 | | 2401（粒） | 2401（粉） | 小本体 PP 粉 | 1300（粒） | 8014（粒） |
|---|---|---|---|---|---|---|
| MFR/ $g\cdot(10min)^{-1}$ | 降解前 | 2.6 | 2.8 | 5.7 | 1.4 | 11.2 |
| | 降解后 | 16.4 | 19.1 | 15.7 | 9.5 | 26.8 |

注：降解剂用量相同。

#### 3.4.1.2.2 降解剂

PP 的降解过程按自由基（β-断链）连锁反应机理进行，用于 PP 的化学降解剂即为此反应的引发剂——有机过氧化物。有机过氧化物（大多为二烷基类）的用量在 0.001～1 份之间，根据最终所要求的 MFR 而定。

通常根据与给定半衰期（即 50%的过氧化物分解所需要的时间）相适应的温度来选择过氧化物。在 135～155℃之间，半衰期为 1h 的二烷基过氧化物是比较通用的。在典型的加工温度 180～240℃之间，这些二烷基过氧化物能够在较短的时间内产生足够的反应性自由基，以完成加工过程。表 3-4 按照热稳定性递增的顺序列出了 5 种广泛使用的过氧化物。

表 3-4 用于 PP 的可控降解的二烷基过氧化物

| 过氧化物 | 半衰期为 1h 的分解温度/℃ |
|---|---|
| A. 双(过氧化叔丁基)二异丙苯 | 137.0 |
| B. DCP | 137.0 |
| C. 2,5-二甲基-2,5-双(叔丁基过氧化)己烷 | 140.3 |
| D. 过氧化二叔丁基 | 149.1 |
| E. 2,5-二甲基-2,5-双(叔丁基过氧化)己炔-3 | 151.8 |

各种过氧化物在加工温度下的挥发性是选择过氧化物的另一个重要的考虑因素。例如：过氧化物 D 的挥发性（b.p. 111℃/101kPa）比过氧化物 C 和 E（b.p. 分别为 249℃/101kPa 和 243℃/101kPa）要强得多。

目前用过氧化物制备 CRPP 时均有副产物叔丁醇（TBA）和大量丙酮。由于 TBA 沸点高，一般会残留在 CRPP 中，并在使用中慢慢释放出来，产生异味和气味，超过 FDA 限制食品接触应用的 TBA 含量。而挥发性丙酮在仓库贮存和大量运输时有安全隐患。因此开发过氧化物新品种成为研究者的新课题。

#### 3.4.1.2.3 抗氧剂

CRPP 在加工成型工艺和光氧自然环境下易发生裂解，引起物性严重下降，这是由于残余的降解剂和氢过氧化物的分解物引起的。因此，必须加入抗氧剂。酚类抗氧剂和亚磷酸酯类化合物是两种复合的新型抗氧剂，能提高 CRPP 的耐热氧化性能。这两种抗氧剂加入后，能分解氢过氧化物，生成氧化稳定性好的磷酸酯。在这种复合抗氧剂中，加入少量具有优良热稳定性的抗氧剂 264，可进一步提高 CRPP 的热氧老化性能，如表 3-5 所示。

表 3-5 抗氧剂对 CRPP 的热性能影响

| 抗氧剂 | 不添加抗氧剂 | 1010-264 | KY215-264 |
|---|---|---|---|
| MFR(180～300℃)/g·$(10min)^{-1}$ | 28.7 | 24.3 | 21.4 |
| 表观(连续挤出 3 次) | 严重泛黄 | 泛黄 | 略黄 |
| 热分解起始温度/℃ | 300 | 320 | 330 |

#### 3.4.1.3 PE交联用组分及配方设计

##### 3.4.1.3.1 辐射交联

辐射交联一般不需要加入交联剂和其他助剂，并可在室温下进行交联，也可在塑料加工厂生产制品成型后进行交联。但为了防止降解反应，增大交联反应的比例，有时需要加入增敏剂，有时为促进交联反应速度和保证制品不发生变形，而加入敏化剂。

（1）增敏剂

增敏剂一般为多官能团化合物，其作用是增大交联反应的比例，提高交联反应的G值（或凝胶率），防止降解反应产生，从而使辐射交联的非链式反应变成链式反应。PE辐射交联常用的增敏剂有二甲基丙烯酸四甘醇酯（TEGDM）、三甲基丙烯酸三羟甲基丙酯（TMPTM）等。其中TMPTM效果较好。增敏剂的加入量一般为25%～35%。

（2）敏化剂

敏化剂的作用为加速辐射交联反应，其作用原理为进行能量传递以最大限度地有效利用辐射能，从而降低辐射剂量，达到节能的目的。敏化剂本身一般不参加反应，或参加反应但不成为交联网络的组成部分，不改变交联结构。

常用敏化剂有$SiCl_4$、$CCl_4$、NaF以及炭黑等。使用乙炔气氛也是常见的PE敏化辐射方法之一，尤其适用于PE纤维的辐射交联。在PE辐射交联中加入5%～10%的$SiCl_4$，可使辐射剂量降低90%左右。

##### 3.4.1.3.2 过氧化物交联

（1）交联剂

交联剂为过氧化物交联中必不可缺的助剂。过氧化物交联用的交联剂为有机过氧化物，常用的品种主要有：

① DCP。分解温度为120～125℃，常与ZnO并用。

② BPO。

交联剂的分解温度要与树脂的加工温度相适应：

① 低加工温度，即树脂加工温度在150℃左右时，选DCP。

② 中加工温度，即树脂加工温度高于150℃时，选用二叔丁过氧基异丙苯等。

③ 高加工温度，一般选硅烷类交联剂，如叔丁过氧其三甲基硅烷等。

（2）助交联剂

助交联剂可提高交联度，降低降解概率，并可适当降低交联剂的用量。助交联剂为分子中含有硫、肟及—C═C—类结构的单体或聚合物，具体品种有：

① 肟类。典型的品种有对醌二肟（GM）、对二苯甲酰苯醌二肟（DGM）。其中GM的熔点大于215℃，DGM的熔点大于200℃。

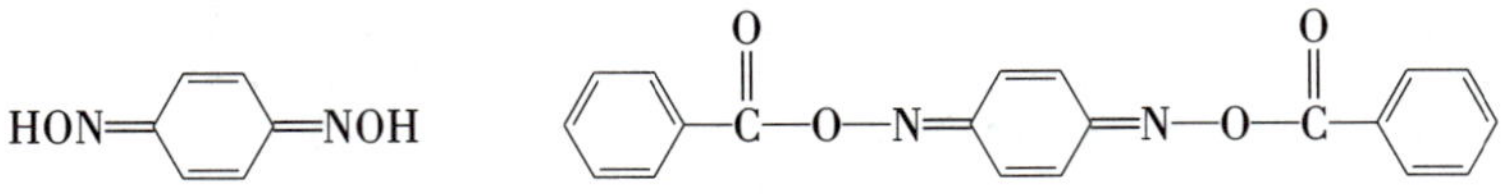


GM　　　DGM

② 甲基丙烯酸酯类。典型品种有双甲基丙烯酸二缩三乙二醇酯（TEGDA）、三甲基丙烯

酸三羟甲基丙烷酯（TMPTA）。前者沸点为 162℃，后者沸点大于 200℃。

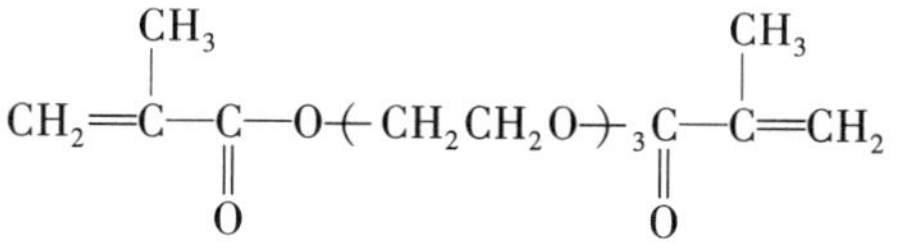

TEGDA

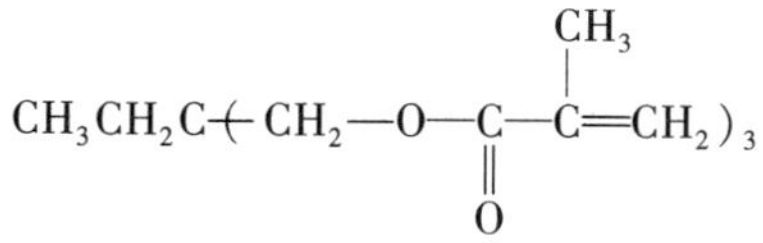

TMPTA

③ 烯丙基类。典型品种有邻苯二甲酸二烯丙酯（DAP)、三烯丙基氰尿酸酯（又称三烯丙基三聚氰酸酯，TAC)、三烯丙基异氰尿酸酯（又称三烯丙基异三聚氰酸酯， TAIC)。其中 DAP 的沸点为 305℃，TAC 的熔点约为熔点 27～28℃， TAIC 的熔点为 24～25℃。

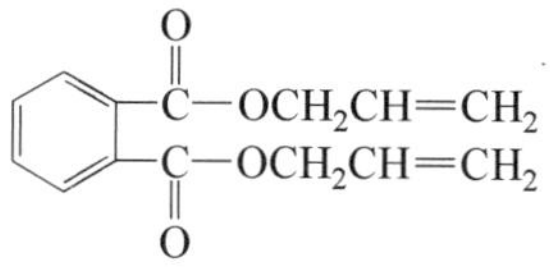

DAP

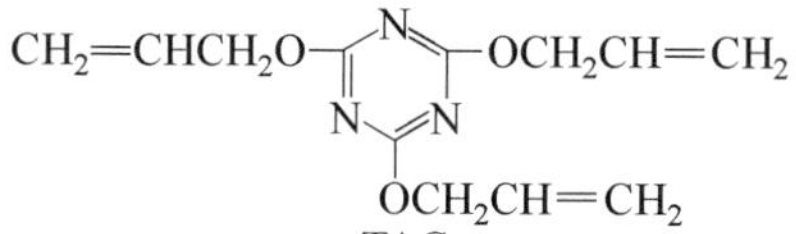

TAC

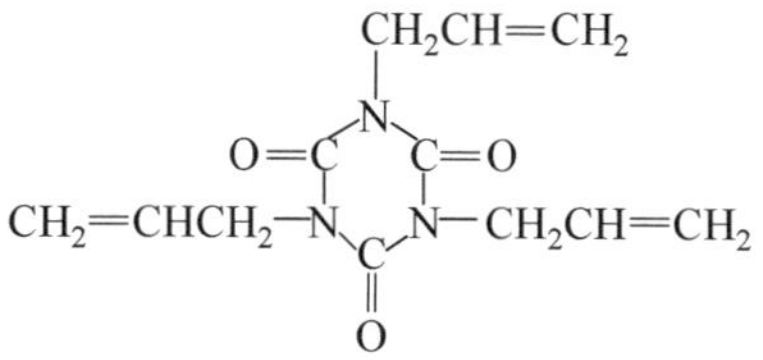

TAIC

④ 马来酰亚胺类。典型品种有 N，N′—间亚苯基双马来酰亚胺（HVA—2)，熔点大约为 200～205℃。

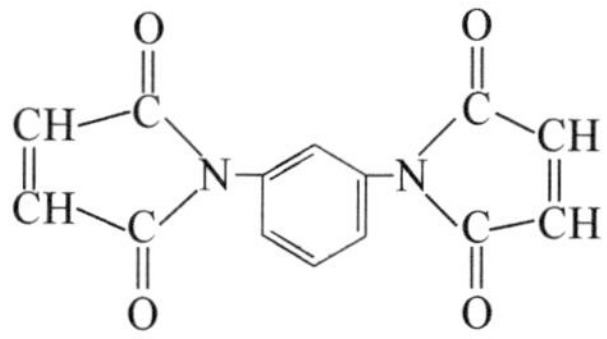

HVA-2

⑤ 乙烯基类。典型品种有二乙烯基苯（DVB)、1，2—聚丁二烯（1，2—PB)。其中 DVB 的沸点约为 195℃，1，2—PB 的相对分子质量通常为 1000～5000。

DVB

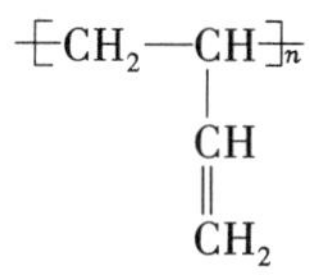

1,2-PB

采取交联剂与助交联剂并用效果好，其中，交联剂的加入量为 2 份左右，助交联剂的加入量为 1～5 份。

#### 3. 4. 1. 3. 3　PE 硅烷交联

PE 硅烷交联主要组分包括接枝剂（砖烷)、引发剂（过氧化物)、催化剂及抗氧剂等。

（1）接枝剂

理论上，凡含有一个可接技的乙烯基及一个可水解的烷氧基、酰氧化基、氨基及氯官能团的硅烷基团的物质，都可用做接枝剂（硅烷）。但实际中最常用的接枝剂有乙烯基三甲氧基硅烷 $CH_2=CHSi(OCH_3)_3$(A171)、乙烯基三乙氧基硅烷 $CH_2=CHSi(OC_2H_5)_3$(A151)等。其中乙烯基三甲氧基硅烷的水解速率大于乙烯基三乙氧基硅烷。因此，乙烯基三甲氧基硅烷最常用。

接枝剂的加入量一般为0.5~4份，最常用加入量为2~3份之间。

（2）引发剂

硅烷交联的接枝引发剂是有机过氧化物类。最常用的引发剂为DCP、BPO。一般加入量为0.05~0.5份左右。

（3）催化剂

催化剂的作用为促进接枝硅烷聚合物的水解反应和缩聚反应。催化剂一般为有机锡衍生物，常用的有二月桂酸二正丁基锡（DBTL），加入量一般为0.02~0.5份左右。

（4）抗氧剂

抗氧剂的作用为防止在交联过程中聚合物发生氧化降解反应（与交联为可逆反应），保证聚合物在交联过程中的稳定性并提高制品的耐老化性。视交联工艺不同，抗氧剂可以在接枝反应之前或之后加入。

常用的抗氧剂有：抗氧剂1010——四［3-(3，5-二叔丁基-4-羟基苯基）丙酸］季戊四醇酯、抗氧剂264——2，6-二叔丁基-4-甲基苯酚、抗氧剂300——4，4′-硫代双（6-叔丁基-3-甲基）苯酚等。抗氧剂的加入量一般为0.05~1份左右。

**学习活动（3-2）**

思考：

在聚烯烃熔融接枝、PE交联、PP控制降解中过氧化物的作用如何？应用过氧化物时应注意哪些问题？

查找：

要制备用于改善PP和聚酰胺66共混相容性的接枝聚合物，请查找相关资料及助剂。查找PP控制降解、PE交联的相关资料及助剂。

讨论：

分析资料，小组讨论，确定配方。

若要得到引发剂量对熔融接枝的影响，应采用哪一种配方设计法？

## 3.4.2 塑料化学改性物料的混合

### 3.4.2.1 化学改性的混合设备

塑料的化学改性可在树脂合成阶段进行，也可在塑料成型加工阶段进行。本项目讨论在成型加工阶段进行的化学改性，这种方式经济合理，不需增加新的设备，用塑料成型设备使物料混合熔融，在熔融状态下完成化学变化。实际混合过程中，分布混合（简单混合）、分散混合是同时存在的。没有良好的分布混合，也不会有很好的分散混合。因而，混合机必须能提供良好的分布混合和良好分散混合。当然，结合需要完成的混合任务，在选择混合机时，要考虑以哪一种混合为主。

混合机有预混机、塑化熔体混合机。

3.4.2.1.1 预混机

用预混设备对物料进行混合，其目的在于迫使被混合的各组分物质之间进行质量传递，并随着物质的传递、扩散，形成达到某种均匀程度的均化物。预混设备大多是间歇式的，可分为如下3类：滚筒类混合设备（转鼓式混合机，V形混合机，双锥型混合机）；转子类混合设备（螺带式混合机，锥桶螺杆式混合机，Z形捏合机）；高速混合机。

滚筒类混合设备和转子类混合设备的搅拌浆的转速比较低，在混合过程中，物料各组分在混合室内的运动速度比较慢，它们与混合室桶壁之间以及相互之间的碰撞与摩擦比较缓和，发热量也比较少，混合均匀所需要的时间也比较长。但是，该类预混设备的结构比较简单，设备的费用较低，通常用于对温度比较敏感的物料的混合和对经过热混以后的物料的冷混操作。

3.4.2.1.2 塑化熔体混合机

塑化熔体混合机有间歇式混炼机和连续混炼机。间歇式塑化熔体混炼机有两辊开炼机和密炼机。

连续混炼机有单螺杆挤出机，双螺杆挤出机，FCM（LCM），Buss Kneader，行星螺杆挤出机等。下面分别讨论它们的混合性能及应用、选择。

（1）单螺杆挤出机

单螺杆挤出机又可分两类，一类是常规（成型用的）单螺杆挤出机，一类是混炼专用的单螺杆挤出机。

常规单螺杆挤出机，其螺杆系由全螺纹组成的3段（加料段，压缩段，计量段）螺杆。挤出机主要用于板，管，丝，膜等塑料制品的挤出。在这些制品的挤出过程中虽也有混合，但混合不是主要要求。大量理论分析和实践证明，常规挤出机中的物料的熔融机理是有熔移走下的传导熔融，在熔融区固液两相界限分明，这是一种效率低的熔融机理。而在熔体输送区，主要是简单剪切流，且没有窄间隙的高剪切区。这些特点使得常规单螺杆挤出机的混合性能很差，不能提供良好的分散混合和分布混合。若要通过提高螺杆转数来提高剪切速率，以增加混合能力，又会影响熔融塑化质量。常规单螺杆挤出机不适合用于混合作业。

混炼专用的单螺杆挤出机装有混炼元件。为克服常规单螺杆挤出机的上述缺点，人们研制出形形色色的非螺纹元件或非常规螺纹元件，将它们装到常规单螺杆的不同轴向位置上，以取代该位置上的螺纹区段,从而改进常规螺杆的混合能力。这些螺杆元件有：销钉型混炼元件，屏障型（直槽和螺旋槽）混炼元件，多槽型混炼元件等，如图3-1所示。

应当指出，用于混合作业的单螺杆挤出机最好设有排气区，因为在混合过程中需要把产生的气体和加料时带入的空气排出。

（2）双螺杆挤出机

双螺杆挤出机有很多种：啮合同向双螺杆挤出机，啮合异向双螺杆挤出机（又分平行的，

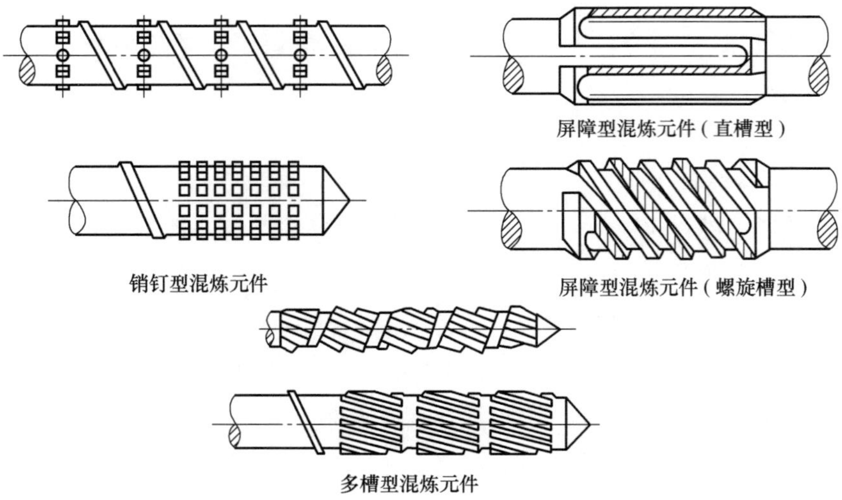


图 3-1　单螺杆挤出机中的混合增强元件

锥型的），非啮合双螺杆挤出机。它们的工作机理和性能及用途有很大不同，选用时必须弄清。

① 啮合同向旋转双螺杆挤出机。这种双螺杆挤出机采用组合式，其螺杆和机筒都是组合的。其长径比大， $L/D=36\sim48$，螺杆转速高（新一代最高可达 1200r/min），配有各种混合元件和剪切元件。通过科学的组合，可以提供高的剪切速率和剪应力，能进行分布混合和分散混合。可对不同聚合物（两种及两种以上聚合物）和配方（聚合物中加有各种添加剂）进行共混，填充，增强改性。也可进行反应挤出。它比单螺杆挤出机的混合能力有大幅度的提高，是目前塑料改性中用得最多的一种机器。

② 啮合异向旋转双螺杆挤出机。这种双螺杆挤出机又分平行的和锥型的两种。目前国内使用的这两种型式的异向双螺杆挤出机主要用于 R-PVC 制品的挤出和造粒。

（a）用于 R-PVC 制品挤出的啮合异向平行双螺杆挤出机

其工作机理和啮合同向双螺杆挤出机不同。对于在两螺杆啮合区纵横向皆封闭的异向双螺杆挤出机，它是靠正位移输送物料的。螺杆是整体式，各区段一般由螺纹组成，螺槽较深，长径比 $L/D$ 要比啮合同向双螺杆挤出机短得多， $L/D=20\sim25$。螺杆转数低，大约每分钟几十转。它的分布混合能力较差。但在两螺杆的压延间隙中有拉伸流动和剪切流动，故有较好的分散混合能力。但将这种双螺杆挤出机用作专用混炼机，其混合能力还是有限的。

锥型双螺杆挤出机的性能和用途与啮合异向平行双螺杆挤出机相同。其混合能力也有限，主要用于 R-PVC 制品的挤出。

（b）用于配混料的啮合异向平行双螺杆挤出机

该种挤出机的螺杆构型中组合了许多非常规螺纹元件（螺棱窄，螺槽宽，在啮合区纵横向皆开放），特殊混合元件及剪切元件。螺杆长径比大（$L/D=30\sim40$），螺杆转数高达每分钟几百转。设有排气区，可以有几个加料口。这种双螺杆挤出机的混合效果可与啮合同向双螺杆挤出机媲美，其分散混合性能甚至优于啮合同向双螺杆挤出机。

③ 非啮合双螺杆挤出机。它与啮合型双螺杆挤出机不同，两螺杆外径相切，不啮合，作异向向内旋转。在两个机筒孔之间有通道，因而两螺杆之间有物料交换。其长径比大，*L/D* 可达 100。螺杆转数高，可达每分钟几百转。这种双螺杆挤出机的分布混合性能好，但因无窄间隙的高剪切区，分散混合能力较差。其建压能力也较低，可用于混料造粒。如想建压，则两根螺杆不一样长，长出的那根螺杆就是单螺杆，可以建立较高压力。

这种双螺杆挤出机用于共混，填充，增强改性，脱挥发分，塑料回收，更适于反应挤出。

（3）往复式单螺杆挤出机（Buss Ko-Kneader）

这种挤出机属于单螺杆挤出机，其特点是螺杆除了做旋转运动外，还做往复运动，螺杆每转一转，轴向往复运动一次。其机筒是剖分的，在机筒内表面上装有按一定规律排列的许多销钉，而螺杆上的 3 条螺纹是断开的。当螺杆旋转时，销钉通过断开的螺纹。销钉和断开的螺纹间有很小的间隙。螺杆旋转时，该间隙中有很高的相对运动速度，可以产生很高的剪切速率。普通单螺杆挤出机和往复式单螺杆挤出机结构比较如图 3-2 所示。

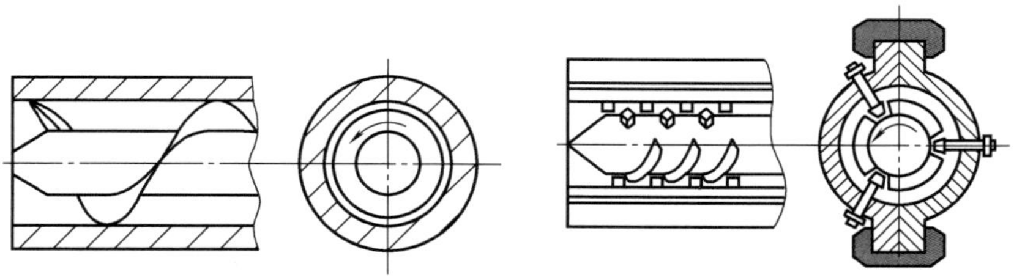

(a) (b)

图 3-2 普通单螺杆挤出机和往复式单螺杆挤出机的结构比较

(a) 普通单螺杆挤出机 (b) 往复式单螺杆挤出机

普通单螺杆挤出机的加工段通常分为送料段、挤压段、剪切段 3 部分，其螺杆上的螺旋线是连续的。物料经其加工成型时，只受到螺旋片轴向的挤压和啮合剪切片的剪切两种作用。而其中剪切段一般是两辊啮合的，只有相互啮合的部分才是“有效剪切区”，其他部分对物料仍然只有单纯挤压作用；同时由于挤压和剪切作用方向单一，物料进入螺槽之后界面间很少发生重取向，物料吸收外力机械功有限，故其对不易分散的组分（如纳米粒子）的分散难以达到理想的效果。而单螺杆往复式混炼机是一种结构新颖并可连续运作的混炼设备，其主要结构特点有：机筒内衬上固定了彼此径向间隔 120°的 3 排斜菱形销钉（混炼齿）；每一圈螺旋线被均匀切断为 3 段，形成长菱形的混炼螺旋片，在一个周期上交错分布；与普通挤出机单纯的周期转动不同，单螺杆往复式混炼机的螺杆在匀速转动的同时还叠加了一个轴向往复的冲程运动，每径向旋转一周，就同时进行一次轴向往复运动。通过共轭混炼齿、混炼片和螺杆复合运动这 3 者的共同作用，机器的“有效剪切区”扩大到了整个加工段，从而极大地提高了对物料混炼和分散的效率。

当物料由加料段进入混合段时，在机筒外加热和螺杆与销钉的剪切作用产生的热量作用下，得以熔融，同时物料在螺杆的旋转、轴向往复运动中产生的剪切、拉伸、分流、合并、折叠、再取向等作用下得以混合，混合过程产生的气体也得以排除。

Buss Ko-Kneader 的长径比较短， $L/D=7\sim23$，转数高，可达每分钟几百转，是一种性能优异的连续混炼机，它能提供良好的分布混合和分散混合。用它进行共混、填充、增强物理改性和化学改性可以得到良好的效果。其综合性能可以和啮合同向双螺杆挤出机媲美。

（4） FCM（LCM）连续混炼机

FCM（Farrel Continuous MFRxer）是由间歇式密炼机发展而来的两转子连续混炼机。其两根转子不啮合，可以同向，也可以逆向旋转。转子有固体输送段、混炼段、泵出段。固体输送段的构型无异于非啮合双螺杆挤出机的固体输送段；混炼段的转子形状像密炼机转子。机筒是剖分式。在转子末端有排料阀门。 FCM 机的下游要接一台单螺杆熔体挤出机，用以造粒。FCM 机吸收了密炼机的特点，有优异的分布混合和分散混合性能。但将密炼机的间歇工作变为连续工作，因而操作条件好，过程便于控制。可以进行共混、填充、增强改性。

LCM（Long Continuous MFRxer）是在 FCM 的基础上发展而来的。它的转子比 FCM 长，有两个混炼段，两混炼段之间还有一个螺纹段，用于排气和加入添加剂。由于转子加长，且有两个混炼段，还有排气段，故其混炼效果优于 FCM，可以完成 FCM 一样的混炼任务。连续混炼机的结构示意图如图 3-3 所示。

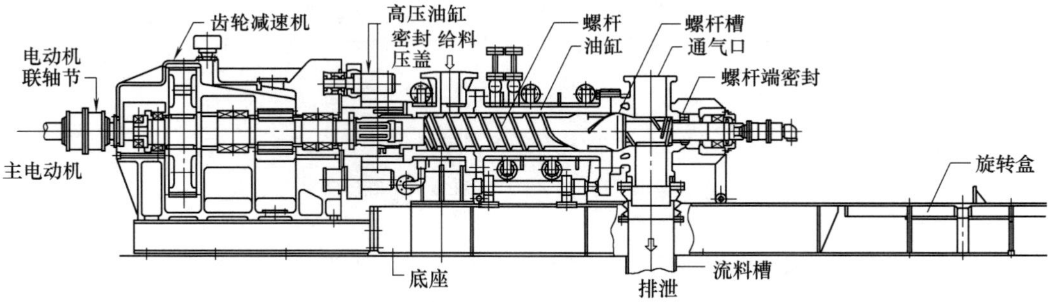


图 3-3 连续混炼机的结构示意图

（5）行星螺杆挤出机

行星螺杆挤出机也是一种很有特色的连续混炼机。它把行星轮系的概念引入单螺杆挤出机的设计中，在单螺杆原来的压缩段、计量段处用一组行星螺杆来代替，其中心螺杆和原来单螺杆加料固体输送段为一体（但直径小）形成主螺杆，一起旋转。主螺杆周围均匀排列几根直径较小的行星螺杆。当主螺杆旋转时，带动几根行星螺杆转。行星螺杆和主螺杆相互啮合（如齿轮），形成许多很小的啮合间隙。当物料通过这些间隙时会受到高的剪切和分流，合并，再取向。因而能进行分布混合和分散混合。故它是一种性能优异的连续混炼机。

这种混炼机目前主要用于 PVC 的加工，如造粒，为生产 PVC 硬片的压延机喂料等。根据其工作机理和混炼特点，也可用于其他聚合物加工和改性。

以上简单介绍了塑料改性中的混合及常用混炼机的性能和选用。关于混炼机的选择，要根据改性任务、产品种类、产量等综合情况来决定。一台理想的连续混合机，它应当具有以下特点：有均匀的剪切应力场和拉伸应力场；有均匀的温度场、压力场，物料在其中的停留时间可以柔性地控制；有能够均化不同流变性能物料的能力；在物料分解之前，能有效地均化物料；能把混合过程中产生的气体排除；能在可控范围内改变混合过程参数，适应不同要求。

目前化学改性物料制备的主要使用设备是反应挤出机。

### 3.4.2.2 反应挤出

#### 3.4.2.2.1 反应挤出的概念及特点

反应挤出工艺（reactive extrusion，REX）是20世纪60年代后才兴起的一种新技术，是连续地将单体聚合并对现有聚合物进行改性的一种方法，因可以使聚合物性能多样化、功能化且生产连续、工艺操作简单和经济适用而普遍受到重视。该工艺的最大特点是将聚合物的改性、合成与聚合物加工这些传统工艺中分开的操作联合起来。具体地讲，它具有利用挤出机处理高黏度聚合物的独特功能，对挤出机螺杆螺筒上的各个区段进行独立的温度控制、物料停留时间控制和剪切强度控制，使物料在各个区段传输过程中，完成固体输送、增压熔融、物料混合、熔体加压、化学反应、排除副产物和未反应单体、熔体输送和泵出成型等一系列化工基本单元操作，因此它是理想的高黏度物料熔融态反应方法。

与原有的成型挤出技术相比，反应挤出有如下的优点：

① 适用于高黏度的熔融态聚合物反应体系。反应挤出机的螺杆和机筒组成的塑化挤压系统具有处理高黏度聚合物的功能，因此反应挤出可以在10～10000Pa·s的高黏度范围内实现聚合物的化学反应。在常规的反应器如反应釜中，当黏度在此范围内时，需加入大量的溶剂或稀释剂来降低黏度。

② 较好地防止高温导致的聚合物降解。对同样的反应，与间歇反应器相比可大大缩短反应时间，大大缩短物料的停留时间，从而防止聚合物长期处于高温下而导致分解。

③ 反应物料除了直混外，还有一定的背混能力。物料始终处于传质传热的动态过程，螺杆使熔融物形成薄层，并且不断更新表面，这样有利于热交换、物质传递，从而能迅速精确地完成预定的变化，或很方便地除去熔体中的杂质。

④ 可连续大规模进行生产。生产效率高，反应原料形态可以多样化，对原料有较大的选择余地；产品转型快，一条生产线就可以进行小批量、多品种产品的生产。

⑤ 对环境影响小。由于反应挤出不使用溶剂或很少使用溶剂，故环境污染小。

⑥产品的成本低。未反应单体和副产物在机器内熔化状态下可以很容易地除去，节省能源和物耗，不使用溶剂。

#### 3.4.2.2.2 反应挤出机

反应挤出机有单螺杆型和双螺杆型。单螺杆型具有设计制造相对容易、物料有微背混能力、物料停留时间适宜、造价低等特点，但混炼效果及容量不及双螺杆挤出机。因其设备价格低、投资小，因此应用极为广泛。双螺杆型分为啮合型和非啮合型、同向型和异向型，具有剪切混合功能强、自洁性好、物料停留时间分布窄等优点，但造价高、设计制造困难、物料停留时间短、研发投入大。总之两者各具特点，可根据实际反应的需要进行选择。

反应挤出对所使用的反应挤出机有如下要求：

① 能为物料提供足够的熔融时间、反应时间，并有足够的时间在除杂段对产品进行纯化处理，即要求反应挤出机要有较大的长径比。

② 物料的停留时间分布要窄，在保证化学反应充分完成的前提下，要防止部分物料因停留时间长而引起降解、交联等其他副反应。

③ 优秀的排气性能，因为在反应挤出过程中，加入的反应单体不可能完全参加反应，而要脱除那些未反应的单体、反应生成的小分子副产物、物料中夹杂的挥发性组分等，往往要求高真空度下短时间内迅速完成，但同时又不会引起反应挤出机冒料。

④ 螺杆对物料具有强输送能力和强剪切功能。由于反应混合物熔融后黏度差别大，混合输送相对困难，因而螺杆的输送能力要强化，强烈的剪切可以有助于化学反应进行。

反应性挤出是以螺杆和机筒组成的塑化挤压系统作为连续反应器，将欲反应的各种原料组分如单体、引发剂、聚合物、助剂等一次或分次由相同的或不同的加料口加入到螺杆中，在螺杆转动下实现各原料之间的混合、输送、塑化、反应。随后， 移去反应过程产生的挥发物。反应充分的改性聚合物经口模被挤出，经骤冷、固化、切拉或直接挤出为成型制品。为了实现分批加料，以利于化学反应，反应挤出机上常设有多个加料口，如可将黏性液体或气体反应物按反应顺序沿机筒的特定点通过注入口加入，部分固体物料可通过设置在第一加料斗后的侧向喂料口加入。例如熔融接枝使用的反应性螺杆挤出机，如图3-4所示。

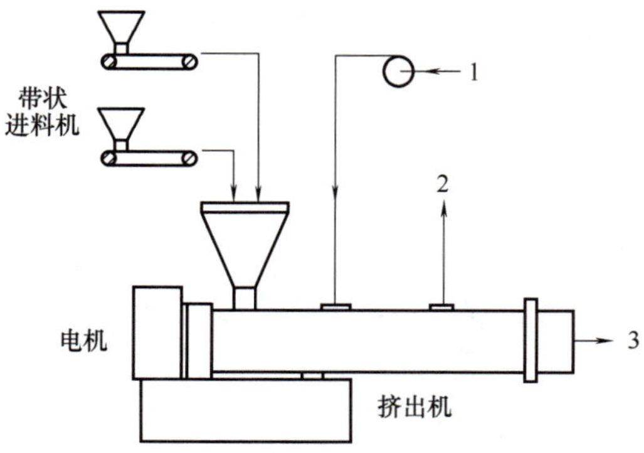


图3-4 反应性挤出接枝成套设备

1—反应试剂 2—排气 3—产品

### 3.4.2.2.3 可以进行的反应挤出

在螺杆类挤出机中可以完成化学反应的类型可以方便地按表3-6的描述分为6大类。

### 3.4.2.2.4 反应挤出过程所需的条件

反应挤出过程对条件要求比较严格：优良的混合；足够的反应空间和恰当的停留时间及停留时间分布；良好的温控；能移去反应过程所产生的水分和气体；连续而稳定的挤出能力；能在挤出过程的不同阶段加入其他组分等。这些要求都是为了使反应迅速、完全、稳定和高效。

（1）反应挤出过程的混合

反应挤出过程中各组分间的混合状态优劣决定着反应速率和反应物的质量，良好的混合条件应满足以下条件：

① 要有适当的剪切。剪切使聚合物分散和细化并产生变形，增加各组分间的界面。剪切还可使聚合物分子链“解缠”，发生相对位移，使大分子活化，使某些链段断裂形成大分子自由基，为反应创造条件。

表 3-6 通过反应挤出过程可以完成的化学反应的类型

| 类型 | 描述 |
| --- | --- |
| 本体聚合 | 由单体、低相对分子质量预聚体、单体混合物、单体和预聚物的混合物制备高分子聚合物 |
| 接枝反应 | 由聚合物和单体反应,形成接枝聚合物或接枝共聚物 |
| 链间共聚物的形成 | 两种或多种聚合物通过离子键或共价键反应生成无规、接枝或嵌段共聚物 |
| 偶联/交联反应 | 聚合物与多官能度的偶联剂反应,使大分子链增长、支化,从而提高了相对分子质量;或聚合物与缩合剂反应,使分子链延长,从而获得了较高的相对分子质量;或聚合物与交联剂反应,通过交联提高了聚合物的熔融黏度 |
| 可控降解 | 使高相对分子质量聚合物发生可控降解(可控流变学),降低聚合物的熔融黏度 |
| 官能化/官能团改性 | 将官能基团引入聚合物的主链、端基、侧链,或对原有的官能团进行改性 |

② 挤出机应有良好的分散混合和分布混合能力。反应挤出过程不同于一般挤出过程，它要使不同高黏度的物料之间发生混合，反应挤出机尤其应能提供良好的分布混合。分布混合中，各组分只发生位置间的变化，其混合程度可用界面的增长来度量，而影响界面增长的关键变量是应变和界面相对于剪切方向的取向。增加剪切速率可以增加应变，增加界面增长，但增加剪切速率主要靠提高螺杆转数，这会影响物料在挤出机内的停留时间，进而会影响反应的完全，因而应尽力通过使各组分之间的界面相对于剪切方向不断重新取向（最佳取向角为 45°和 135°）来提高界面增长率。用这种方法，混合效率会成指数函数增长，而又与应变速率无关，甚至可在低的螺杆速度下进行反应挤出而达到良好的反应物质量。

③ 螺杆类挤出机应有良好的径向混合和纵向混合。为了使反应均匀彻底，混合程度又不随挤出物离开挤出机的时间而变化，螺杆类挤出机应当有良好的径向混合（即在垂直于挤出方向的截面内的混合应均匀）和纵向混合（即在垂直于挤出方向的不同截面内的混合应均匀），后者对自由基间的反应尤为重要。

（2）反应空间和停留时间

为在挤出过程中使反应充分进行，反应器应有足够的反应空间、适宜的停留时间及停留时间分布。

反应空间主要取决于反应器的几何结构设计。而停留时间除了与反应空间有关外，还与容积挤出量有关。反应器的平均停留时间可用 $V/Q$ 来表示，其中 $V$ 是反应器的自由体积，$Q$ 是容积挤出量。一般说来，$Q$ 是固定的，$V$ 就成了设计变量。因此，增加 $V$ 就成了增加停留时间的关键。对螺杆类挤出机来说；当其直径已定后，$V$ 就取决于长径比和螺杆结构。停留时间要适当。停留时间过短，反应不完全；过长，也会影响反应物性能。停留时间分布也是影响反应质量的重要因素，只有所有物料在挤出机中的停留时间大致相等时，反应物质量才均匀、稳定。

挤出机的自洁作用也很重要，良好的自洁作用可以防止物料在螺杆和机筒表面沉积和粘挂，从而避免过长的停留时间。

（3）温控和传热

反应的不同阶段，反应体系可能是吸热或放热过程。这就要求挤出机及时提供热量和把热量导走，尤其是对于高黏度的物料，就要求挤出机有较大的传热面积和传热系数。同时螺杆挤出机沿螺杆的轴向上螺筒的加热或冷却可以分段进行，因此使反应挤出过程中对温度的分段精确控制成为可能。严格的温控对反应挤出是至关重要的。

（4）水分和气体的排除

反应挤出过程往往伴随有水分和气体产生，应及时排除，否则会影响反应过程的进行和完成。这就要求在反应挤出机上开设专门的排气段（如设排气孔）。在达到要求的反应程度后，需要脱除的挥发性的低分子副产物或未反应的低分子添加剂随物料进入排气段。常将排气段螺杆的螺距加大（一般为 1~2*D*），降低填充程度，使排气区呈缺料状态，从而形成足够大的排气表面积。在排气段的机筒上，开有排气口。该排气口可直接与真空系统相连。

（5）输送物料和排出物料的能力

由于参与反应的物料黏度都比较大，挤出机要毫无困难地连续而稳定地输送它们，就要求在排出段应能建立足够高的压力以便将物料由机头挤出，进行造粒或直接成型成制品。

（6）挤出过程中其他组分的加入

为了保证挤出过程中在反应不同阶段向熔体加入各种反应物（包括聚合物和单体，以及催化剂、引发剂等），这就要求沿机筒设置多处加料口，并在加料口对应的螺杆部位建立低压区以保证这些组分的加入。

3.4.2.2.5 影响反应挤出的操作因素

（1）配方的选定

影响反应挤出过程最重要的因素是配方的选定。例如国内在单螺杆挤出机上进行的接枝共聚反应挤出实验表明，反应挤出过程与所选聚合物的种类和性能、引发剂的种类和用量（浓度）、接枝单体的种类和用量（浓度）有关，如果在反应挤出过程中含有填料，也与填料的种类和含量有关。

（2）挤出温度

为适应所需的化学反应，必须保证与其相适应的挤出温度。例如对 PP 进行接枝、填充改性时，发现挤出温度低时，反应速度慢，接枝率低，改性物的力学性能偏低，而当挤出温度高于某一数值时，发生热降解，物料变色，改性物的力学强度降低。对反应挤出来说，有一个最佳挤出温度。

（3）螺杆转速

螺杆转速影响物料在挤出机中的停留时间，从而影响反应时间，因而也是一个重要的工艺参数。螺杆转速越慢，长径比越大，停留时间越长。由于螺杆转速与剪切速率，或者说与混合效果成正比，因此不能太慢。同时螺杆长径比也不可能无限地大。所以，反应挤出过程的停留时间一般较短，也就是说反应挤出比较适合于反应速度较快的一类化学反应。对于这一点，如果从另一个角度来说，可以认为，对于采用反应挤出方法进行化学改性的聚合物，一般热历史较短，避免了物料长期暴露在高温下而导致的热分解。

不同的反应挤出，需要不同的停留时间，如 PP 接枝改性，反应时间约为 5～10min。应根据这一点来选择挤出量，并根据螺杆直径和长径比来选择螺杆转速。

（4）螺杆组合

不同类型的螺杆元件有不同的混合能力、输送能力和熔体密封能力。对可进行组合的螺杆来说，螺杆组合是一个重要的可操作工艺参数。例如对积木式的同向旋转双螺杆挤出机，不同螺杆组合可以获得完全不同的效果。对于非啮合双螺杆挤出机，两螺杆的错列程度也是一个可变因素，对混合程度有明显影响。

**学习活动（3-3）**

讨论：

学习活动（3-2）中确定的配方将用反应挤出机完成化学改性，对反应挤出机有什么要求？分析影响反应挤出的因素。

### 3.4.3　改性物料的造粒

在进行最终塑料制品的加工时，为方便喂料，一般通过造粒将塑料加工成相对统一的形状，如颗粒状。通常将混合好的物料制成颗粒，提供给挤出成型、注射成型、吹塑成型等终端用户。这样做具有下列优点。

① 喂料系统更为简单。不用除尘处理；换物料时，料斗容易清理。

② 喂料均匀，降低产品质量波动。

③ 物料密度大，有利于提高挤出能力。

④ 物料密度大，可降低运输成本。

在具有这些优点的同时，这种工艺也有潜在的缺陷：即具有附加熔融过程的热历史。

#### 3.4.3.1　热塑性塑料的造粒工艺

塑料造粒可以使用辊压法混炼，塑料出片后切粒，也可以使用挤出塑炼，塑化挤出条后切粒。挤出造粒的第一阶段，固体状树脂原料在机筒中，借助于机筒外部的加热和螺杆转动的剪切挤压作用而熔融，同时熔体在压力的推动下被连续挤出口模；第二阶段是被挤出的型材失去塑性变为固体即制品，有条状、片状、棒状、管状，然后可以造粒。造粒后的颗粒通常是立方体或者八面体的，条式颗粒为圆柱体。机头磨面制备的颗粒通常为圆柱形或者扁圆形。

造粒工艺可分为两种：①先冷却和硬化，然后切割；②先切割，然后冷却和硬化。第一种工艺使用的设备有方粒切粒机和条式造粒机；第二种工艺可使用各种各样的机头磨面切割机，包括水环造粒机和水下造粒机。后者的切割和冷却都可在空气或水中进行，或者在空气中切割，紧接着在水中冷却。

冷却是指充分的硬化过程，至少要使小球的壳体硬化而不使颗粒之间发生团聚。用水冷却时，小球内部还残留有大量的热量，这样在小球离开水后，可以通过自身干燥将表面的水分蒸发掉。冷却水一般通过热交换器进行循环。冷却水的循环速率至少要满足每生产 1kg 产品流过 15kg 水的要求，将水槽的温升值控制在合理的范围内（约 10℃）。有时可能需要更高的水流速率，以增加颗粒间的平均分离距离，降低团聚的发生。

如果对料流或颗粒进行的冷却过于迅速，颗粒外部表面可能会过早硬化，颗粒内部熔体硬化时将会产生收缩并出现孔隙（气泡）。为了有效地防止收缩并出现孔隙，通常要提高循环冷却水系统的温度。

通常要对干燥后的小球进行分级，除去那些团聚的物料和过于细小的颗粒。

热塑性物料的造粒可分为冷切法和热切法两大类。冷切法又可分为拉片冷切、挤片冷切、挤条冷切等几种；热切法则可分为干热切、水下热切、空中热切等几种。

（1）冷切法

① 拉片冷切。通过捏合机或密炼机的物料经开炼机塑炼成片，冷却后切粒。所用的切粒设备为平板切粒机。一定宽度的料片进入平板切粒机，经上、下圆辊刀纵向切割成条状，然后通过上、下侧梳板经压料辊送入回转甩刀与固定底刀之间，横向切断成颗粒状。粒料经过筛斗，将长条及连粒筛去，落入料斗，风送至贮料斗。拉片冷切造粒较适用于 PVC 塑料。

② 挤片冷切。捏合好的物料经挤出机塑化，挤出成片再经风冷或自然冷却后进入平板切粒机切粒。挤片冷却造粒适用于不易采用开炼机塑炼拉片的 PE、聚酰胺等树脂。

③ 挤条冷切。挤条冷切是热塑性塑料最普遍采用的造粒方法，设备和工艺都较简单。物料经挤出机塑化成圆条状挤出，圆条经风冷或水冷后，通过切粒机切成圆柱形颗粒。圆条切粒机的结构比平板切粒机少一对圆辊刀，主要部件是固定底刀和 2～8 片回转刀。该方法的优点是设备简单、可调换色泽，适宜多品种少批量生产，所有热塑性塑料都能用这种方法造粒。其缺点为颗粒外观质量差。

（2）热切法

在挤出机机头上装几把旋转切刀，直接将从多孔板机头挤出的热料切成粒料，然后冷却。因此法是在料条冷却之前切割，故称热切法。热切法因料温高，切刀不易损坏。

① 干热切。将旋转的切刀紧贴在机头模板上，直接将挤出的热圆条状料切成粒料。此法所用设备简单，操作方便，其不足之处是产量高时，易出现粘粒现象。

干热切法可用直径为 40～250mm 的挤出机，螺杆为等距不等深，螺杆头部可以是鱼雷头或多头螺纹。

② 水下热切。它是聚烯烃塑料造粒的一种新技术，机头和切刀在循环温水中进行工作。

其工作原理是树脂以条状挤出后，立即送入水中被高速旋转的切刀切成粒子，由循环水泵输送到离心干燥机中脱水、干燥。该方法可用于大中型热黏性树脂造粒加工。

③ 空中热切。空中热切和干热切相似，为了防止颗粒黏结，在切粒罩内通过鼓冷风或喷淋温水冷却粒料。前者称风冷热切，后者称水冷热切。

拉片冷切、挤片冷切得到方形粒料，目前多用挤出机塑化物料挤条冷切或热切，设备和工艺的选择须考虑塑料形态及性能，易热氧化的聚烯烃塑料不宜采用干热切和风冷热切。

表 3-7 列出各种树脂适用的造粒方法。无论哪种造粒方法都要求粒料颗粒大小均匀、色泽一致、外形尺寸小于 3～4mm，形状以球形或药片形为好。粒料不可过大，过大会造成加料困难。

表 3-7 各种树脂适用的造粒方法

| 树脂 | 冷切法造粒 | | | 热切法造粒 | |
|---|---|---|---|---|---|
| | 拉片冷切 | 挤片冷切 | 挤条冷切 | 干热切 | 水下热切 |
| S-PVC | 适宜 | 适宜 | 适宜 | 适宜 | 适宜 |
| R-PVC | 适宜 | 适宜 | 适宜 | 适宜 | 尚可 |
| PE | 尚可 | 适宜 | 适宜 | 不 | 适宜 |
| PP | 不 | 尚可 | 适宜 | 不 | 适宜 |
| 丙烯腈-丁二烯-苯乙烯共聚物(ABS) | 适宜 | 适宜 | 适宜 | 尚可 | 适宜 |
| 聚酰胺 | 不 | 尚可 | 适宜 | 不 | 适宜 |
| 聚碳酸酯 | 不 | 不 | 适宜 | 不 | 尚可 |
| 聚甲醛 | | | 适宜 | | 尚可 |
| 颗粒形状 | 长方形<br>正方形 | 长方形<br>正方形 | 圆柱形 | 球形<br>药片形 | 球形<br>药片形 |

各种切粒方法，除拉片冷却法外，其他都是用挤出机造粒。挤出造粒具有操作连续、密闭性好、机械杂质混入少、劳动强度小、噪音低、产量高等优点。

#### 3.4.3.2 造粒设备

造粒机的选择取决于聚合物的加工工艺、造粒速率、粒料形状，以及允许的工厂空间。机头磨面造粒机一般只需要较小的工厂空间，更容易自动操作，并且能以很高的速率运行。在熔融状态下切割塑料，可减少碎料的产生，降低刀具的磨损；但是，因刀具必须贴靠在机头磨面上，所以会加重机头磨面的磨损。

（1）方形粒料造粒机

最初，由于人们掌握的大量技术都是橡胶加工方面的，因此就用双辊开炼机或通过扁口机头将塑料熔体制成薄片，然后进入水槽冷却；再通过压送辊牵引到各种阶梯式或升角式转刀切割器中，在固定的刀具上进行切割。由于薄片形成时所受的压力不高，热历史较短，这种切粒机应用于 PVC、ABS 的加工。这种组合式方粒切粒机的噪音比独立切粒机大。

（2）条式造粒机

熔体在力的作用下，从混合段排出后通过一排圆形小孔，料流呈条状，在切割器压送辊的牵引下，通过一个长水槽；料流从水槽出来后，还可使用气流加速干燥。料条被切成 1～5mm 的圆柱体。圆柱体的长度取决于切割器的频率和压送辊的速度。

条式造粒机的使用范围非常广，从试验工厂到生产能力高达 4000kg/h 的场合都能适应。然而，高生产能力也要求有大料流和宽水槽，也就需要更多的操作员来调整料条，在发生断条

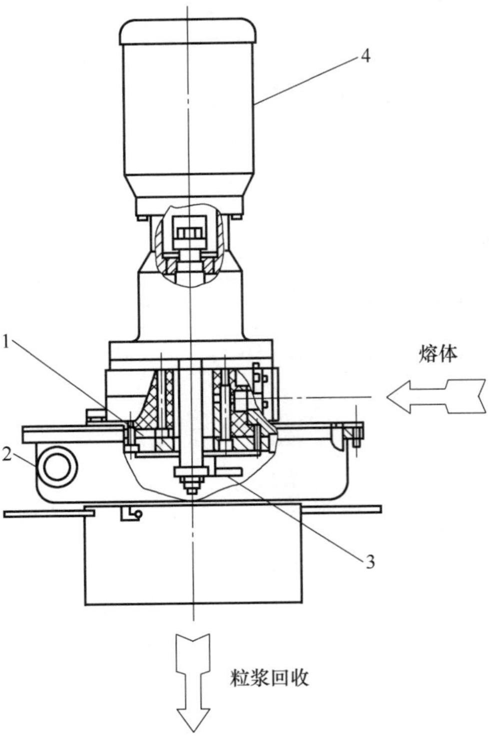


图 3-5 水环造粒机

1—口模 2—水 3—切料 4—造粒机电机

或发生纠缠时要及时进行处理。 除了混合物极脆或者没有熔体强度的情况以外，几乎所有的热塑性塑料都可进行条式造粒。

(3) 干式机头磨面造粒机

物料从多孔模板中挤出后，偏心刀具或装配在中心的刀具直接对熔融塑料进行切割，切刀迅速地将粒料抛离型面，落到水中，颗粒在水槽中进行有效的冷却，然后进行干燥。

为尽量减少物料与水接触，在使用这种造粒机时，也可以让物料在空气中冷却，然后进行输送和储存。通常在刀具上应喷上少量的水雾，避免刀具过热后与粒料粘连。喷水量是可以调节的，因此蒸发热可以抵消粒料中的热熔变化（大约 1kg 粒料用 0.25kg 水)。

(4) 水环造粒机

水环造粒机如图 3-5 所示，是干式机头磨面造粒机的一种变异体， 切割器依靠离心作用将新切下的熔融颗粒抛进蜗牛形的笼中，水在刀具架外围环绕流动，粒料和水一并进入离心干燥器中进行离心干燥。

水环造粒工艺

(5) 水下造粒机

熔体从多孔模板挤出后直接进入水中，并用多重刀具立即进行切割，如

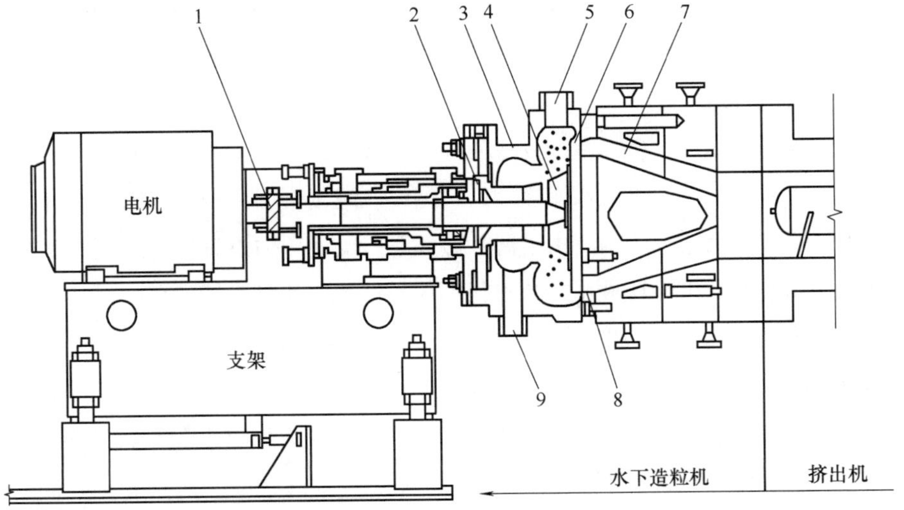


图 3-6 水下造粒机

1—管接头 2—刀具架 3—水腔 4—刀具支撑物 5—水/粒浆出口 6—刀具 7—聚合物槽 8—口模板 9—入水口

图 3-6 所示。水下造粒机的生产能力可适应从小型试验工厂到产量超过 10000kg 的大型商业工厂。机头需要特别加热，防止模板阻塞。启动程序要严格按照顺序进行，首先是聚合物流出，其次是刀具转动，然后注入水，以避免口模凝固阻塞或者大量聚合物团聚。

水下造粒工艺

大多数生产商都会标出他们所提供的造粒机类型和适用范围。表 3-8 所示了各种类型造粒机对普通聚合物的适用性。

表 3-8　各种类型造粒机对普通聚合物的适用性

| 聚合物 | 造粒机 | | | | | |
|---|---|---|---|---|---|---|
| | 方形造粒机 | 条式造粒机 | 机头磨面造粒机 | 水环造粒机 | 水下造粒机 | 离心造粒机 |
| 聚碳酸酯 | N | S | A | S | S | S |
| 聚酯 | S | A | S | S | S | S |
| PE-HD | S | S | A | A | A | A |
| PE-LD | A | A | A | A | A | A |
| PE-LLD | S | S | A | S | A | A |
| 聚甲基丙烯酸甲酯 | N | S | S | N | A | S |
| PP | N | S | A | N | A | A |
| 聚苯乙烯 | N | A | A | N | A | A |
| S-PVC | A | A | A | S | S | S |
| R-PVC | A | S | A | S | N | S |
| 热塑性橡胶 | A | S | S | S | S | S |

注：A—常用；S—有时用；N—一般不用。

干热切粒法挤出造粒时的不正常现象、产生原因及解决方法列于表 3-9。

表 3-9　干热切粒法挤出造粒时的不正常现象、产生原因及解决方法

| 序号 | 不正常现象 | 产生原因 | 解决方法 |
|---|---|---|---|
| 1 | 颗粒表面不光滑 | 1. 机筒温度低<br>2. 机头温度低<br>3. 滤网孔太粗<br>4. 滤网破裂<br>5. 多孔板不好<br>6. 螺杆压缩比小<br>7. 螺杆转速太快 | 1. 提高机筒温度<br>2. 提高机头温度<br>3. 更换为细孔滤网<br>4. 更换滤网<br>5. 提高多孔板孔径压缩比或平直部分长度<br>6. 更换为压缩比大的螺杆<br>7. 降低螺杆转速 |
| 2 | 粒料黏结 | 1. 机头温度高<br>2. 螺杆转速太快<br>3. 颗粒冷却太慢<br>4. 切刀刀口太钝 | 1. 降低机头温度<br>2. 降低螺杆转速<br>3. 提高冷却速度<br>4. 更换切刀刀片 |
| 3 | 粒料根部有尾巴 | 1. 切刀架高低不平<br>2. 刀片安装不平或松动<br>3. 切刀太钝<br>4. 挤出量不足 | 1. 调整切刀架<br>2. 调整切刀或拧紧切刀<br>3. 更换刀片<br>4. 调整影响挤出量的因素 |

续表

| 序号 | 不正常现象 | 产生原因 | 解决方法 |
| --- | --- | --- | --- |
| 4 | 粒料直径偏大 | 1. 多孔板孔径太大<br>2. 多孔板孔径压缩比太大<br>3. 螺杆转速太快 | 1. 更换为孔径小的多孔板<br>2. 更换孔径压缩比小的多孔板<br>3. 降低螺杆转速 |
| 5 | 粒料直径相差太大 | 1. 多孔板料孔排列不当<br>2. 多孔板外径尺寸不当<br>3. 机头温度不均匀 | 1. 更换多孔板料<br>2. 更换或修正多孔板<br>3. 调整机头温度 |
| 6 | 粒料太长 | 1. 机筒温度偏低<br>2. 螺杆转速太快<br>3. 切刀太少<br>4. 切刀转速太慢 | 1. 提高机筒温度<br>2. 降低螺杆转速<br>3. 增加切刀数量<br>4. 提高切刀转速 |
| 7 | 粒料太短 | 与 6 相反 | 与 6 相反 |

其他造粒方法因塑化而产生的不正常现象、原因及解决方法与干热切粒相同，因切粒而产生的需另作考虑。如水冷切粒时，颗粒水温度高，不能很好地冷却产品粒子，易产生粒子粘连或粘刀，导致拖尾粒子和碎片的产生。颗粒水温度过低，使产品粒子的光洁度变差，粒子不饱满，同时还会使物料变硬，也易产生拖尾粒子和碎屑。拉条冷却切粒，过冷的料条易碎并易损坏切刀。

**学习活动（3-4）**

讨论：

1. 确定学习活动（3-2）中制定的化学改性物料的混合、改性、造粒工艺路线及工艺参数；
2. 定出配混操作规程、安全及防护规定。（注意：有机过氧化物的危险！）

实操：

1. 熟悉设备的结构与操作规程；
2. 确定投料量，将基本配方换算为实用配方；
3. 据实用配方中的原料用量，选择合适的计量器，称料；
4. 遵守安全及防护规定，按所定的配混操作规程完成操作，记录数据与现象。

### 3.4.4 化学改性塑料粒料的质量与检验

（1）外观与规格

化学改性塑料粒料的外观应塑化良好，无明显杂质和碎末，色泽一致，色度纯正，颗粒大小均匀。

（2）流动性

PP 控制降解使相对分子质量降低，流动性提高；聚烯烃熔融接枝过程中，除了接枝单体在大分子链上的接枝反应外，还存在着大分子链的热氧降解反应，导致接枝物的相对分子质量降低，熔体黏度下降。用测定接枝物熔体流动速率的方法可相对表征熔融接枝过程中聚合物发生热氧降解的程度。

（3）接枝产物的检验

由于熔融接枝反应本身比较复杂，反应所得到的产物实际上是含有多种组分的混合物，而且单体在大分子链上的接枝量一般非常少，所以对于接枝产物的纯化处理以及表征一直是接枝改性研究中的重点与难点。

① 接枝物的纯化。发生降解等的副产物需要通过纯化处理与接枝物分离，否则会直接影响表征结果。此外，在接枝过程中，体系中还会残留未完全反应的剩余物，如接枝单体、引发剂等，也需要通过纯化处理予以除去。

为得到纯度比较高的接枝产物，一般采用的方法是溶剂选择性分离。以接枝马来酸酐为例，首先应对未纯化接枝物预先进行真空干燥，产物表层的部分未反应的马来酸酐等单体因升华被除去。将经干燥处理的接枝物倒入溶剂（甲苯或二甲苯)中，加热回流，使其完全溶解，然后再把热溶液立刻滤入未加热的大量丙酮中，过滤时所得不溶物质回收后真空干燥计算凝胶含量。滤液在丙酮中出现絮状沉淀，由于丙酮是马来酸酐及其均聚物的良溶剂，故通过这样的处理可以将马来酸酐及其均聚物完全除去，将沉淀物滤出后再用丙酮清洗数遍并干燥后，即得到精制接枝产物。

② 接枝物的表征。在接枝物纯化之后进行表征，用来证明单体是否已经成功接枝到聚烯烃上。傅里叶红外图谱是最常见的用来表征熔融接枝聚烯烃是否成功的方法。核磁共振（NMR）、化学用光电子能谱（ESCA)、凝胶渗透色谱法以及化学滴定法等也可用来作为接枝表征的方法。

③ 接枝率的测定。对于接枝率的测定，在马来酸酐熔融接枝聚烯烃的体系中，较多采用的方法是酸碱滴定。此外，定量红外分析和增重法也可用来测定接枝率。

酸碱滴定测定接枝率所用的试剂和操作过程有多种，举例如下：

精确称取 1g 试样，放入 100mL 二甲苯溶液中，加热回流，待接枝物全部溶解后，冷却至 70℃，加入浓度为 0.03mol/L 的 KOH-乙醇溶液 20mL，搅拌约 5min 后，用 HCl 标准溶液滴定，以酚酞作指示剂。

$$R=\frac{(V_1-V_2)\times c_{HCl}\times M}{2m}\times 100\% \tag{3-26}$$

式中：$R$——马来酸酐接技率，%；

$c_{HCl}$——HCl 标准溶液的浓度；

$m$——样品的质量；

$M$——马来酸酐的摩尔质量，g/mol；

$V_1$——滴定 20mL KOH-乙醇溶液所用 HCl 标准溶液的体积数，mL；

$V_2$——滴定反应后所剩 KOH-乙醇溶液所用 HCl 标准溶液的体积数，mL。

（4）其他性能

① 物理力学性能。制备试样，按制品性能要求的物理力学性能项目检验。

② 接枝产物的粘接性能。少量的接枝率（<2%）足以在马来酸酐接枝聚丙烯和钢的表面之间得到强的化学键接。若对接枝物进行水解，则剥离强度迅速提高。表面化学分析表明，粘接是因为极性基团与金属表面的金属氧化物发生了化学键接，其破坏断裂发生在马来酸酐分子和 PP 主链之间。

**学习活动（3-5）**

实操：

确定检验项目，检验化学改性前、后的塑料粒料；记录、整理检验结果。

## 3.5 总结与提高

### 3.5.1 总结与评价

完成了学习活动（3-1～3-5），还需要对本项目工作任务进行：

**总结与评价**

1. 资料整理

汇总本项目中所做的各项资料查询、讨论记录，制定的配方、化学改性粒料制备工艺规程、安全及防护规定，制备操作与现象记录，所得物料的质量检验结果。

2. 写出总结报告。

3. 小组讨论，对工作任务完成情况做出评价。

（报告编写格式、评价指标见附录）

### 3.5.2 知识与能力拓展——聚对苯二甲酸乙二醇酯（PET）的扩链

PET 的分子式为：

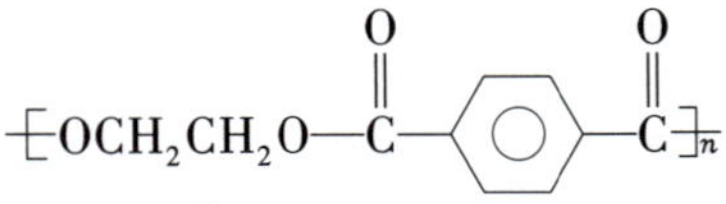

PET是一种透明坚韧，价格低廉又用途广泛的热塑性聚酯树脂，在合成纤维（涤纶）、薄膜和包装容器中的应用十分普及。近来，PET广泛应用在瓶用切片、工业用丝和工程塑料中，对高相对分子质量PET的需要量越来越大，回收利用的PET也有提高相对分子质量改善性能的需要。生产高相对分子质量PET的方法有直接合成法、固相缩聚法和大分子端基反应法。使用扩链剂，选择合适的工艺条件，在螺杆挤出机与大分子端基反应，是提高分子质量可行的方法。

#### 3.5.2.1　扩链剂及扩链原理

扩链反应通常是指使用扩链剂等手段，在短时间内通过与两个聚合物的基团（通常在末端）相连接而增加聚合物相对分子质量的反应。扩链剂是低相对分子质量化合物，能在短时间内增加聚合物的相对分子质量。扩链剂应能加快反应，可在挤出机上进行。扩链剂通常是一种双官能团化合物，很容易同两种聚合物链末端的基团反应。扩链剂用量很少，一般质量分数在1%左右。

就扩链反应而言，它可分为缩合型和加成型两类。由于缩合型扩链反应有小分子副产物生成，将最终影响产物的质量。目前研究及应用较多的还是加成型扩链反应，其扩链剂主要包括噁唑啉类、环氧类、酸酐类和异氰酸酯类等双或多官能度的化合物，利用它们与PET中的羧基或羟基反应而使分子链偶联，达到扩链增黏的效果。为了避免产生支化或交联结构，可以选用双噁唑啉类化合物作为线形扩链剂。

（1）噁唑啉扩链剂

常用的噁唑啉有1，3-苯基-双（2—噁唑啉）（BPO）、1，4-苯基-双（2-噁唑啉）、双（2-噁唑啉）（BOZ）等。PBO的扩链原理是双噁唑啉化合物可与两个PET端羧基产生大分子偶联反应，使相对分子质量增加，黏度上升，羧基含量（CV）值下降。反应式为：

$$PET—COOCH_2CH_2OH \longrightarrow PET—COOH+CH_3CHO \quad (3\text{-}27)$$

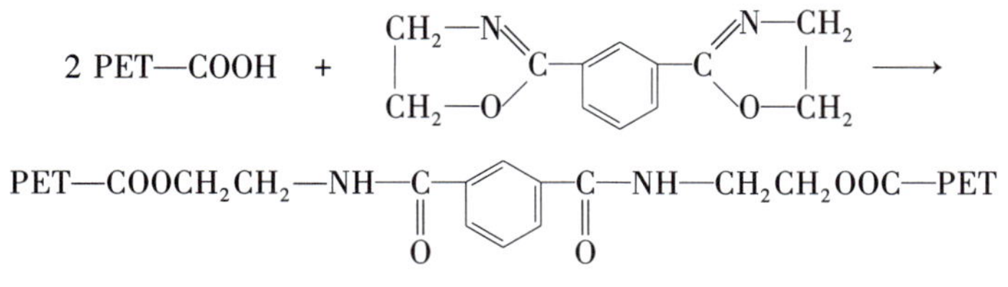

(3-28)

又如BOZ的反应式为：

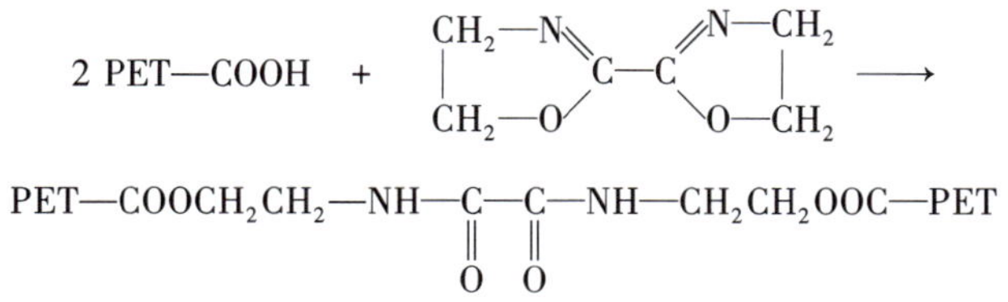

(3-29)

（2）双环氧化物扩链剂

双环氧化物扩链剂如双环氧乙烷属于羧基加成型扩链剂。双环氧乙烷和PET中的端羧基发生加成反应，在扩链反应之后，使聚酯分子链引进了多个官能团，而这些官能团会进一步与羧基或羟基反应，从而导致支化或交联，如下式所示：

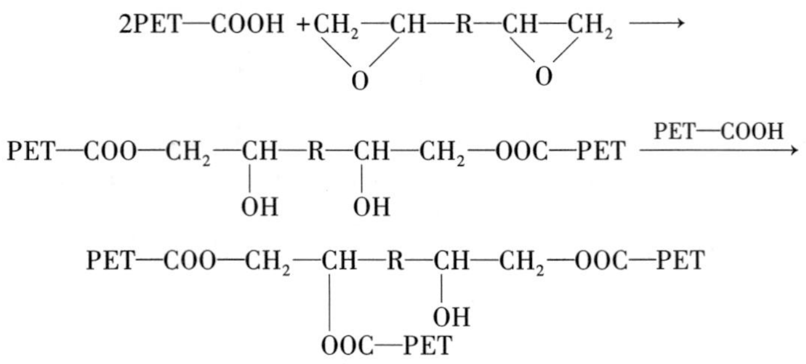

（3-30）

所以在应用这类扩链剂时，在用量和反应条件方面应很好地掌握。

(3)二酸酐或二酰卤扩链剂

二酸酐类如均苯四甲酸酐（PMDA）可以与聚酯中大量存在的端羟基发生反应，使 PET 分子链变长，相对分子质量增大，从而使体系特性黏度增大。同时，酸酐消耗了端羟基，降低了端羟基（HV)的含量，端羟基含量降低有利于提高 PET 分子的水解稳定性。反应式如下：

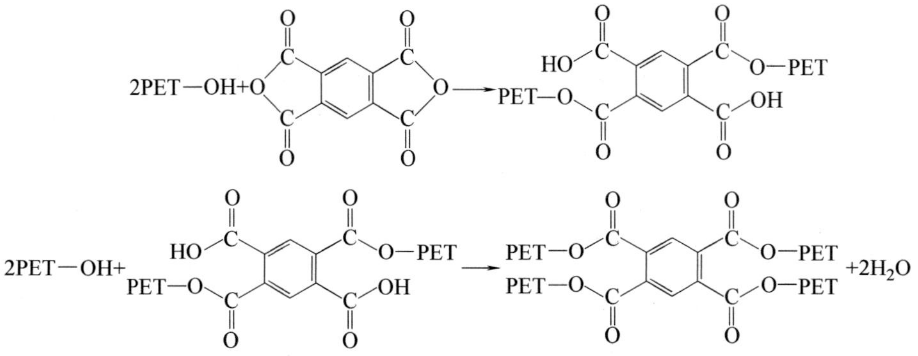

（3-31）

（4）异氰酸酯类扩链剂

异氰酸酯中二异氰酸酯在扩链反应中最为常见，常用的有 2，4 或 2，6-甲苯二异氰酸酯(TDI)、六亚甲基二异氰酸酯（1，6-HDI)等。二异氰酸酯作为加成型扩链剂，在扩链反应的同时不可避免地发生支化反应。

3.5.2.2 PET 扩链所用设备

（1）高速混合机

PET、扩链剂和助剂在加入挤出机之前通常要放到高速混合机中混合均匀。

（2）同向平行双螺杆挤出机

PET 扩链所用的实施方法有固相缩聚法和熔融扩链法。虽然使用固相聚合可以获得高相对分子质量的 PET，但增黏中存在反应速度慢、降解反应加剧、羧基含量增加等缺点。因此，作为提高相对分子质量的重要方法之一，在挤出机上数分钟内即可完成挤出的扩链反应目前在高分子材料合成中的应用日趋广泛。

PET 扩链反应如果使用普通的单螺杆或双挤出机加工，则在挤出加工过程中很容易发生水解、热解等反应，导致产品的相对分子质量较低，力学性能不能满足下游制品成型加工的要求。因此挤出机的选择对产品的特性黏度至关重要，通常选择同向双螺杆挤出机、接枝型反应挤出机或缩聚型反应挤出机等。

PET 在塑料包装材料中占有较大比重，提出合理地回收利用废弃 PET 包装材料的方案。

# 项目四　共混改性塑料粒料的制备

## 4.1 学习目标

我国改性工程塑料行业的发展起始于20世纪90年代，初期，国内改性塑料企业主要以自身的劳动力成本优势，抢占中低端产品市场。经过近20年的快速发展，我国改性塑料行业已逐渐成长起来，并发展出一批具有自主研发能力的知名企业，新产品的创新能力和批量生产的稳定性都有了较大幅度提高，甚至部分改性塑料在配方、工艺等方面已达到国际先进水平。

聚合物共混改性技术是通过多种聚合物的共混，使不同聚合物的特性优化组合于一体，使材料性能获得明显改进，或赋予原聚合物所不具备的崭新性能，为高分子材料的开发和利用开辟了一条广阔的途径。当前，聚合物共混改性已成为高分子材料科学及工程中最活跃的领域之一，聚合物共混技术已被广泛用于塑料、橡胶工业中。聚合物共混不仅是聚合物改性的一种重要手段，更是开发具有崭新性能新型材料的重要途径。

本项目学习的最终目标是通过共混改性的方法、原理、工艺的学习和理解，能够对常规聚合物材料的共混改性进行配方设计、工艺加工和产品性能评价，制备出综合性能优异的聚合物合金材料，见表4-1。

表4-1　　共混改性塑料粒料制备的学习目标

| 编号 | 类别 | 目　标 |
| --- | --- | --- |
| 1 | 知识 | 1. 理解聚合物共混改性的原则及方法<br>2. 掌握增容剂增容原理与选择<br>3. 了解共混物的形态类型及研究方法<br>4. 了解动态硫化热塑性弹性体的硫化体系的选择及制备技术 |
| 2 | 能力 | 1. 能够运用辩证的方法，具体问题具体分析，完成共混改性塑料配方和工艺的制定和计算<br>2. 完成共混塑料配合、混合、混炼的基本操作<br>3. 能处理混合工艺过程中常见的质量问题<br>4. 能对主要配混设备进行日常维护与保养 |
| 3 | 职业素质 | 见表1-1 |

## 4.2 工作任务

聚合物共混体系类型有多种，常见的有塑料与塑料的共混、塑料与橡胶的共混、橡胶与橡胶的共混、橡胶与塑料的共混等 4 种类型。本项目具体工作任务见表 4-2。

表 4-2　共混改性塑料粒料制备的工作任务

| 编号 | 任务名称 | 主要设备与材料 | 要　求 |
| --- | --- | --- | --- |
| 1 | 共混改性粒料的配混 | 双螺杆配混挤出机、注塑机、切粒机、干燥箱<br>树脂、增容剂等 | 1. 熟悉共混改性的基本原理和方法<br>2. 掌握所选原料及助剂的基本物性和仪器设备的原理和操作<br>3. 设计配方,对原料和助剂进行预处理<br>4. 选择混合工艺与混合设备,设定和控制工艺条件进行配料、混合、加工<br>5. 整理、讨论实操结果,汇总工作中遇到的具体问题并分析原因,写出报告 |
| 2 | 阻燃聚丙烯(PP)/聚酰胺(PA)共混物料的配混 | 双螺杆配混挤出机、注塑机、切粒机、干燥箱<br>PP、PA、阻燃剂、增容剂 | 1. 熟悉阻燃的机理及常见阻燃共混物的制备方法<br>2. 掌握常见阻燃剂的类型和配方设计要点<br>3. 设计配方,确定工艺条件,制备一种 PP/PA 阻燃材料<br>4. 整理、讨论实操结果,汇总工作中遇到的具体问题并分析原因,写出报告 |
| 3 | 三元乙丙橡胶(EPDM)/PP 动态硫化制热塑性弹性体 | 双螺杆配混挤出机、注塑机、切粒机、干燥箱<br>PP、$SnCl_2$、$2H_2O$、EPDM | 1. 熟悉动态硫化制热塑性弹性体的特点、制备原理和制备方法<br>2. 掌握 EPDM/PP 动态硫化制热塑性弹性体的制备技术<br>3. 设计配方,对原料和助剂进行干燥、提纯等预处理<br>4. 选择混合工艺与混合设备,设定和控制工艺条件进行配料、混合、加工<br>5. 整理、讨论实操结果,汇总工作中遇到的具体问题并分析原因,写出报告 |

## 4.3　聚合物共混改性原理

聚合物共混是指将两种或两种以上的聚合物材料以及助剂在一定工艺条件下进行机械掺混，形成一种力学、热学、光学及其他性能得到改进的均匀的聚合物体系，这种混合过程称为聚合物的共混改性，所得到的新的聚合物体系称为聚合物共混物。聚合物共混物（或共混改性）通常都是以一种聚合物为基体，掺混另一种或多种小组分的聚合物，以后者改性前者。当前，聚合物共混改性已成为高分子材料科学及工程中最活跃的领域之一，已被广泛用于塑料、橡胶工业中。

聚合物共混物是一个多组分体系，在此多组分聚合物体系中，各组分始终以自身聚合物的形式存在。在显微镜下观察可以发现其具有类似金属合金的相结构（即宏观不分离，微观非均相结构)，故聚合物共混物通常又称聚合物合金或高分子合金。正如金属合金具有单一金属无法比拟的优异性能一样，聚合物合金也同样具有单一聚合物难以具备的优异性能。

聚合物共混体系类型有多种，常见的有塑料与塑料的共混、塑料与橡胶的共混、橡胶与橡胶的共混、橡胶与塑料的共混等 4 种类型。前两种是塑性材料称为塑料共混物，常被称为高分子合金或塑料合金；后两种是弹性材料，称为橡胶共混物，在橡胶工业中多称为并用胶。

## 4.3.1 聚合物共混改性的目的

聚合物共混改性的主要目的是改善聚合物的综合性能和加工性能，降低成本，以获得性能优异、功能齐全的新的高分子材料，其主要体现在以下几个方面。

（1）综合均衡各聚合物组分的性能以改善材料的综合性能

在单一聚合物组分中加入其他聚合物改性组分，可取长补短，消除各单一聚合物组分性能上的缺点，使材料的综合性能得到改善。

例如：将聚碳酸酯（PC）和丙烯腈-丁二烯-苯乙烯共聚物（ABS）共混制备 PC/ABS 合金，这是迄今为止塑料与塑料共混最成功的商业典范，该合金改善了 PC 的流动性和成型加工性，提高了 ABS 的耐热性和力学性能，因而兼具了两者的优点。 PC/ABS 合金广泛应用于高端家电、电脑（IT）及办公设备（OA）等领域。

（2）将量小的一种聚合物作为另一种聚合物的改性剂，以获得显著的改性效果

在一种基体聚合物中加入少量的另一种聚合物，通过共混改性可以使基体聚合物某一方面的性能获得显著的改善。

例如：在硬质聚氯乙烯（R-PVC）中加入 10%~20%的丁腈橡胶或氯化聚乙烯或乙烯-乙酸乙烯共聚物（EVA）等，可使 R-PVC 的冲击强度大幅度提高，同时又不像加入增塑剂那样明显降低热变形温度，从而可以获得性能优异又可满足结构器件使用要求的 R-PVC 材料。

（3）改善聚合物的加工性能

对于性能优异但较难加工的聚合物，与熔融流动性好的聚合物共混改性可有效改善其成型加工性能。

例如：难熔融、难溶解的聚酰亚胺与少量的熔融流动性良好的聚苯硫醚共混后即可很容易地实现注射成型，又不影响聚酰亚胺的耐高温和高强度的特性。

（4）制备具有特殊性能的聚合物材料

采用具有特殊性能的聚合物共混改性，可获得全新功能的新材料。

例如：用溴代聚醚作为聚酯的阻燃剂，两者共混后可得到耐燃性聚酯，用 PVC 与 ABS 共混也可大大提高 ABS 的耐燃性；利用硅树脂的润滑性可以使共混物具有良好的润滑性能；利用拉伸强度相差悬殊，相容性又很差的两种树脂共混后发泡，可制成多孔、多层材料，其纹路酷似木纹。

（5）降低成本

对某些性能卓越，但价格昂贵的工程塑料，可通过共混，在不影响使用要求的条件下，降

低原材料的成本，提高性价比和市场竞争力。

例如：PC、PA、聚苯醚等与聚烯烃的共混；橡胶与价格较低的塑料或树脂共混等。

总之，聚合物共混已不仅仅是高分子化合物改性的手段，在开发多功能、高强度等具有独特性能的新型高分子材料的领域中，将发挥越来越重要的作用。

**学习活动（4-1）**

查找：

查找资料，了解我国改性塑料行业发展概况及行业知名企业。

思考：

在 PP 中添加少量 PA 共混的目的是什么？

## 4.3.2 共混物的相容性

### 4.3.2.1 相容性的概念

相容性是指共混物各组分彼此相互容纳，形成宏观均匀材料的能力，共混物性能的好坏与它们之间的相容性大小有很密切的关系：相容性好，则所形成的共混物稳定；反之，两种聚合物之间则可能发生相分离，性能较差。

不同聚合物之间相互容纳的能力差别很大。不同种类聚合物共混时可能出现 3 种形态：完全相容、部分相容和不相容。

共混物的相容性

完全相容的聚合物共混体系，其共混物可形成均相体系，因而它具有单一的玻璃化转变温度（$T_g$），如图 4-1（a）所示。部分相容的聚合物，其共混物为两相体系，其共混物具有两个 $T_g$，且两个 $T_g$ 峰较每一种聚合物自身的 $T_g$ 峰更为接近，如图 4-1（b）所示。还有许多聚合物之间是不相容的，不相容聚合物的共混物也有两个 $T_g$ 峰，但两个 $T_g$ 峰的位置与每一种聚合物自身的 $T_g$ 峰是基本相同的，如图 4-1（c）所示。

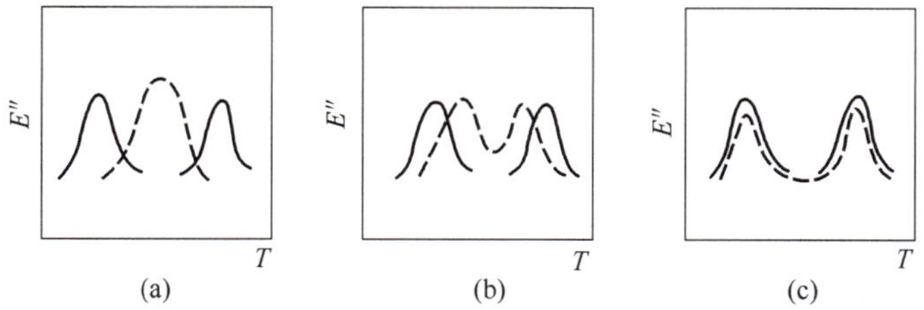


图 4-1 以 $T_g$ 表征共混物相容性的示意图

——单一聚合物 ----共混物

在聚合物共混体系中，最具应用价值的体系是聚合物间“部分相容”的两相体系。良好的相容性是聚合物共混物获得优异性能的一个重要前提。共混体系的热力学相容性及共混加工过程中的动力学因素对研究共混体系的形态与结构有着极其重要的意义。

4.3.2.1.1 热力学相容性

聚合物热力学相容性是指两种高聚物在任何比例时都能形成稳定的均相体系的能力。因此，若要使两种聚合物相互溶解，在恒温恒压下聚合物混合时必须是自由能减少，即 $\Delta G<0$。而体系自由能的变化取决于混合时焓的变化（$\Delta H_m$）和熵的变化（$\Delta S_m$），以及混合时的温度（$T$），即应满足：

$$\Delta G=\Delta H_m-T\Delta S_m<0 \tag{4-1}$$

式（4-1）也可用于判定热力学相容是否成立。

在式（4-2）中，对于两种聚合物的共混：

$$\Delta S_m=-R(n_1\ln\phi_1+n_2\ln\phi_2) \tag{4-2}$$

式中：$n_1$，$n_2$——两种聚合物的物质的量；

$\phi_1$，$\phi_2$——两种聚合物的体积分数；

$R$——气体常数。

由式（4-2）可以看出，$\Delta S_m$ 为正值，即在混合过程中，熵总是增加的。但是，对于大分子间的共混，熵的增加是很小的，且聚合物相对分子质量越高，熵的变化就越小。这时，$\Delta S_m$ 的值很小，甚至接近于 0。

Scott 使用溶解度参数 $\delta$ 来判定聚合物之间的热力学相容性：

$$\Delta H_m=V_m(\delta_1-\delta_2)^2\phi_1\phi_2 \tag{4-3}$$

式中：$\delta_1$，$\delta_2$——两种聚合物的溶解度参数；

$V_m$——共混物的摩尔体积；

$\phi_1$，$\phi_2$——两种聚合物的体积分数。

为满足热力学相容的条件，即 $\Delta H_m-T\Delta S_m<0$，且 $\Delta S_m$ 的值很小，甚至接近于 0，从式（4-3）中可以看出，$\delta_1$ 与 $\delta_2$ 必须相当接近，才能使 $\Delta H_m$ 的值足够地小。因此，$\delta_1$ 与 $\delta_2$ 之间的差值就成了判定热力学相容性的判据。常见聚合物的溶解度参数如表 4-3 所示。

表 4-3 聚合物的溶解度参数值

| 聚合物 | 溶解度参数 $\delta$ $(J\cdot cm^{-3})^{1/2}$ |
|---|---|
| 聚乙烯(PE) | 16.1~16.5 |
| PP | 16.3~17.3 |
| 聚苯乙烯(PS) | 17.3~18.6 |
| PVC | 19.2~19.8 |
| 聚甲基丙烯酸甲酯 | 18.9~19.4 |
| PA6 | 27.6 |
| 聚丙烯腈 | 26.0~31.4 |

利用溶解度参数相近的方法来判定两种聚合物之间的相容性，可用于对两种聚合物的相容性进行预测，具有一定价值。但是，这一方法也有一定缺陷：其一，此法在预测小分子溶剂对于高聚物的溶解性时，就有一定的误差，用于预测大分子之间的相容性时，误差就会更大；其

二，对于聚合物共混物两相体系而言，所需求的只是部分相容性，而不是热力学相容性。一些达不到热力学相容的体系，仍然可以制备成具有优良性能的两相体系材料；其三，对于大多数聚合物共混物而言，尽管在热力学上并非稳定体系，但其相分离的动力学过程极其缓慢，所以在实际上是稳定的。尽管溶解度参数法有如上不足，这一方法仍然可以在选择聚合物进行共混时用作初步筛选的参考。

#### 4.3.2.1.2　工艺相容性

从热力学上讲，目前绝大多数聚合物共混都是不相容的，即很难达到分子或链段水平的混合。但由于聚合物的相对分子质量很高，黏度特别大，靠机械力场将两种聚合物强制分散混合后，各相自动析出或凝聚的现象也很难产生，故仍可长期处于动力学稳定状态，并可获得综合性能良好的共混体系。这称为工艺（广义）相容性。

由此看来，工艺（广义）相容性仅仅是一个工艺上相对比较的概念。其含义是指两种材料共混时的分散难易程度和所得共混物的动力学稳定性。对于聚合物而言，相容性有两方面的含义：一是指可以混合均匀的程度，即分散颗粒大小的比较，若分散得越均匀、越细，则表示相容性越好；另一方面是指相混合的聚合物分子间的作用力，即亲和性比较，若分子间作用力越相近，则越易分散均匀，相容性越好。这种广义相容性概念比狭义的相容性应用更为普遍。

### 4.3.2.2　提高共混物相容性的方法

聚合物共混物通常为两相体系，相容性对共混物的性能影响很大，如果两种聚合物完全相容，则制得的共混物不会获得特殊的性能；如果两种聚合物相容性很差，则共混产生宏观的相分离，形成分层或剥离现象，降低了材料的强度和使用性能；若两种聚合物部分相容，则形成微观或亚微观的相分离结构，两相界面之间存在相互作用，形成过渡层，这时所获得的共混物往往会表现出独特的性能。由此可见，在制备共混物时，形成微观或亚微观相分离是一个关键问题。然而，能够具有良好的相容性并可以直接共混的体系是相当少的。因此，大多数共混体系中都要采取一些措施来改善聚合物共混体系的相容性，也叫相容化，使之形成微观相分离。提高共混体系相容性的方法有：利用聚合物分子链中官能团间的相互作用、改变分子链结构，加入相容剂、形成互穿网络、进行交联和改变共混工艺条件等。

#### 4.3.2.2.1　化学改性

如果参加共混的聚合物分子链上含有某种可相互作用的官能团，它们之间的相容性必定好。基于此原因，在共混改性技术中，常常采用向分子链引入极性基团的方法来改善聚合物的相容性，并收到较好的效果。

例如：聚甲基丙烯酸甲酯（有机玻璃，PMMA）与聚乙烯醇、聚丙烯酸或聚丙烯酰胺等，由于分子键之间可以形成氢键、具有较好相容性。又如：聚合物分子链上分别含有酸性和碱性基团，共混时可以产生质子转移，分子链间可生成离子键或配位键。离子键的键能要强于氢键，所以聚合物之间相容性更好。

通过对高分子链的化学改性（如氯化、磺化等），就有可能明显改善共混体系的相容性。如 PVC 氯化形成氯化聚乙烯，就可以与 PMMA 较好地相容。其次，通过共聚的方法改变聚合物分子链结构也是一种增加聚合物之间相容性的常用而有效的方法。

例如：PS 是极性很弱的聚合物，一般很难与其他聚合物相容，但苯乙烯与丙烯腈的共聚物 SAN，由于改变了分子中的链结构，就可与 PC、PVC 和聚砜等许多聚合物共混相容。

#### 4.3.2.2.2 加入增容剂

增容剂是指在共混体的聚合物组分之间起到增加相容性和强化界面黏结作用的共聚物。因此增容剂也称作相容剂、增混剂、界面活化剂和乳化剂等。增容剂的作用机理是富集在两相界面处，改善两相之间的界面结合。此外，增容剂还可以促进分散相组分在共混物中的分散。增容剂可分为高分子增容剂和低分子增容剂。高分子增容剂又可分为非反应型和反应型两种，而低分子增容剂则全部都是反应型的。实践证明，增容剂能有效解决共混体系中因热力学不相容而导致宏观相分离、两相界面融合力差、应力传递效率低、力学性能不好，甚至综合性能低于单一组分聚合物的性能等问题。增容剂的出现和广泛地应用是当今聚合物共混改性最成功的研究成果之一。

相容剂对共混效果的影响

(1) 非反应型增容剂

所谓非反应型增容剂是指那些本身没有反应基团，在聚合物共混过程中不发生化学反应的增容剂。它们多为两种成分构成的高分子聚合物。从结构上看，大多数为嵌段共聚物或接枝共聚物，依靠自身对两种聚合物共混物的亲和力、黏结力，使原来相容性差的两种聚合物相容，形成具有良好界面作用的聚合物共混物。这类增容剂无副产物，效果好。非反应型增容剂已开发出来 4 种类型，即 A–B 型、A–C 型（A–B–C 型）、C–D 型和其他型的增容剂，表 4–4 为非反应型增容剂的应用实例。

表 4–4 非反应型增容剂应用实例

| 类型 | 增容剂组成 | 聚合物 A | 聚合物 B |
|---|---|---|---|
| A–B | PS–b–PMMA/PA–g–PMMA | PS | PMMA |
| | PS–b–PP | PS | PP |
| | PS–b–PE/PS–g–PE | PS | PE–LD |
| | PS–b–PA/PS–g–PA | PS | PA |
| | PS–g–PPO | PS | PPO |
| | PS–PEA | PS | PEA |
| | PS–PB | PS | PB |
| | PS–b–PI | PS | PI |
| | PP–g–PA6 | PP | PA6 |
| | PS–g–PA6 | PS | PA6, EPDM |
| | EPDM, EPR | PE | PP |
| | SI | PS | PIP |
| | CPE | PVC | PE–LD |
| | PP–EPDM | PP | EPDM |
| | AC–cell–PAN | AC–cell | PAN |

| 类型 | 增容剂组成 | 聚合物 A | 聚合物 B |
|---|---|---|---|
| A–B | PMMA–g–PF | PMMA | PF |
| | PEO–g–PDMS | PEO | PDMS |
| A–C | PS–PBA | PS–PMMA | PC |
| | PP–g–PMMA | PP | PA6 |
| | CPE, PS–g–EP, SIS | PS | PE |
| | SEBS | PS | PPO |
| | SBS/SEBS | PS | PP |
| | PS–g–EEA | PS | PPO |
| | PDMS–g(b)–PMMA | PE | PDMS |
| | PS–b–PCL, SEBS | PS | PVC |
| | PCL–b–PS, CPE | PVC | PS, PE, PP |
| | SEBS | PET | PE–HD |
| | SIS, SEBS | PET | PE |

续表

| 类型 | 增容剂组成 | 聚合物 A | 聚合物 B | 类型 | 增容剂组成 | 聚合物 A | 聚合物 B |
|---|---|---|---|---|---|---|---|
| C-D | PS-g-PMMA | PPE | PVDF | C-D | EVA | PVC | BR |
| | PS-PMMA | PPE | SAN | | BR-b-PMMA | SAN | SBR |
| | SEBS | PPO | PA | | EAA | PA | PE |
| | SEBS | PET | PE | E | EPDM(无规) | PP | PE-LD |
| | PB-PCL | PVC | PE-LD | | MAH-acrylate(无规) | PC | PA6 |

A-B 型增容剂主要是由 A、B 两种聚合物经嵌段或接枝共聚制成。适用于与 A-B 型增容剂同种的 A、 B 两种聚合物的共混。它能降低界面张力，增加两相相容性。

A-C 型增容剂是由 A 及能与聚合物 B 相容或反应的 C 形成的接枝或嵌段共聚物。

C-D 型增容剂是一种新型的增容剂，它的组成成分与共混树脂成分不同，但分别能与共混树脂成分相容或反应。

E 型的增容剂是由非 A 非 B 的两种单体组成的能与聚合物 A 及聚合物 B 相容或反应的无规共聚物。

(2) 反应型增容剂

所谓反应型增容剂是指本身含有反应基团的增容剂，它在聚合物共混时能与其他聚合物含有的基团发生化学反应，生成化学键而使聚合物和增容剂之间产生较强的结合力而达到增容的效果。这类增容剂有马来酸型、丙烯酸型、环氧改性型，此外还有低分子反应型增容剂。表 4-5 和表 4-6 分别列出了反应型增容剂和低分子增容剂的应用实例。

**表 4-5　反应型增容剂应用实例**

| 增容剂 | 共混物 | 增容剂 | 共混物 |
|---|---|---|---|
| 酸或酸酐改性 PO/EVA | PO/PA(PC、PET) | 聚己内酰胺 | PVC/PS |
| EPR、EPDM 等 | PO/EVOH、PS/EVOH | SMA | PC/PCA(PBT) |
| 离子聚合物 | PO/PA | 酸酐改性 SEBS | PA/PPO、PP/PA(PC)、PS/PO、PE/PET |
| 有机硅改性 PO | PA/聚酯 | 酸酰亚胺共聚物 | PA/PC |
| 唑啉改性 PS | PS 类/PA(PC、PO)、PA/PC | 过氧化聚合物 | EPR/工程塑料 |
| 聚苯氧基树脂 | PC/ABS(SMC)、PE/ABS | | |

**表 4-6　低分子增容剂的应用实例**

| 聚合物 A | 聚合物 B | 增容剂 |
|---|---|---|
| PET | PA6 | 对甲基苯磺酸 |
| PA6 | NR | PF+六亚甲基四胺+交联剂 |
| PMMA | 丙烯基聚合物 | 过氧化物 |
| PVC | PP | 双马来酰亚胺或氯化石蜡 |
| PPE | PA66 | 氨基硅烷、环氧硅烷或含多官能团的环氧等 |
| PBT | MBS、NBR | |

续表

| 聚合物 A | 聚合物 B | 增容剂 |
| --- | --- | --- |
| PC | 芳香族 PA | |
| PVC | PE | 过氧化物十三嗪三硫酚或 TAIC+MgO |
| PVC | PE-LD | 多官能化单体+过氧化物 |
| POM | 丙烯基聚合物 | 有机官能化钛酸酯 |
| PBT | EPDM-g-富马酸 | 聚酰胺 |
| PE | PP | 过氧化物 |
| PP、PA6 | NBR | 二羟甲基酚衍生物 |
| PA6 | PA66 | 亚磷酸三苯酯 |
| PS | EPDM | Lewis 酸 |
| EVA、PE-HD | EVACO | EVACO 交联剂 |
| PP | NR | 过氧化物+双马来酰亚胺 |

马来酸型增容剂是一类用马来酸酐改性、带有羧基的聚合物增容剂，能与多种聚合物反应，而使共混聚合物增容。丙烯酸改性聚合物是另一类含羧基的聚合物增容剂。应用实例有 EPDM-g-MAH 共聚物作为 PA/EPDM 共混物的增容剂， PP-g-PAA 共聚物作为聚烯烃/PET 共混物的增容剂。

反应型增容剂和非反应型增容剂的区别见表 4-7。

**表 4-7　　反应型和非反应型增容剂的比较**

| 项目 | 反应型 | 非反应型 |
| --- | --- | --- |
| 优点 | 1. 添国少量即有很大的效果<br>2. 对于相容化难控制的共混物效果大 | 1. 容易混炼<br>2. 使共混物性能变差的危险性小 |
| 缺点 | 1. 由于副反应等原因可能是共混物的性能变差<br>2. 受混炼及成型条件制约<br>3. 价格较高 | 需要较大的添加量 |

在聚合物共混过程中，增容剂的增容作用有两方面含义：一是使聚合物之间易于相互分散以得到宏观上均匀的共混产物；二是改善聚合物之间相界面的性能，增加相间的黏合力，从而使共混物具有长期稳定的优良性能。

增容剂分子中具有能与共混各聚合物组分进行物理的或化学的结合的基团，是能将不相容或部分相容组分变得相容的关键。由于增容剂种类、制造方法较多，产品的结构不一，因此各种增容剂在聚合物共混物中的作用机理是完全不同的。

对于非反应型增容剂来说，一般是两组分的接枝或嵌段共聚物，根据“相似相溶”原理，共聚物分子链中的不同链段，通过范德华力或链段的扩散作用与共混体系内两组分聚合物混溶，从而达到增容目的。其增容作用原理如图 4-2 所示。

非反应型增容剂的增容效果主要通过以下作用实现：①降低两相之间的界面能；②促进相分散；③阻止分散相再凝聚；④强化相间的黏合力。

反应型增容剂的增容原理与上述不同，它是借助于分子中的反应性基团，与共混体系内两组分聚合物发生化学反应，通过化学链实现增容目的，也称为化学增容。化学增容的概念包括外加反应性增容剂与共混聚合物组分反应而增容，也包括使共混聚合物组分官能化，并凭借相互反应而增容。在PE/PA共混体系中外加入羧化PE就属前一种情况，若使PE羧化后与PA共混就为后一种情况。反应型增容剂尤其适用于那些相容性很差并且含有易反应官能团的聚合物之间的共混增容。

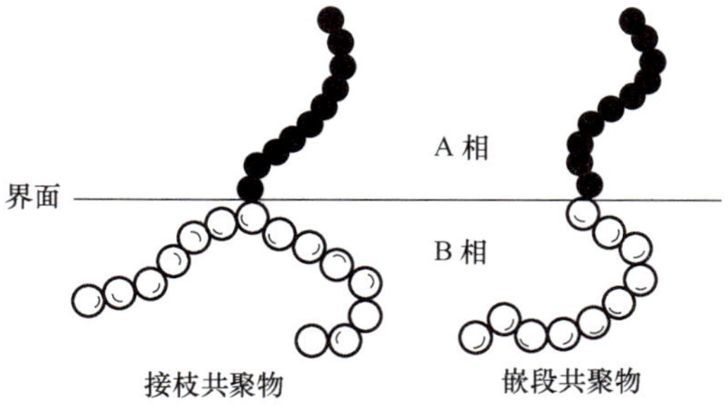

图4-2 非反应型增容剂作用原理

4.3.2.2.3 改善共混加工工艺

热力学相容性好尽管是共混体系相容的必要条件，但如果没有很好的加工设备和加工工艺，也不能实现真正的混容；反之，相容性差的共混体系，如能采用好的加工设备，合理的工艺条件，借助提高温度和强剪切力的作用，增加相间接触面，同样可以改善聚合物之间的相容性，使之形成较好的共混体系。

温度是实现聚合物共混的重要条件，绝大多数情况下，提高加工温度有助于本来不相容的聚合物转化为相容或部分相容。但有时相反，当温度升高到某一温度或降低到某一温度（称为最高临界温度或最低临界温度)时，本来已相容的共混体系会出现相分离。

机械混合时，强烈的剪切力可以强迫两种不相容或相容性不好的聚合物的分子链缠绕在一起，通过扩大相间的接触而增加链段的扩散程度，增加相容性。有时在强烈的剪切力和加热的作用下，共混物的分子链发生部分断裂，生成不同组分之间接枝或嵌段共聚物，该共聚物都是很好的增容剂，可增加组分之间的相容性。这就是所谓的机械力-化学作用。

4.3.2.2.4 在共混物组分间发生交联

交联可分化学交联和物理交联两种情况。例如，用辐射的方法可使PE-LD/PP产生化学交联，其相容性得到改善。结晶作用属于物理交联，例如PET/PP及PET/PA66，由于纤维取向结晶，使已形成的共混物形态结构稳定，从而体系相容性增加。

4.3.2.2.5 共溶剂法和IPN法

两种互不相溶的聚合物常可在共同溶剂中形成真溶液。将溶剂除去后，相界面非常大，以致很弱的聚合物—聚合物相互作用就足以使形成的形态结构稳定。

互穿网络聚合物(IPN)技术是改善共混物相容性的新方法。其原则是将两种聚合物结合成稳定的相互贯穿的网络，从而提高其相容性。

## 4.3.3 共混物的形态结构

聚合物共混形态与聚合物共混物的性能有非常密切的关系，而共混物的形态又受到共混工艺条件和共混物组成等因素的影响。因此，共混物的形态研究就成了研究共混工艺条件和共混组分配方与共混物性能关系的重要中间环节。

#### 4.3.3.1 共混物形态结构的基本类型

由于聚合物共混物是由两种或两种以上的聚合物组成的，故其形态结构多种多样。

##### 4.3.3.1.1 均相结构

若形成共混物的各种聚合物组分实在热力学上完全互溶，则所得共混物的结构为均相体系，即保持分子水平上的混合，形成均一的相态。这种能满足热力学相容的聚合物共混物很少，且此类共混物的性能往往介于各组分单独存在时的性能之间，很难具有高的性能，所以目前对此研究较少。

##### 4.3.3.1.2 非晶聚合物构成的多相共混物体系的形态结构

由非晶聚合物构成的多相共混物体系，按相的连续性，形态结构有3种基本类型（以双组分共混物为例）：单相连续结构、两相互锁或交错结构和相互贯穿的两相连续结构。

聚合物共混物中的两个相或多个相中只有一个是连续相。此连续相可看作是分散介质，称为基体，连续相对多相聚合物体系的性能影响最大。其他的相分散于连续相中，称为分散相。在复相聚合物体系中，每一相都以一定的聚集形态存在。由于相之间的交错，故连续性较小的相或不连续的相就被分成很多的微小区域，这种区域称作相畴或微区。单相连续的形态结构又因分散相相畴的形状、大小以及与连续相结合情况的不同而表现为多种形式。

##### 4.3.3.1.3 两相互锁或交错结构

这类形态结构有时也称两相共连续结构，包括层状结构和互锁结构。此类结构中，每一组分都没有形成典型的连续相，只是以明显的交错排布结构形式存在，很难分清哪个是分散相哪个是连续相。以嵌段共聚物为主要成分的聚合物共混物，当其两组分含量相近时容易形成这种结构。

通常情况下：聚合物共混物可在一定的组成范围内发生相的逆转，原来是分散相的组分变成连续相，而原来是连续相的组分变成分散相(图4-3)。在相逆转的组成范围内，常可形成两相互锁或交错的共连续形态结构，使共混物的力学性能提高。

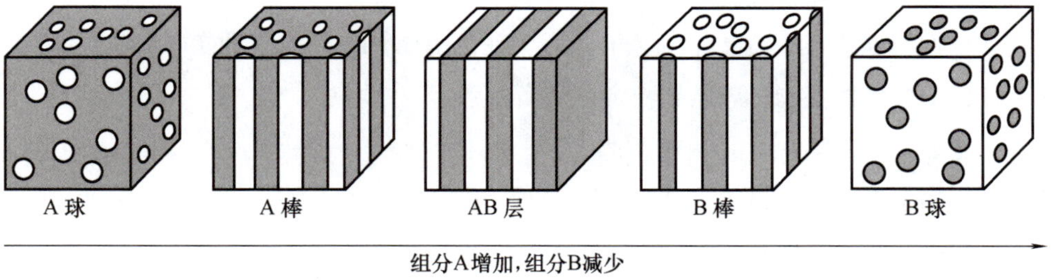


图4-3 嵌段共聚物及嵌段共聚物/均聚共混物形态结构模型

应当指出，交错层状的共连续结构在本质上并非热力学稳定结构，但由于聚合物屈服应力的存在，此结构可长期稳定存在。

##### 4.3.3.1.4 相互贯穿的两相连续结构

此类结构的典型例子是IPN。在IPN中，两种聚合物网络相互贯穿，使得整个体系成为一个交织网络，两相都是连续相。在 IPN 中，两相的连续程度可以不同，连续性较大的相，对性能影响也较大。两组分的相容性越大、交联度越大，则 IPN 两相结构的相畴越小。

在某些文献中，描述聚合物共混物的形态结构时常用“海—岛”结构和“海—海”结构的概念。两相结构中的连续相比作海，分散相则比作岛，分散相分散在连续相中就好比是海岛分散在大海中一样，显然，上述的单相连续结构即为“海—岛”结构，而上述的两相互锁或交错结构和相互贯穿的两相连续结构可看成“海—海”结构。

#### 4.3.3.1.5　结晶-非结晶聚合物共混物的形态结构

对于结晶-非结晶聚合物共混体系和结晶-结晶聚合物共混体系，上述原则同样适用。但除了不相容的两组分的相态结构外，还需要考虑晶态结构、晶相同非晶相的织态结构因素，使得凝聚态结构的研究更加复杂。

### 4.3.3.2　共混物的相界面

两种聚合物共混时，共混体系存在 3 个区域结构，即两聚合物各自独立的区域以及两聚合物之间形成的过渡区，这个过渡区称为界面层。界面层的结构与性质反映了共混聚合物之间的相容程度与相间的黏合强度，对共混物的性能起着很大的作用。

#### 4.3.3.2.1　界面层的形成

热力学不相容的聚合物在共混过程中经历两个过程，第一步是两相相互接触；第二步是两聚合物大分子链段相互扩散。这种大分子链相互扩散的过程也就是两相界面层形成的过程。

聚合物大分子链段的相互扩散两种情况：若两种聚合物大分子具有相近的活动性，则两大分子链段以相近的速度相互扩散；若两大分子的活动性相差很大，则两相之间的扩散速度差别很大，甚至发生单向扩散。

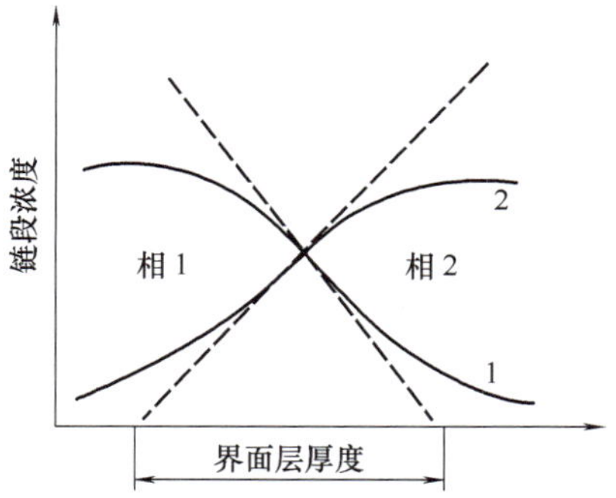


图 4-4　界面层中两种聚合物链段的浓度梯度

1—聚合物 1 链段浓度　2—聚合物 2 链段浓度

两聚合物大分子链段相互扩散的结果是两相均会产生明显的浓度梯度，如图 4-4 所示，聚合物 1 向聚合物 2 扩散时，其浓度逐渐减小，同样聚合物 2 在向聚合物 1 扩散时，其浓度亦逐渐减小，最终形成聚合物共存区，这个区域即为界面层。

#### 4.3.3.2.2　界面层厚度

界面的扩散

界面层的厚度主要取决于两聚合物的相容性。相容性差的两聚合物共混时，两相间有非常明显和确定的相界面；两种聚合物相容性好则共混体中两相的大分子链段的相互扩散程度大，两相界面层厚度大，相界面较模糊；若两种聚合物完全互溶，则共混体最终形成均相体系，相界面完全消失，见图 4-5。

一般情况下，界面层厚度 $\Delta L$ 约为几纳米到数十纳米。例如共混物 PS/PMMA 用透射电子显微镜法（TEM）测得的 $\Delta L$ 为 5nm。相畴很小（即高度分散）时，界面层的体积可占相当大的比例，例如当分散相颗粒直径为 100nm 左右时，界面层可达总体积的 20%左右。因此界面层可视为具有独立特性的第三相。

界面层厚度可根据不同的理论进行估算。 Ronca 等人提出，界面层厚度 $\Delta L$ 可表示为：

$$\Delta L^2 = k_1 M t_c Q(t_c - t) \tag{4-4}$$

式中： $M$——聚合物相对分子质量；

$t_c$——临界混溶温度，℃；

$Q$——与 $T_c$ 及 $M$ 有关的常数；

$t$——温度，℃；

$k_1$——比例常数。

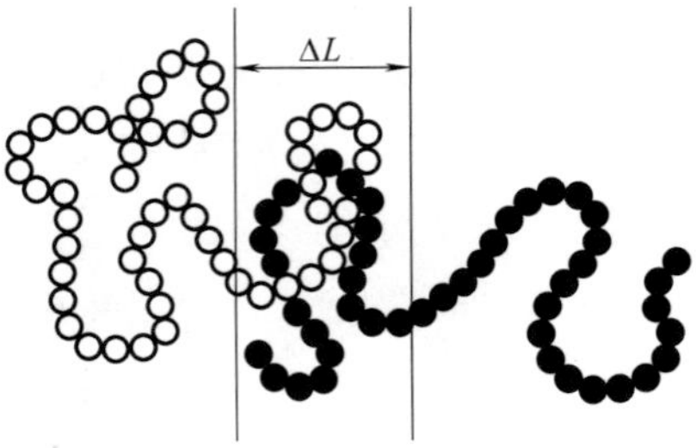


图 4-5 界面层示意图

Δ L—界面层厚度

根据 Helfand 理论，对非极性聚合物，当相对分子质量很大时，界面层厚度为：

$$\Delta L = 2(k/\chi_{1,2})^{1/2} \tag{4-5}$$

式中： $k$——常数；

$\chi_{1,2}$——Flory-Huggins 相互作用参数。

从热力学观点，界面层的厚度决定于熵和能两种因素。能量因素是指聚合物 1 和聚合物 2 之间的相互作用能，它与两种聚合物溶解度参数 $\delta_1$ 及 $\delta_2$ 差的平方成正比，而此差的平方又与 $\chi_{1,2}$ 成比例。

以上所述是指非极性聚合物的情况，当聚合物极性较大或两种组分间存在特殊的相互作用时，上述结论就不再适用。

4.3.3.2.3 界面的黏合

对于两组分聚合物共混物，两聚合物界面的黏合好坏和链段的扩散程度对共混物的性能，尤其是力学性能具有决定性的作用。黏合越好、扩散性能越大，力学性能越优异。

两聚合物相界面间的黏合力大小，一方面取决于两聚合物大分子间的化学结合（如接枝和嵌段共聚物之间），另一方面，则取决于两相间的次价力。对于大多数聚合物共混物，尤其是机械共混物来说，两相之间主要是以次价力作用黏合。而次价力的大小主要决定于界面张力，两相的界面张力越小，黏合强度就越高。从两聚合物链段相互扩散考虑，次价力黏合又与两聚合物之间的相容性有关，相容性越好，链段相互扩散程度越高，界面厚度越大，界面也越模糊，界面的黏合强度就越高，共混物的力学性能就越优异。

4.3.3.2.4 界面层的性质

界面层的性质主要是指界面层的稳定性，其稳定性与界面层的组成结构有很大关系。Helfand 证实，处在界面层的聚合物密度较其本体相的密度会有所改变；聚合物大分子的形态和聚合物的超分子结构亦都有不同程度的改变，例如在界面层大分子尾端的浓度要比本体高，即链端向界面集中，并倾向垂直于界面取向，而大分子链整体则大致平行于界面取向。此外，在共混体系中若有其他添加剂时，添加剂在两种聚合物组分单独相中和在界面层中的分布一般也不相同，具有表面活性的添加剂、增容剂以及表面活性杂质会向界面层集中，这可增加界面层的稳定性；当聚合物相对分子质量分布较宽时，由于低相对分子质量级分表面张力较小，因而它会向界面层迁移。这有利于提高界面层的热力学稳定性，但往往会使界面层的力学性能下降。

Bares 证实，界面层的 $T_g$ 介于两种聚合物组分 $T_g$ 之间。随着分散相颗粒尺寸的减小，界面层所占体积分数的增大，作为第三相的玻璃化转化也越明显。

上述事实表明，界面层的力学松弛性能与本体相是不同的；界面层及其所占的体积分数对共混物的性能有显著影响。这也解释了相畴尺寸对共混物性能有明显影响的事实。

##### 4.3.3.2.5 界面层的作用

在两相共混体系中，由于分散相颗粒的粒径很小（通常为微米数量级），具有很大的比表面积。分散相颗粒的表面亦可看作是两相的相界面。如此量值巨大的相界面可以产生多种效应。

① 力的传递效应。在共混材料受到外力作用时，相界面可以起到力的传递效应。譬如，当材料受到外力作用时，作用于连续相的外力会通过相界面传递给分散相；分散相颗粒受力后发生变形，又会通过界面将力传递给连续相。为实现力的传递，要求两相之间具有良好的界面结合。

② 光学效应。利用两相体系相界面的光学效应，可以制备具有特殊光学性能的材料。譬如，将 PS 与 PMMA 共混，可以制备具有珍珠光泽的材料。

③ 诱导效应。相界面还具有诱导效应，如诱导结晶。在某些以结晶高聚物为基体的共混体系中，适当的分散相组分可以通过界面效应产生诱导结晶的作用。通过诱导结晶，可形成微小的晶体，避免形成大的球晶，对提高材料的性能具有重要作用。

相界面的效应还有许多，如声学、电学、热学效应等。

#### 4.3.3.3 影响共混物形态结构的因素

聚合物共混物理想的形态结构应为宏观均相、微观或亚微观分相、界面结合好的稳定的多相体系。然而，能否得到人们所期望的共混物形态结构，则主要取决于聚合物的相容性、配比、黏度、内聚能密度和制备方法等诸多因素。

##### 4.3.3.3.1 相容性

热力学相容性是聚合物能否获得均匀混合的形态结构的主要因素。两种聚合物的相容性越好，就越容易相互扩散而达到均匀的混合，界面层厚度也就越宽，相界面越模糊，相畴越小，两相之间的结合力也越大。完全相容和完全不相容的共混体系，均不利于共混改性的目的（尤其指力学性能改性）。一般而言，我们所需要的是两种聚合物有适中的相容性，从而制得相畴大小适宜、相之间结合力较强的多相结构的共混产物。

##### 4.3.3.3.2 配比

共混组分之间的配比是影响共混物形态的一个重要因素，也是决定哪一相为连续相，哪一相为分散相的重要因素。当共混物中两聚合物的初始浓度和内聚能相接近时，则用量多的组分容易形成连续相，用量少的组分容易形成分散相。

通过理论推导，可以求出连续相（或分散相）组分的理论含量。假设分散相颗粒是直径相

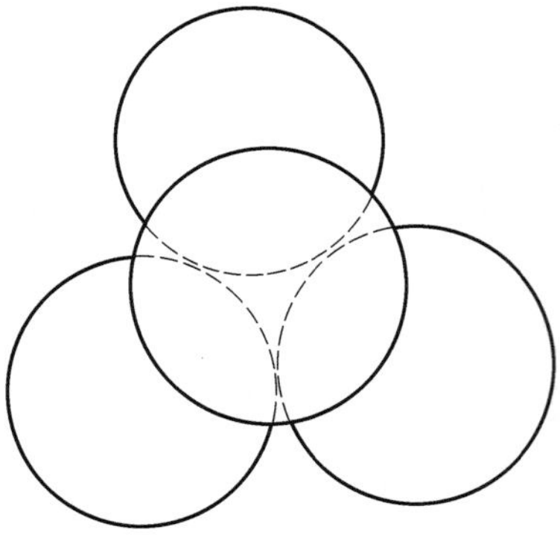

图 4-6 紧密填充示意图

等的球形，并且这些球形颗粒以“紧密填充”的方式排布，如图 4-6 所示，在此情况下，其最大填充分数（体积分数）为 74%。可以推论，当两相共混体系中的某一组分含量（体积分数）大于 74%时，则此组分易形成连续相。同样，当某一组分含量（体积分数）小于 26%时，则此组分易形成分散相。当组分含量在 26%～74%之间时，哪一组分为连续相，将不仅取决于组分含量之比，而且还要取决于其他因素，主要是两个组分的熔体黏度。在多相结构的共混物中，多数共混体系相逆转不一定发生在组分含量为 50/50 处，大多数情况下都偏离 50/50，而发生在此配比附近的某处。

上述理论临界含量是建立在一定假设的基础之上的，并非是绝对的界限，在实际应用中仅具有参考的价值。实际共混物的分散相颗粒，一般都并非直径相等的球形；另一方面，这些颗粒实际上也不可能达到“紧密填充”的状态。尽管如此，对于大多数共混体系，特别是熔融共混体系，仍然可以用上述理论临界含量对哪一相为分散相，哪一相为连续相做出一个参考性的界定。

从图 4-6 可知，在熔融共混制备的两相共混体系中，随着组分含量的变化，在某一组分的形态由分散相转变为连续相的时候，或由连续相转为分散相的时候，会出现一个两相连续的过渡形态。而产生这一形态结构的组分含量，与共混体系组分的特性有关，并且与共混组分的熔体黏度有关。

4.3.3.3.3 黏度

对于熔融共混体系，共混组分的熔体黏度亦是影响共混物形态的重要因素。共混组分的熔体黏度对共混物形态的影响，有一个基本的规律，即黏度低的一相（软相）总是倾向于生成连续相，而黏度高的一相（硬相）则总是倾向于生成分散相，形象地称为“软包硬”法则。

需要指出的是，黏度低的一相倾向于生成连续相，并不意味着它就一定能成为连续相；黏度高的一相倾向于生成分散相，也并不意味着它就一定能成为分散相。因为共混物的形态还要受组分配比的制约，因此有必要讨论黏度与配比的综合影响了。

4.3.3.3.4 黏度与配比的综合影响

共混组分的熔体黏度与配比对于共混物形态的综合影响可以用图 4-7 来表示。

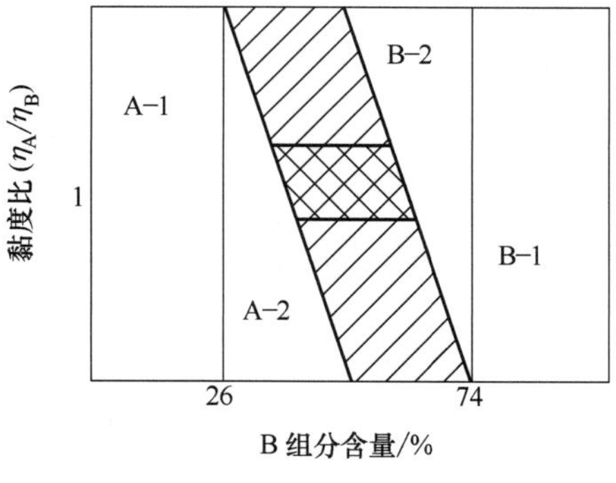


图 4-7 共混组分的熔体黏度与配比对形态的综合影响

由图 4-7 可知，在某一组分含量（体积分数）大于 74%时，这一组分一般来说是连续相（如在 A-1 区域，A 组分含量大于 74%，A 组分为连续相）；当组分含量小于 26%时，这一组分一般来说是分散相。在组分含量在 26%～74%之间时，哪一相为连续相，哪一相为分散相，将取决于配比与熔体黏度的综合影响。由于受熔体黏度的影响，在 A-2 区域，当 A 组分的熔体黏度小于 B 组分时，尽管 B 组分的含量接近甚至超过 A 组分， A 组分仍然可以成为连续相。在 B-2 区域，亦有类似的情况。

在由 A 组分为连续相向 B 组分为连续相转变时的时候，会有一个相转变区存在（图 4-7 中的阴影部分)。从理论上讲，在这样一个相转变区内，都会有两相连续的“海-海结构”出现。但是，只有在 A 组分与 B 组分熔体黏度接近于相等的区域内，才能较为容易地得到具有“海-海结构”的共混物。 A 组分与 B 组分熔体黏度相等的这一点，称为“等黏点”，等黏点在聚合物共混改性中非常重要。

黏度比是影响共混物形态（主要是分散相粒径）的另一个重要因素。如前所述，在 A 组分与 B 组分熔体黏度接近于相等的区域内，比较容易得到具有“海-海结构”的共混物。研究还表明，当共混物形态为“海-岛”结构，且分散相粒子接近于球形时，若分散相黏度与连续相黏度接近于相等，则分散相颗粒的粒径可达到一个最小值。以上结果都表明了“等黏点”在聚合物共混改性中的重要性。

#### 4.3.3.3.5 其他因素的影响

内聚能密度和制备方法的不同，都会对共混聚合物的形态产生较大的影响。内聚能密度大的聚合物，分子间作用力大，不易分散，在共混物体系中趋向于形成分散相。同一种聚合物共混物采用不同的制备方法，其形态结构会有很大不同。一般而言，接枝共聚—共混法制得的产物，其分散相为较规则的球状颗粒；熔融共混法制得的产物，其分散相的颗粒较不规则且尺寸也较大。但有一些例外，如乙丙橡胶与 PP 的机械共混物，分散相乙丙橡胶颗粒是规则的球形。这可能是由于 PP 是结晶的，熔化后黏度较低，界面张力的影响起主导作用的缘故。

此外，共混工艺条件如温度、共混时间、剪应力、助剂及加料顺序等因素都会对共混物形态造成不同程度的影响，进而影响共混聚合物的性能。

**学习活动（4-2)**

思考：

提高 PA6/PP 共混体系相容性有哪些方法？PA6/PP 共混体系的结构形态如何？

## 4.3.4 聚合物共混物的性能

聚合物共混物的性能包括流变性能、力学性能、光学及电学性能、阻隔及抗渗透性能等。在介绍聚合物共混物性能之前，先根据影响共混物性能的因素，介绍共混物性能与单组分性能的一般关系。

#### 4.3.4.1 聚合物共混物性能与其纯组分性能间的一般关系

影响共混物性能的因素，首先是各共混组分的性能。共混物的性能与单一组分的性能之间都存在着某种关联，以双组分共混体系为例，其性能与组分性能之间的关系常可用最简单的关系式表示，这种简单关系称作“混合法则”。最常用的有如下两个关系式：

$$P=\beta_1 P_1+\beta_2 P_2 \tag{4-6}$$

$$\frac{1}{P}=\frac{\beta_1}{P_1}+\frac{\beta_2}{P_2} \tag{4-7}$$

式中：$P$——双组分体系的某指定性能，如密度、电性能、黏度、热性能、力学性能、$T_g$、扩散性质等；

$P_1$，$P_2$——分别为组分 1 及 2 的相应性能；

$\beta_1$，$\beta_2$——分别表示组分 1 及 2 的含量，可用体积分数、质量分数或摩尔分数表示。

在大多数情况下，式（4-6）给出双组分体系性能 $P$ 的上限值；式（4-7）则给出 $P$ 的下限值。

采用式（4-6）及式（4-7）表征双组分共混物性能 $P$ 与单一组分性能 $P_1$、 $P_2$ 之间的关系，由于未考虑共混物的形态结构，因而与实际共混物的性能会有较大的偏差。为了更好地反映共混物性能与单一组分性能之间的关系，应根据不同的共混物形态，分别建立相应的关系式。

4.3.4.1.1 均相共混物

若两种聚合物组分是完全相容的，则构成均相的共混物。常常把无规共聚物归入这一类型，以低聚物作增塑剂的体系也常常属于这一类型。

均相体系共混物性能与单一组分性能之间的关系式，可在式（4-6）基础上加以改进得到。式（4-6）实际上表示组分 1 与组分 2 之间没有相互作用。但对于大多数共混物而言，各组分之间通常是有相互作用的。因而，均相体系共混物性能可以用下式表征：

$$P=\beta_1 P_1+\beta_2 P_2+I\beta_1\beta_2 \tag{4-8}$$

式中：$I$——两组分之间的相互作用参数，称为作用因子。

根据两组分之间相互作用的具体情况，可取正值或负值。若 $I$ 值为 0，则式（4-8）就是式（4-6）。

4.3.4.1.2 单相连续的复相共混物

影响单相连续复相共混物性能的因素，较之均相共混物要复杂得多。 Nielsen 提出了单相连续复相共混物的性能与单一组分性能及结构形态因素的关系式。由于单相连续复相共混物形态“混合法则”，若两相体系中的分散相为“硬组分”，而连续相为“软组分” （这一设定主要适用于填充体系，或塑料增强橡胶的体系），则单相连续复相共混物的性能与单一组分性能及结构形态因素的关系如式（4-9）所示。

$$\frac{P}{P_1}=\frac{1+AB\phi_2}{1-B\psi\phi_2} \tag{4-9}$$

式中：$P$——共混物的性能；

$P_1$——两相体系中连续相的性能；

$\phi_2$——分散相的体积分数；

$A$，$B$，$\psi$——参数，其中：

$$A = K_E - 1 \tag{4-10}$$

$K_E$ 为爱因斯坦系数，是一个与分散相颗粒的形状、取向、界面结合等因素有关的系数。对于共混物的不同性能，有不同的爱因斯坦系数（例如力学性能的爱因斯坦系数、电学性能的爱因斯坦系数等）。在某些情况下（例如分散相粒子的形状较为规整时），$K_E$ 可由理论计算得到；而在另一些情况下，$K_E$ 值需根据实验数据推得。某些体系的力学性能的爱因斯坦系数 $K_E$ 如表 4-8 所示。

表 4-8　力学性能的爱因斯坦系数 $K_E$

| 分散相粒子的类型 | 取向情况 | 界面结合情况 | 应力类型 | $K_E$ |
|---|---|---|---|---|
| 球形 | — | 无滑动 | — | 2.5 |
| 球形 | — | 有滑动 | — | 1 |
| 立方体 | 无规 | — | — | 3.1 |
| 短纤维 | 单轴取向 | — | 拉伸应力，垂直于纤维取向 | 1.5 |
| 短纤维 | 单轴取向 | — | 拉伸应力，平等于纤维取向 | 2 $L/D$ |

注：$L/D$ 为纤维长径比。

$B$ 是取决于各组分性能及 $K_E$（体现在 $A$ 值中）的参数：

$$B = \frac{P_2/P_1 - 1}{P_2/P_1 + A} \tag{4-11}$$

式中：$P_2$——分散相的性能；

$\psi$——对比浓度，是最大堆砌密度 $\phi_m$ 的函数：

$$\psi = 1 + \left(\frac{1-\phi_m}{\phi_m^2}\right)\phi_2 \tag{4-12}$$

$$\phi_m = \frac{\text{分散相粒子的真体积}}{\text{分散相粒子的堆砌体积}} \tag{4-13}$$

引入这个 $\phi_m$ 因子的前提是假想将分散相粒子以某种形式“堆砌”起来，“堆砌”的形式取决于分散相粒子在共混物中的具体状况，与分散相粒子的形状、粒子的排布方式（有规、无规、是否聚结）、粒子的粒径分布等有关。换言之，$\phi_m$ 是分散相粒子在某一种特定的存在状况之下所可能达到的最大的相对密度。因此，将 $\phi_m$ 命名为最大堆砌密度。$\phi_m$ 这一因子所反映的正是分散相粒子的某一种特定的存在状况的空间特征。若干种不同“存在状况”的分散相粒子的 $\phi_m$ 值见表 4-9。

表 4-9　最大堆砌密度化

| 分散相粒子形状 | “堆砌”的形式 | $\phi_m$（近似值） |
|---|---|---|
| 球形 | 六方紧密堆砌 | 0.74 |
| 球形 | 简单立方堆砌 | 0.52 |
| 棒形（$L/D$=4） | 三维无规堆砌 | 0.62 |
| 棒形（$L/D$=8） | 三维无规堆砌 | 0.48 |
| 棒形（$L/D$=16） | 三维无规堆砌 | 0.3 |

如果分散相为“软组分”，而连续相为“硬组分”，例如橡胶增韧塑料体系，则式（4-9）

应改为：

$$\frac{P_1}{P}=\frac{1+A_iB_i\phi_2}{1-B_i\psi\phi_2} \tag{4-14}$$

式中：

$$A_i=1/A \tag{4-15}$$

$$B_i=\frac{P_1/P_2-1}{P_1/P_2+A_i} \tag{4-16}$$

其余符号的含义与式（4-9）相同。

##### 4.3.4.1.3 两相连续的复相共混物

IPN、许多嵌段共聚物结晶聚合物等都具有两相连续的复相结构。采用机械共混法亦可在一定条件下获得具有两相连续的复相结构。对于两相连续的复相结构体系，共混物性能与单组分性能之间可以有如下关系式：

$$P^n=P_1^n\phi_1+P_2^n\phi_2 \tag{4-17}$$

式中：$\phi_1$——组分 1 的体积分数；

$\phi_2$——组分 2 的体积分数；

$n$——与体系有关的参数，$-1<n<1$。

另一个常用的关系式为：

$$\lg P=\phi_1\lg P_1+\phi_2\lg P_2 \tag{4-18}$$

在发生相逆转的组成范围内，式（4-18）对预测共混物的弹性模量比较适用。

以上所述是几种典型的类型，实际体系常常要复杂得多。所以上述关系式仅为基本的指导原则，对于具体的共混体系，应根据体系的特点，建立相应的关系式。

#### 4.3.4.2 聚合物共混物的物理性能

##### 4.3.4.2.1 透气性和可渗性

聚合物的透气性和可渗性具有很大的实用意义，例如在薄膜包装、提纯、分离、海水淡化及医学方面的应用。这往往需要聚合物薄膜具有较好的力学强度、透过作用的高度选择性和较大的透过速度等。单一的聚合物一般难于满足多方面的综合要求，常需借助于共混方法来制得综合性能优异的共混物薄膜。一般而言，连续相对共混物的透气性起主导作用。例如用三醋酸纤维素与二醋酸纤维素共混制成适于海水淡化的隔膜，聚乙烯吡咯烷酮与聚氨酯共混制得高性能的渗析膜等。

##### 4.3.4.2.2 共混物的电性能

共混物的电性能主要决定于连续相的电性能。例如， PS/聚氧化乙烯，当 PS 为连续相时，共混物的电性能接近于 PS 的电性能。当聚氧化乙烯为连续相时，则与聚氧化乙烯电性能相近。

##### 4.3.4.2.3 光学性能

由于复相结构的特点，大多数共混物是不透明或半透明的。改善共混物透明性的方法有：减小分散相颗粒尺寸，但分散相颗粒太小时常使韧性下降；最好的办法是选择折射率相近的组分。若两组分折射率相等，则不论形态结构如何，共混物总是透明的，例如 MBS 树脂（它是由苯乙烯-丁二烯共聚物与甲基丙烯酸甲酯-苯乙烯-丁二烯三元共聚物共混而得）的透明性就很好。

共混物的透明性与温度有关，常常在某一温度范围内透明度达极大值，这对应于两组分折射率最接近的温度范围。若两相体系的两种聚合物的折射率相差较大，则会呈现珍珠般的光泽。例如，PC/PMMA 共混物就是有珍珠光泽的共混材料。

#### 4.3.4.2.4　共混物的热性能

共混物的热性能包括热容、热传导、热膨胀、耐热性和熔化等。主要取决于所选用的聚合物组分及助剂。如采用增塑剂增韧的聚合物，会因增塑剂的加入使体系的耐热性下降较大；若采用共混增韧也会使耐热性有所降低，但其影响不如增塑剂明显。

### 4.3.4.3　聚合物共混物的力学性能

共混物的力学性能包括热-机械性能（如 $T_g$）、力学强度以及力学松弛等。其中，共混物的 $T_g$ 已作为相容性的重要表征手段。提高聚合物的力学性能是共混改性的最重要的目的之一。

#### 4.3.4.3.1　力学松弛性能

共混物力学松弛性能的最大特点是力学松弛谱的加宽。一般均相聚合物在时间-温度叠合曲线上，玻璃化转变区的时间范围为 $10^9$s 左右，而聚合物共混物的这一时间范围可达 $10^{16}$s。这可用图 4-8 做粗略的解释。

共混物内特别是在界面层存在两种聚合物组分的浓度梯度。共混物恰似一系列组成和性能递变的共聚物组成的体系，因此，松弛时间谱较宽。由于力学松弛时间谱的加宽，共混物具有较好的阻尼性能，可作防震和隔音材料，具有重要的应用价值。

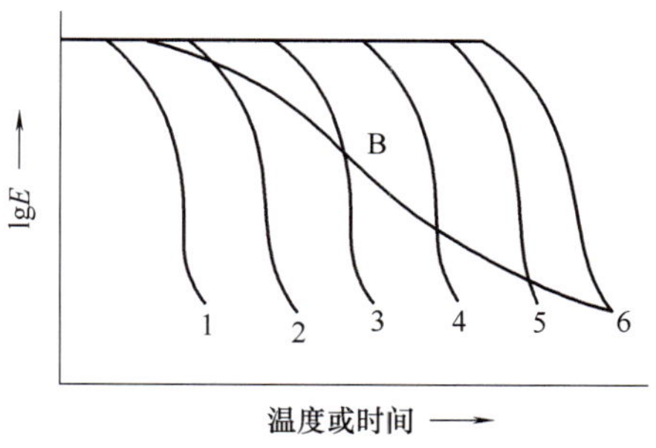


图 4-8　模量-温度（时间）关系

曲线 1～6：六种不同组成的无规共聚物

曲线 B：1～6 种无规共聚物组成的共混物

#### 4.3.4.3.2　模量和强度

（1）模量

共混物的弹性模量可根据混合法则作近似估计。最简单的是根据式（4-6）及式（4-7）分别给出模量 $M$ 的上、下限。一般而言，当模量较大的组分构成连续相，模量较小的组分为分散相时较符合式（4-6）。若模量较小的组分构成连续相，模量较大的构成分散相时，较符合式（4-7），如图 4-9 所示。图中曲线 2 为共混物模量实测值的示意曲线。AB 区中，模量较小的组分为连续相，实测值接近按式（4-7）所得的理论值曲线 1。在 CD 区，模量较大的组分为连续相，故实测值较接近按式（4-6）所得的上限值曲线 3。BC 区为共混物的相转变区。

对两相都连续的共混物弹性模量，可按式（4-17）作近似估计。上述原则也适用于以无机填料填充的塑料或橡胶。近年来已提出了更接近实际的一些经验近似式，如 Hashin 近似式、Kerner 公式等。

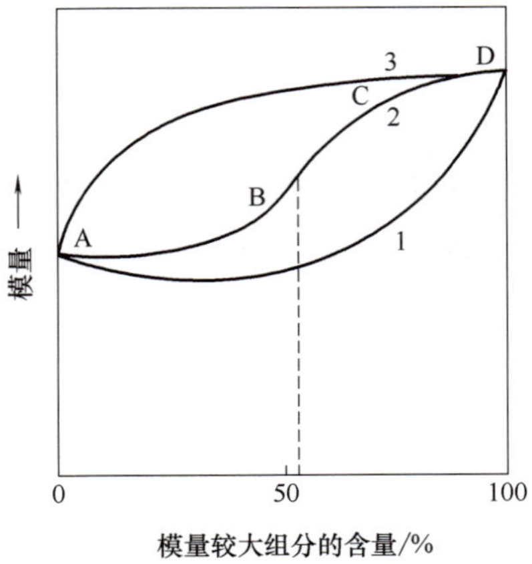


图 4-9 共混物弹性模量与组成关系

1—理论值 2—实测值 3—上限值

（2）力学强度

聚合物共混物是一种多相结构的体系，各相之间相互影响，又有明显的协同效应，其力学强度并不等于各组分力学性能的简单平均值。高分子材料的最大优点之一是它们内在的韧性及其在断裂前能吸收大量的机械能，但是这种内在的韧性不是总能表现出来的，实际应用中许多聚合物总是由于冲击负荷下容易脆裂。因此，大多数情况下增加韧性是聚合物共物改性的主要目的，而冲击强度则是共混物力学性能重要的指标之一。

许多高分子材料特别是热塑性塑料发生断裂的原因是制品在使用过程中会出现银纹。银纹是在材料表面或内部出现的微小而稠密的裂痕。这种微裂痕的界面能使光全反射而出现银色光，故称为银纹。银纹可分为表面的、裂缝尖端的、内部的 3 种，它不同于裂缝，厚度约为 10μm，平面尺寸远大于厚度，并且具有可逆性，在压力或 $T_g$ 以上退火时，银纹会回缩以至消失。脆性聚合物只能在薄弱的部位产生少数的银纹，吸收能量有限，产生的银纹在外加应力的作用下发展成裂缝并进一步扩展，最终使材料断裂。为此，应通过共混改性对材料进行增韧。

以橡胶为分散相的增韧塑料是聚合物共混物的主要品种（称橡胶增韧塑料）。在橡胶增韧塑料中，一般橡胶含量为 5%~20%，冲击强度可以大幅度提高，大到几倍乃至几十倍，这是因为橡胶相的存在使材料的破裂能大大提高。围绕增韧机理出现了许多理论，达成共识的解释是：橡胶颗粒引发银纹，并能终止银纹。

橡胶以微粒状分散于连续的塑料中，应力场不再是均匀的，橡胶粒子起着应力集中物的作用。在张应力的作用下，橡胶粒子的周围引发大量银纹，大量银纹的产生和发展要消耗大量能量，因而可以提高材料的冲击强度。同时，橡胶粒子可以控制银纹的发展，使银纹及时终止，不至于发展成为破坏性裂纹。此外，橡胶颗粒还能阻滞、转向并终止已经存在的小裂纹发展。这里要注意的是橡胶粒子的形变能吸收部分能量，但是它不是冲击能的主要吸收者，主要吸收者是产生银纹的塑料基体，因此可以说在橡胶粒子和塑料基体两者协同作用下使共混物获得韧性。

#### 4.3.4.3.3 其他力学性能

共混物的其他力学性能包括拉伸强度、断裂伸长率、弯曲强度、硬度等，以及表征耐磨性的磨耗，对弹性体还应包括定伸应力、拉伸永久变形、压缩永久变形、回弹性等。在对塑料基体进行弹性体增韧时，在冲击强度提高的同时，拉伸强度、弯曲强度等常常会下降。共混物的耐热性、耐寒性也可以借助于力学性能测试来表征，如软化点、低温脆性等。

### 4.3.4.4 聚合物共混物熔体的流变性能

#### 4.3.4.4.1 聚合物共混物熔体的黏度

聚合物共混物的熔体黏度一般都与混合物法则有很大的偏离，常有以下几种情况。

① 小比例共混就产生较大的黏度下降。有人认为，这种现象的原因是少量不相混溶的第二种聚合物沉积于管壁，因而产生了管壁与熔体之间滑移所致。

② 由于两相的相互影响及相的转变，当共混比改变时，共混物熔体黏度可能出现极大值或极小值。

③ 共混物熔体黏度与组成的关系受剪切应力大小的影响。

#### 4.3.4.4.2 聚合物共混物熔体的弹性

共混物熔体流动时的弹性效应随组成比而改变，在某些特殊组成下会出现极大值与极小值，并且弹性的极大值常与黏度的极小值相对应，弹性的极小值与黏度的极大值相对应。

单相连续的共混物熔体，例如橡胶增韧塑料熔体，在流动过程中会产生明显的径向迁移作用，结果产生了橡胶颗粒从器壁向中心轴的浓度梯度。一般而言，颗粒越大、剪切速率越高，这种迁移现象就越明显，这会造成制品内部的分层作用，从而影响制品的强度。

**学习活动（4-3）**

思考：

在 PP 中添加少量 PA 共混，预计得到的共混体系性能会有哪些变化？

## 4.4 共混改性塑料粒料的配混

### 4.4.1 共混体系聚合物的选择原则

对于多数不具有相容性的聚合物，虽然可以通过一定的工艺手段使之混合，且可以得到具有优异性能的共混物。但在实际工业应用中，并不是任意两种聚合物共混都能得到满意的效果，它要求共混物的性能必须稳定，共混工艺简单，并可降低成本。因此，在选择共混聚合物材料时，应注意以下几个原则。

#### 4.4.1.1 化学结构相似原则

共混体系中若各聚合物组分的结构相似，则容易获得相容的共混物。所谓结构相近是指个聚合物组分的分子链中含有相同或相近的结构单元，如 PA6 与 PA66 的分子链中都含有—CO—NH—，—$NH_2$—，—$CH_2$—，故有较好的相容性。

#### 4.4.1.2 极性相近原则

共混体系中组分间的极性越接近，相容性越好。

#### 4.4.1.3 溶解度参数相近原则

聚合物相容规律为 $|\delta_1-\delta_2|<0.5$，相对分子质量越大其差值应越小。但溶解度参数相近原则仅适用于非极性组分体系。

#### 4.4.1.4 黏度相近原则

组成共混体系的各聚合物组分的黏度越接近，越能混合均匀，且不易出现离析现象，共混物的性能也越好。

#### 4.4.1.5 表面张力相近原则

在共混体系中，总希望两界面的表面张力尽量接近。这样可使两种聚合物共混时相之间的表面张力差很小，以保持两相之间的浸润和良好接触。因此，两聚合物的表面张力越相近，两相间的浸润、接触与扩散就越好，界面的结合也越好，共混物的性能就越优良。如常用的共混体系 BR/PE、NBR/PVC、NR/EVA 等均遵循表面张力相近的原则。

#### 4.4.1.6 分子扩散动力学原则

分子扩散动力学原则即分子链段渗透相近原则。当两种聚合物相互接触时，会发生链段之间的相互扩散。若两种聚合物大分子具有相近的活动性，则两种大分子的链段就以相近的速度相互扩散，形成模糊的界面层，界面层厚度越宽，共混物的性能越优异。若两种聚合物的大分子链段的活动性相差悬殊，则两种聚合物分子间渗透差，两相之间有非常明显和确定的相界面，共混物的性能很差。

**学习活动（4-4）**

思考：

PA6/PP 共混体系是否满足上述原则？

讨论：

若要制备 PA6/PP 共混改性粒料，如何选择树脂、助剂？

### 4.4.2 制备共混改性聚合物的方法

聚合物共混改性的基本方法分为物理方法和化学方法。物理共混法是依靠聚合物分子链之间的物理作用实现共混的方法。物理法应用最早，工艺操作方便，比较经济，对大多数聚合物都适用，至今仍占重要地位。

物理共混法制备高分子共混物

化学共混法是指在共混过程中聚合物之间产生一定的化学键，并通过化学键将不同组分的聚合物联结成一体以实现共混的方法。化学法制备的聚合物共混物的性能较为优越，近几年发展较为迅速。

#### 4.4.2.1 物理共混法

##### 4.4.2.1.1 机械共混法

将不同种类的聚合物通过混合或混炼设备进行机械混合便可制得聚合物共混物。根据混合或混炼设备和共混操作条件的不同，可将机械共混分为干粉共混和熔融共混两种。

（1）干粉共混法

将两种或两种以上不同品种的聚合物粉末加以混合，混合后的共混物仍为粉料。干粉共混的同时可加入必要的各种助剂（如增塑剂、稳定剂、润滑剂、着色剂、填充剂等）。所得的聚合物共混物料可直接用于成型或经挤出后再用于成型。干粉共混法要求聚合物粉料的粒度尽量小，且不同组分在粒径和密度上应比较接近，这样有利于混合分散效果的提高。由于干粉共混法的混合分散效果相对较差，故此法一般不宜单独使用，而是作为融熔共混的初混过程。

（2）熔融共混法

将聚合物各组分在软化或熔融状态下（即黏流温度以上）用各种混炼设备加以混合，获得混合分散均匀的共混物熔体，经冷却、粉碎或粒化的方法。为增加共混效果，有时先进行干粉混合，作为熔融共混法中的初混合。熔融共混法由于共混物料处在熔融状态下，各种聚合物分子之间的扩散和对流较为强烈，共混合效果明显高于其他方法。尤其在混炼设备的强剪切力的作用下，有时会导致一部分聚合物分子降解并生成接枝或嵌段共聚物，可促进聚合物分子之间的相容。所以熔融共混法是一种最常采用、应用最广泛的共混方法，其工艺过程如图 4-10 所示。

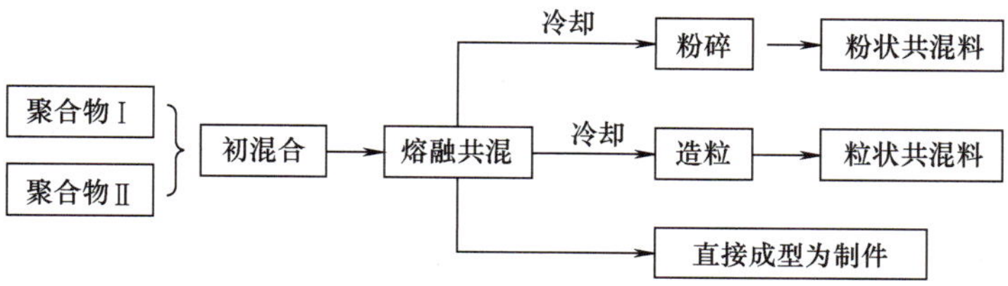

图 4-10　熔融共混过程示意图

熔融共混法要求共混聚合物各组分易熔融，且各组分的熔融温度和热分解温度应相近，各组分在混炼温度下，熔体黏度也应接近，以获得均匀的共混体系。聚合物各组分在混炼温度下的弹性模量也不应相差过大，否则会导致聚合物各组分受力不均而影响混合效果。熔融共混设备主要有开炼机、密炼机、单螺杆挤出机和双螺杆挤出机。采用双螺杆挤出机可以直接加入粉料，具有混炼塑化效果好、生产能力高等优点，是目前熔融共混和成型加工应用越来越广泛的设备。

4.4.2.1.2　溶液共混法（共溶剂法）

将共混聚合物各组分溶于共溶剂中，搅拌混合均匀或将聚合物各组分分别溶解再混合均匀，然后加热除去溶剂即可制得聚合物共混物。溶液共混法要求溶解聚合物各组分的溶剂为同种，或虽不属同种，但能充分互溶。此法适用于易溶聚合物和共混物以溶液态被应用的情况。因溶液共混法混合分散性较差，且需消耗大量溶剂，工业上无应用价值，主要适于实验室研究工作。

4.4.2.1.3　乳液共混法

将不同聚合物分别制成乳液，再将其搅拌混合均匀后，加入凝聚剂使各种聚合物共沉析制得聚合物共混物。此法因受原料形态的限制，且共混效果也不理想，故主要适用于聚合物乳液。

#### 4.4.2.2 化学共混法

##### 4.4.2.2.1 共聚—共混法

此法有接枝共聚—共混与嵌段共聚—共混之分，其中以接枝共聚—共混法更为重要。接枝共聚—共混法的操作过程是在常规聚合设备中将一种聚合物溶于另一聚合物的单体中，然后使单体聚合，即得到共混物。所得的聚合物共混体系包含着两种均聚物及一种聚合物为骨架接枝上另一聚合物的接枝共聚物。由于接枝共聚物促进了两种均聚物的相容性，所得的共混物的相区尺寸较小，制品性能较优。近年来此法应用发展很快，广泛用来生产橡胶增韧塑料，如高抗冲聚苯乙烯（HIPS)、ABS 塑料、MBS 塑料等。

##### 4.4.2.2.2 IPN 法

自 20 世纪 60 年代 Miller 首次提出互穿网络聚首物（Inter Penetrating Polymer Network，IPN)的概念以来，IPN 技术一直是高分子材料共混改性的热点。 IPN 是指两种或两种以上高分子链相互贯穿、相互缠结的混合体系，通常具有两个或多个交联网络形成微相分离结构。这种交联既可以是化学交联，也可以是物理交联。其中至少有一种聚合物是在另一种聚合物存在下合成或交联的。

按网络结构的类型不同，IPN 可分为互穿网络（Ⅰ型)、半互穿网络（Ⅱ型)和表观互穿网络（Ⅲ型）3 类。Ⅰ型是典型的化学交联结构，制备方法有多种，可将单体 1 与单体 2 混容在一起，使两者以互不干扰的形式各自聚合并交联［图 4-11（a）］。当一种单体进行加聚反应而另一种单体进行缩聚反应时，即可实现这种互不干扰的反应。Ⅱ型是典型的物理交联结构，Ⅲ型则介于两者之间。

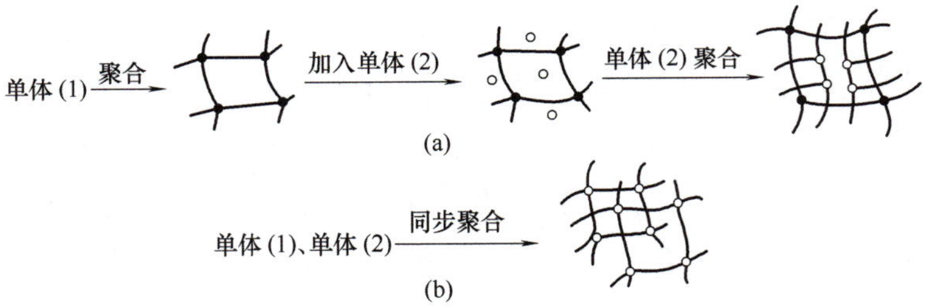


图 4-11 IPN 互穿网络示意图

大多数典型的互穿网络聚合物（IPN）为Ⅰ型，而多数功能性互穿网络聚合物属于Ⅱ型或Ⅲ型，即由已交联的第一个聚合物网络，溶胀于第二种单体中并进行“就地聚合”而形成第二个网络［图 4-11（b）］，典型的例子有聚丙烯酸乙酯/PS 及聚丙烯酸乙酯/聚氨酯等。凭借 IPN 技术使两种聚合物相互贯穿，两者之间可良好分散，相界面较大，有很好的协同作用，显示出比普通塑料合金更优异的特性，发展前景广阔。该法近年来发展很快。

#### 4.4.2.3 动态硫化制备热塑性弹性体

热塑性弹性体（TPE)是 20 世纪 50 年代发展起来的一种新型高分子材料，又被称作第三代橡胶，这种材料兼具有高温下热塑性塑料的可熔融加工性和常温下硫化橡胶的弹性。根据制备方法不同，热塑性弹性体可分为共聚型和共混型两大类。

共聚型TPE是采用嵌段共聚的方式将柔性链（软段）同刚性链（硬段）交替连接成大分子，在常温下软段呈橡胶态，硬段呈玻璃态或结晶态聚集在一起，形成物理交联点，材料整体具有橡胶的许多特性：在熔融状态，刚性链呈黏流态，物理交联点被解开，大分子间能相对滑移，因而材料可用热塑性塑料的方式加工成型。如热塑性聚氨酯类（TPU）、聚苯乙烯类（SBS、SEBS）、聚烯烃类等；共混型TPE是采用机械共混方式使橡胶与树脂在熔融共混时形成两相结构，它经历了从简单的机械共混到部分动态硫化共混再到完全动态硫化共混的3个发展阶段。

采用简单共混和部分动态硫化方法制备的共混型TPE在耐热、耐溶剂、耐压缩永久变形等性能方面存在局限，难以制得高性能的TPE。而采用动态全硫化技术制备TPE，又称作热塑性硫化胶（TPV），是非常重要和特殊的一大类TPE。它与共聚型TPE相比，具有品种牌号多、性能范围广、耐热温度高、耐老化性能优异、高温压缩永久变形小、尺寸稳定性更好、性能更接近传统硫化橡胶的特点。在这里重点介绍动态全硫化共混型热塑性弹性体（TPV）的相关知识。

4.4.2.3.1 共混型热塑性弹性体的制备原理

热塑性弹性体的基本特性是在成型加工温度下有良好的热塑性和流动性，便于成型加工。在常温或使用温度下，成型的制品又表现出优异的物理力学性能及橡胶的高弹性质。形成热塑性弹性体的这种特有性质决定于共混型热塑性弹性体的交联程度以及力学性能。

（1）共混型热塑性弹性体的硫化作用

共混型热塑性弹性体可分为硫化型与非硫化型。硫化型是指橡胶与塑料共混物中的橡胶组分经过不同方法的硫化作用，使橡胶产生一定程度的交联结构。非硫化型是指橡塑共混后橡胶未经硫化作用而形成了热塑性弹性体。这两种热塑性弹性体的物性差别很大，前者的橡胶组分经过硫化的交联反应，具有良好的物理力学性能。

共混型热塑性弹性体的硫化一般有两种方法。一种是静态硫化法，另一种是动态硫化法。前者采用传统的硫化方法，橡胶组分先行硫化。硫化剂的用量是传统硫化剂用量的2/3或1/2以至更少些，使橡胶组分产生部分的交联结构，交联凝胶含量为40%~50%。经过部分交联的橡胶与定量的塑料进行熔融共混，即可制得静态硫化型的共混型热塑性弹性体。

动态硫化型的共混热塑性弹性体的制备是橡胶与塑料两组分在机械共混的同时就使橡胶与交联剂“就地”产生化学交联完成硫化作用，并细微地分散于树脂中形成稳定的分散体系，因此也称这种硫化作用为“现场硫化”用。动态硫化可使橡胶组分形成部分交联或完全交联的结构。根据橡胶组分的交联程度，动态硫化法又有部分动态硫化和动态全硫化之分。实现这种动态硫化反应的共混过程也称为反应性共混过程。

动态硫化所用的硫化剂是一般常用的硫化体系，如硫黄体系、有机过氧化物及酚醛树脂等硫化剂，它们都有良好的硫化效果。动态硫化所用硫化剂用量都低于传统硫化剂的用量。但动态硫化的反应速度远远快于传统的硫化作用。

（2）动态全硫化共混型TPV的微观形态结构及其形成机理

动态全硫化制得的TPV具有独特的相形态，它使共混体系中的橡胶组分完全硫化成橡胶颗粒，并且均匀分散在树脂基体中。 TPV 中由于橡胶相已充分交联，一方面橡胶粒子在加工温度下仍能保持足够的强度和稳定的形态，这对加工极为有利；另一方面，橡胶粒子的充分交联有利于提高 TPV 的强度、弹性、耐热、耐油以及改善压缩永久变形等性能。

TPV 材料在微观上呈现以塑料为连续相、以交联的橡胶粒子为分散相的独特的“海-岛”相态结构，即使橡胶含量较多，但充分交联了的橡胶仍会以颗粒状分散于树脂基体中，呈分散相。 TPV 的“海-岛”相态结构形成机理可概括如下： TPV 在制备过程中，共混体系中的橡胶在交联剂的作用下发生硫化反应，由于硫化是在共混过程中进行，发生硫化的橡胶不能像静态硫化那样形成整体的橡胶型网络结构，而会因机械剪切力的作用使硫化形成的体型网络遭到破坏，使交联程度很深的橡胶被打碎成非常小的粒子。但这些小粒子内部仍是交联网络结构，橡胶分子链间因化学键的生成而大大加强了作用力，相对滑移受到限制，橡胶组分的流动性大大下降。同时橡胶粒子中交联的弹性网络因剪切应力的作用而被迫呈伸直状态。而没有发生硫化的塑相分子却有自由运动的独立性，分子间能发生相对滑移，有很好的流动性。当温度降低，剪切力消失时，交联分子弹性恢复，使橡胶粒子发生收缩、凝聚，从而使本就因交联而导致其流动性大大降低的橡胶以颗粒的形式冻结在树脂基体中，呈分散相。这样就形成了以树脂为海相，以全硫化橡胶粒子为岛相的“海-岛”结构。

#### 4.4.2.3.2 共混型热塑性弹性体的组分

体系表观黏度是影响分散相粒子半径的重要因素。因此制备 TPV 时应选用较高黏度的树脂。试验表明，当橡胶与树脂的表面能相当，橡胶的缠结密度高，树脂为结晶态时，可制得性能较好的 TPV。另外，力学性能与弹性恢复随橡胶与树脂的临界表面能的相近而提高，也随树脂结晶度的增大而增大。由此看来，要制得性能优良的 TPV 材料，应选用具有较高结晶度的树脂（如 PP、 PE 等)，并尽量减小橡胶与树脂的临界湿润表面张力之差，以增大两者之间临界表面张力的相似性。

对于表面能差别较大的橡胶与热塑性塑料共混体系，由于组分之间的相容性较差，直接进行动态硫化难以得到可应用的产物。通过加入增容剂提高共混组分之间的相容性才能制得性能优异的动态硫化共混物。例如，在制备 NBR/PP 时分别用 CPE、高氯化 CPE、 MP（马来酸酐接枝 PP)、 CPP（氯化聚丙烯)作为相容剂，发现 CPP 为相容剂的共混体系经过动态全硫化后具有优良的耐热、耐油及其他综合性能。因此说，增容技术的引入大大拓展了动态硫化技术的研究和应用范围，硫化体系的选择和增容技术是制备高性能 TPV 的关键。

动态硫化热塑性弹性体的性能因配方而异。一般而言，橡塑比越低，共混物的耐溶剂性和加工流动性越好，力学强度越高，但永久变形增大，弹性变差；填充油可改善共混物的弹性、耐低温性及加工流动性；增强剂有助于橡胶相的分散，适量的增强剂和填充油并用，可以改善共混物的抗疲劳性和压缩永久变形性。

#### 4.4.2.3.3 共混型热塑性弹性体的制备方法

在 TPV 的制备中，分散相粒子半径，即硫化橡胶颗粒的大小是影响材料加工和力学性能的重要因素。因此，制备此类材料的技术关键是形态结构的控制方法，主要与 TPV 制备过程中使用的混炼设备、橡塑组分的选择与匹配以及共混工艺等因素有关。

动态硫化过程与加工设备关系密切，动态硫化法制备热塑性弹性体的设备有开炼机、密炼机、单螺杆挤出机、双螺杆挤出机、电磁动态反应挤出机等。前两种是分次混合、间歇式生产，生产能力较低；后 3 种是连续混合、连续生产，生产能力较高。

采用单螺杆挤出机或双螺杆挤出机制备动态硫化热塑性弹性体时，橡胶和热塑性塑料在挤出机前段进行熔融并充分混合后，硫化剂通过投料口加入，在螺杆的剪切作用下，硫化剂与橡胶组分混合并使之硫化；提高切变速率，分散相粒径可以大大减小，但硫化时间较短，且不易调节，必须选择合适的配方和工艺才能使橡胶相达到充分硫化。

制备工艺对性能的影响是通过影响其微观相态结构实现的。一般而言，共混物中橡胶粒子粒径越小，粒子交联度越高，其力学性能、加工流动性和形态稳定性越好。橡胶组分的分散状态对动态硫化产物性能影响最大，应根据产品的应用场合设计其性能指标，筛选橡胶组分和硫化体系，选择合适的加工工艺，以制备性能优异的动态硫化共混物。

制备 TPV 时，一般都采用母料法共混工艺，即先将少量树脂与全部橡胶进行动态硫化制成母料，然后再将母料与其余树脂共混。较一步法相比，母料法能有效地部分抑制动态硫化中树脂的降解；同时能有效提高橡胶的交联程度，减少交联橡胶的颗粒粒径，提高其粒度均匀性和在树脂中的分布均匀性，使 TPV 的综合性能提高。

此外，还有反应挤出技术和分子复合技术等制备聚合物共混物的新方法。反应挤出技术是目前在国外发展最活跃的一项共混改性技术，这种技术是把聚合物共混反应（聚合物与聚合物之间或聚合物与单体之间）、混炼和成型加工在长径比较大，且开设有排气孔的双螺杆挤出机中同步完成。分子复合技术是指将少量的硬段高分子作为分散相加入到柔性链状高分子中，从而制得高强度、高弹性模量的共混物。

**学习活动（4-5）**

讨论：

选择一种热塑性弹性体，查阅相关资料，讨论其配方、制备工艺与性能等问题。

## 4.4.3 增容剂的制备

### 4.4.3.1 非反应型增容剂的一般制法

非反应型增容剂主要是各种嵌段和接枝共聚物，它们可以专门合成，有时也可“就地”产生（在进行聚合物共混时同时生成）。

专门合成时，首先应按所需增容的共混体系，对相应的增容剂进行分子设计，设计的主要依据应是前面所述的增容机理。合成嵌段和接枝共聚物的原理及工艺已不乏论著，这里不再详述。“就地”产生嵌段和接枝共聚物在某些场合不是有意识进行的，例如两种聚合物在高温熔融混炼过程中，由于强剪切、温度等作用产生大分子自由基，进而形成了含有两聚合物链段的嵌段或接枝共聚物，其客观上就起到了增容效果，因而是一种“就地”产生的增容剂。

当然，为了更有效地“就地”合成所需的增容剂，最好是有目的、有控制地进行，这方面近年来已有了长足的进步。主要的控制因素为过氧化物引发剂用量、混炼时剪切作用及温度。过氧化物常用 BPO、DCP。熔融混炼设备已由开放式双辊筒混炼机向双螺杆挤出机转移。双螺杆挤出机不仅有强化的剪切、混炼效果，而且便于控制稳定的混炼条件。至于混炼温度主要考虑聚合物组分的熔融温度和分解温度，还应兼顾对“就地”产生增容剂的结构及数量的影响。

#### 4.4.3.2 反应型增容剂的一般制法

反应型增容剂也可分为预先专门制备和“就地”产生两种方式得到，但其关键不在于方式，主要是如何在共混组分中引入预定的可反应增容的官能团。操作可在一般混炼设备（开放式混炼机、双螺杆挤出机等）中完成，但最好采用先进的排气式反应挤出机。

主要的反应型增容剂是羧化 PE、羧化 PP、羧化 PS 等，它们是为促进非极性的聚烯烃（PE、PP、PS 等）与极性的 PA 的相容而设计的。合成含羧基的反应型增容剂则大多采用与丙烯酸类单体共聚的方法获得，如将丙烯腈、丁二烯、丙烯酸进行无规共聚，就得到含羧基的丁腈胶（羧化 NBR）；又如将丙烯酸酯-丙烯酸无规共聚物（MMA）与甲基丙烯酸（MAA）的混合物放在反应器中与丁苯弹性体接枝共聚也得到此种类型增容剂，它们都适用于作为 PA 共混体系增容。

此外，目前一种叫作大分子单体法的制造技术得到了应用。此法是用一种具有聚合活性的大分子单体与其他类型低分子单体共聚制成接枝共聚物的方法，若低分子单体含有反应性基团，此反应性基团就进入接枝共聚物的主干，而大分子单体成为该接枝共聚物的支链，如图 4-12 所示。其合成方法主要有 4 种：自由基引发聚合、阴离子聚合、阳离子催化引发聚合及基团转移聚合。此法是合成帘状或梳形接枝共聚物和嵌段共聚物的有效方法。

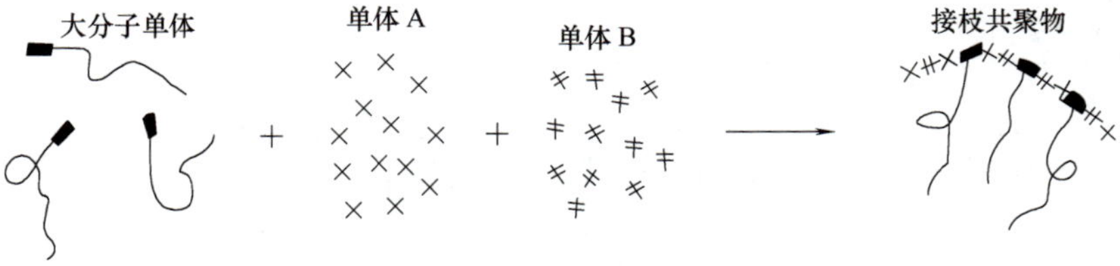


图 4-12 大分子单体法制备接枝共聚物示意图

**学习活动（4-6）**

查找：

查阅增容剂的相关资料，为拟制备的共混改性塑料粒料选定增容剂。

### 4.4.4 共混改性塑料粒料的制备

#### 4.4.4.1 聚合物共混改性工艺

在聚合物的共混改性中，共混的工艺条件与共混设备是影响共混改性效果的重要因素。

制备共混改性塑料，共混物要有良好界面结合和适当的分散相粒径。在实际共混过程中，得到的共混物的分散相粒径时常比最佳粒径大。因此，通常受到关注的是如何降低分散相的粒径，如何使粒径分布趋于均匀。可从共混时间、物料黏度等方面加以调节，以降低分散相粒径。

4.4.4.1.1 共混时间的影响

在共混过程中，分散相粒子破碎的难易与粒子的大小有关。大粒子易于破碎，而小粒子较难破碎。因此，共混过程就伴随着分散相粒径的减小和均匀化过程。为达到降低分散相粒径和使粒径均匀化的目的，应该保证有足够的共混时间。

对于同一共混体系，同样的共混设备，分散相粒径会随共混时间的延长而降低，粒径分布也会随之均化，直至达到破碎与凝聚的动态平衡。当然，共混时间也不可过长。因为达到或接近平衡粒径后，继续进行共混已无降低分散相粒径的效果，而且会导致高聚物的降解。

此外，通过改变共混设备的结构，提高共混设备的分散效率，可以大大降低所需的共混时间。改善共混组分之间的相容性也有助于缩短共混时间。

4.4.4.1.2 共混组分熔体黏度的影响

共混组分的熔体黏度对于混合过程及分散相的粒径大小有重要影响，是共混工艺中需考虑的重要因素。因而，对熔体黏度进行调控，就成了共混过程中需要考虑的重要因素。

① 采用温度调节。温度调节是对熔体黏度进行调控的最有效的方法。利用不同物料对温度变化的敏感性不同，常常可以找到接近两相等黏点的温度。

② 用助剂进行调节。许多助剂，如填充剂、软化剂等，可以调节物料的熔体黏度。如在橡胶中加入炭黑可以使熔体黏度升高；给橡胶充油则可以使熔体黏度降低。

③ 改变相对分子质量：聚合物的相对分子质量也是影响熔体黏度的重要因素。在其他性能许可的条件下，适当调节共混组成的相对分子质量将有助熔体黏度的调控。

### 4.4.4.2 共混设备选择

共混设备包括聚合物粉料进行混合的设备和熔融共混设备。对粉料进行混合的过程相当于简单混合。所用的设备有高速搅拌机（又称高速捏合机）以及 Z 型混合机等。粉料的混合设备主要用于使聚合物粉料与各种添加剂均匀混合，以便于进一步的熔融共混。熔融共混的设备包括开炼机、密炼机、挤出机等。挤出机有单螺杆挤出机、双螺杆挤出机、电磁动态混炼挤出机以及多螺杆挤出机等。其中同向啮合双螺杆挤出机在共混改性中的应用最为广泛。

电磁动态混炼挤出机是将电磁场引起的机械振动场引入聚合物的塑化、混炼、挤出等过程的设备。它采用 3 螺杆结构，主螺杆带动两根悬浮式的副螺杆，有两个啮合区，相当于两套异向旋转的双螺杆。在振动场作用下，啮合区间隙随时间周期性变化，物料被两螺杆间的运动拉入压延间隙进行动态压延、混合，因此，物料被快速塑化和混炼。同时，在振动状态下，瞬时变化的剪切速率和压力将产生耗散热能，使物料的熔融和混炼加强。电磁动态混炼挤出机具有塑化、混炼效果好，挤出制品质量高，适应性广，能耗低等优点。

学习活动（4-7）

思考：

制备工艺中选择双螺杆挤出机共混挤出有哪些优点？

讨论：

1. 确定PA/PP共混体系（或其他共混体系）配方；
2. 选择共混设备、制定实验方案、安全及防护规定。

实操：

1. 熟悉设备的结构与操作规程；
2. 按确定投料量，将基本配方换算为实用配方；
3. 对原料进行预处理；
4. 据实用配方中的原料用量，选择合适的计量器，称料；
5. 遵守安全及防护规定，按所定的配混操作规程完成共混、造粒操作，记录数据与现象。

### 4.4.5 共混改性物料的质量与检验

#### 4.4.5.1 共混粒料外观

共混改性塑料粒料外观应塑化良好，无明显杂质和碎末，色泽一致、色度纯正。颗粒大小均匀。

#### 4.4.5.2 吸水率测定

按GB/T 1034—1970，将试样制成50mm×50mm×25mm后，在烘箱中干燥24h，移至干燥器中冷却至室温称量，放在恒温蒸馏水浴中分别保持6、12、24和48h后将试样取出，用布迅速将试样表面的水擦干，并称其质量，然后计算其吸水率。

#### 4.4.5.3 流动性

采用熔体流动速率仪测定。

#### 4.4.5.4 物理力学性能测定

将共混改性粒料注塑试样，根据制品性能指标要求进行测试。试样的基本力学性能在电子万能试验机上进行测定；拉伸强度和断裂伸长率以及弹性模量按GB/T 1040—1992标准测试；弯曲强度和弯曲模量按GB/T 9341—2000标准测试；缺口冲击强度按GB/T 1843—1996标准测试。

#### 4.4.5.5 热性能分析

使用差示扫描量热仪（DSC）和热重分析仪进行热稳定性分析。

#### 4.4.5.6 扫描电子显微镜分析（SEM）

将增容和未增容的试样在液氮气氛下脆断，必要时用溶剂处理其断面，然后，对其断面进行真空镀金，用 SEM 观察比较其断面形貌和结构信息。

**学习活动（4-8）**

实操：

检验制得的共混改性材料；记录、整理检验结果。

## 4.5 总结与提高

### 4.5.1 总结与评价

完成了学习活动（4-1~4-8），还需要对本项目工作任务进行：

**总结与评价**

1. 资料整理

汇总本项目中所做的各项资料查询、讨论记录，制定的配方、原料处理与混合造粒工艺规程、安全及防护规定，混合操作与现象记录，所得共混物料的质量检验结果。

2. 写出总结报告。

3. 小组讨论，对工作任务完成情况做出评价。

（报告编写格式、评价指标见附录）

### 4.5.2 知识与能力拓展——阻燃 PC/ABS 合金共混物

阻燃性是指物质具有的或材料经处理后具有的明显推迟火焰蔓延的性质。这在材料使用范围选择上起指导作用，特别是用于建材、船舶、车辆、家电上的材料，要求阻燃性高。阻燃改性可以通过加入阻燃剂实现，目前评价阻燃性的方法很多，如氧指数测定法、水平或垂直燃烧试验法等。阻燃剂的作用机理比较复杂，但其目的总是以物理和化学的途径来切断燃烧循环。PC/ABS 合金作为商业化最为成功的聚合物共混体系，在家电、IT、OA 等领域得到了广泛应用。这些应用对阻燃性也提出了越来越高的要求。目前阻燃 PC/ABS 合金使用的阻燃剂主要为溴系阻燃剂和磷系阻燃剂。随着无卤的要求日益增多，磷系阻燃剂（如磷酸酯类）应用也越来越多。

#### 4.5.2.1 阻燃剂的阻燃作用

目前，可供聚合物材料使用的阻燃剂很多，它们的阻燃机理也各不相同，但目的都是使材料能离火自熄或使火焰难以蔓延。因此，能够具有如下一种或多种阻燃效应的化合物，就可作为阻燃剂。

4.5.2.1.1 吸热效应

其作用是使聚合物材料的温度上升困难。

4.5.2.1.2 覆盖效应

其作用是在较高温度下生成稳定的覆盖层，或分解生成泡沫状物质，覆盖于聚合物材料的表面，使聚合物材料因热分解而生成的可燃性气体难于逸出，并对材料起隔热和隔绝空气的作用，从而起到阻燃的效果。

4.5.2.1.3 稀释效应

阻燃剂在受热分解时能够产生大量的不燃性气体，使聚合物材料所产生的可燃性气体被稀释而达不到可燃的浓度范围，从而阻止聚合物材料的发火燃烧。

4.5.2.1.4 抑制效应（捕捉自由基）

这是一类能够切断着火燃烧连锁反应的抑制剂。聚合物的燃烧主要是羟基自由基产生的连锁反应，因此，此类物质具有与羟基自由基反复反应而生成 $H_2O$ 的能力。

4.5.2.1.5 增强效应（协同效应）

有些材料，若单独使用并无阻燃效果；而有些材料单独使用虽有阻燃效果，但不大。在这种场合，多种材料并用就可起到增强阻燃的效果。

4.5.2.2 阻燃剂的分类

在聚合物材料中，能够起到阻燃作用的物质主要是元素周期表中第Ⅴ族的氮、磷、砷、锑和铋的化合物，第Ⅶ族的氯和溴的化合物，其他还有铝、硼、锌、锡、钼、镁、钙等的化合物。其中最常用和最有效的是磷、氯、溴、锑和铝的化合物，这在以下的讨论中可以得到证实。

聚合物材料用的阻燃剂可以分为反应型阻燃剂和添加型阻燃剂两大类。此外还有发烟抑制剂和有毒气体捕捉剂。反应型阻燃剂是在聚合或固化过程中参加反应，结合到聚合物的主链或侧链中起阻燃作用的，这与合成自熄型聚合物已无原则性的差别。反应型阻燃剂具有稳定性好、不易消失、毒性小、对聚合物性能的影响较小等优点，可以认为是一类理想的阻燃剂。但是，反应型阻燃剂的操作和加工工艺较为复杂。添加型阻燃剂则是以物理状态分散在聚合物树脂中。目前使用的添加型阻燃剂若以化合物来分类，则可分为无机阻燃剂（包括填充剂）和有机阻燃剂两类。其中，无机阻燃剂的使用量占60%以上。

作为一般用途，反应型阻燃剂在热固性树脂中使用较多，而在热塑性树脂中很少能看到有实用的例子。实际上，即使是在热固性树脂的场合，也往往是与添加型阻燃剂并用，以发挥两者的效应。所以，反应型阻燃剂与添加型阻燃剂的使用量方向，以添加型为多，约为反应型阻燃剂的6倍。

4.5.2.2.1 无机阻燃剂和填充剂

目前，人们在评定一种阻燃剂的使用效果时，已不仅限于狭义上的阻燃性，对于火灾时有毒气体的产生和烟尘的产生对人体的危害，即阻燃剂的安全性问题已成为十分重要的评价指标。由于无机阻燃剂和填充剂的安全性比较高，因此，近年来，无论是研究开发还是市场应用都乐于选用它。例如，具阻燃性的无机填料用量不断增加、氧化锑代用品的使用、钼类和锡类低烟性阻燃剂的开发和应用等都已具体化。值得注意的是，无机阻燃剂既能阻燃，又可作为填料，因此，大量使用无机阻燃剂不仅可以获得高度的阻燃效果和低发烟、无毒害性，而且可以降低聚合物材料的成本。

不同无机阻燃剂的阻燃作用不同：有单独使用就能显示出阻燃效果的，如红磷；有与卤类有机阻燃剂并用而显示阻燃效果的，如二氧化二锑；还有既起填充剂作用又能放出结晶水而起阻燃效果的，如氢氧化铝等。

无机阻燃剂虽然有许多优点，但在一般情况下，其会使聚合物材料的加工成型性能和物理性能、电气性能等有所降低。所以，一般使用的填充量不可能很高，作为阻燃剂应多量地利用，在许多情况下尚有困难。因此，在不降低加工性、成型性和聚合物材料的物理力学性能的同时而达到多量填充的目的，还须进行改性研究，这已成为当前的重大课题。

#### 4.5.2.2.2　有机阻燃剂

有机阻燃剂的品种很多，按化合物的类别来区分，主要有磷系阻燃剂和卤系阻燃剂两大类。有机磷系阻燃剂在室温下多为液态，故有增加聚合物的流动性和降低聚合物材料软化温度的倾向，但具有毒性、发烟量大、易于水解和热稳定性较差等缺点。使用有机磷系阻燃剂的经验表明，如果在聚合物中含有5%以上的磷，就有阻燃效果。除有机含磷化合物外，红磷作为阻燃剂的直接使用也备受瞩目，但一般都需要表面包覆处理，否则会给共混生产和材料应用带来很多安全隐患。

有机卤系阻燃剂主要是指由卤族元素中氯或溴元素为主组成的化合物。氯化石蜡因价廉易得，在我国使用较多，一般使用含氯量为70%的固体。含氯量为40%的是液体，也有应用。CPE的含氯量一般在35%～40%，为弹性体。全氯环戊癸烷的含氯量为78.3%，是白色结晶粉末。

从目前世界范围的使用实例来看，除CPE和全氯环戊癸烷是最具代表性的氯类阻燃剂外，其他的因热稳定性较差和毒性较大，都几乎转向采用溴类阻燃剂了。这是因为，溴化物产生热分解后的腐蚀性和毒性不仅比氯化物小，而且采用少量就可达到与氯化物相同的阻燃效果。

脂肪族类和脂环族类的含溴阻燃剂是阻燃效果最好的阻燃剂，但必须保持较低的成型加工温度，最高以200℃为限。因此，成型加工温度可达315℃的芳香族类含溴阻燃剂已被广泛应用。热稳定性较高的溴系阻燃剂有十溴二苯乙烷、溴化环氧、溴化聚苯乙烯、聚溴化苯乙烯、溴化聚碳酸酯等多种。原来大量使用的十溴联苯醚由于“环境持久性有机污染物”等原因，在很多场合已被禁用。与磷类、氯类有机阻燃剂比较，溴类有机阻燃剂的价格较高，但阻燃效果好，所以，其使用量不断增加。从实用和减低毒性的角度出发，有机阻燃剂与无机阻燃剂复合使用是目前普遍采用的阻燃体系。

### 4.5.2.3　阻燃剂的选用原则

一个理想的阻燃剂应具备阻燃效果好，既能阻止有焰燃烧，又能抑制无焰燃烧；稳定性适当，在加工与使用条件下应足够稳定，在燃烧条件下，能在略低于材料分解温度的条件下迅速分解；在材料中易于分散，不易挥发、析出，具有持久阻燃性；对材料的其他性能影响小；本身无毒，裂解产物应低毒，少烟，无刺激性和腐蚀性；使用简便，价格低廉。完全能达到这些要求的阻燃剂基本上没有，因此选用阻燃剂时，应注意以下几个方面。

#### 4.5.2.3.1 阻燃剂的分解温度

对于某一聚合物材料来说，选用的阻燃剂的分解温度应略低于材料的分解温度，尽可能高于材料的使用和加工温度。因为分解温度太低，稳定性差；太高，在材料分解时阻燃剂不能分解，不能发挥阻燃作用。阻燃剂分解温度应低于材料分解温度60~80℃为宜，因为聚合物的分解温度一般为250~400℃，因此，阻燃剂的分解温度为200~300℃是可行的。

#### 4.5.2.3.2 阻燃剂与材料的相容性

阻燃剂与材料相容性好，则在材料中易于分散，不易析出。这样不但对材料力学性能的影响小，还有可能改善材料的综合力学性能。一般有机阻燃剂比无机阻燃剂相容性好，与聚合物材料结构相似的阻燃与材料的相容性好，高相对分子质量阻燃剂比低相对分子质量阻燃剂相容性好。

#### 4.5.2.3.3 多功能阻燃剂的选用

多功能阻燃剂除具有阻燃作用外，还具有其他作用（抑烟性、增韧性、抗静电性及补强性等），选用多功能阻燃剂能加强总的效果，降低材料成本。例如，磷酸酯既是阻燃剂，又可为增塑剂，而亚磷酸酯与磷酸酯相比，还可以作为抗氧剂。

#### 4.5.2.3.4 复合阻燃体系的应用

应利用复合阻燃体系的协同阻燃作用来提高阻燃效果、降低阻燃剂用量，减少阻燃化对材料其他性能的不利影响。

#### 4.5.2.3.5 反应型阻燃剂的应用

对于热固性聚合物材料和具有与阻燃剂反应的活性功能团的热塑性材料，可以选用反应型阻燃剂（也可用阻燃性单体直接合成自熄型材料）。与添加型阻燃剂相比，反应型阻燃剂有用量少（一般为添加型的1/6）、热稳定性好、阻燃持久性好、毒性小、对材料的其他性能影响小等特点。可以认为是一类理想的阻燃剂，因其操作和加工工艺复杂，成本较高，其应用远不及添加型阻燃剂普遍，必要时还可以与添加型阻燃剂配合使用。

#### 4.5.2.3.6 基本阻燃要求

评价材料耐燃性有多种标准，其中氧指数标准比较直观，基础研究中多用氧指数值表示；UL标准比较实用，工业生产中常用此标准。一般聚合物材料的氧指数值为19%左右，加入阻燃剂后氧指数值提高到22%则称为达到自熄，提高到27%则称为达到基本阻燃（一般相当于UL 94 V-0级），显然材料的氧指数值越高，耐燃性越好。值得注意的是这些标准只能说明实验条件下的阻燃性能，实际使用条件下的着火危险性还需在实践中加以验证。

> 制备在电子产品中使用的阻燃PC/ABS共混物需符合哪些要求？如何达到？

# 项目五　填充母料的制备

## 5.1 学习目标

塑料的填充改性，即在塑料中添加与基体树脂在组成和结构上不同的固体无机物或有机物填料（通常为粉状），以降低成本，或是使填充塑料的某些性能有明显改变，或赋予填充塑料某些特殊性能。为使填充改性塑料材料有良好的综合性能，往往还需加入其他助剂。填充改性塑料材料的性能与基体树脂的性能及填料的种类、形态、含量、分散状态及界面结合情况等因素有关，也与体系中的其他助剂有关，即要有合理的配方及配混工艺，才能得到性能良好、价格合理的填充改性塑料材料。

使用玻璃纤维、碳纤维、金属纤维等具有较大长径比的填料（增强性填料或增强材料），将对塑料材料的力学性能和耐热性能有明显提高，这种方法称为增强改性，将在项目七中讨论。

在聚氯乙烯（PVC）粉料及分散体中，填料可以直接与粉状树脂混合，而其他树脂常为粒状，若与粉状填料直接混合，将难以均匀分散。填充母料就是将所要添加的填料与载体树脂先进行混合混炼造粒，制成与基体树脂体积相近的颗粒，便于与树脂粒混合。在母料中填料的浓度要高出实际所需要的该组分浓度的数倍至十几倍。当母料按一定比例与基体树脂混合后，在成型加工过程中该组分就可在基体树脂中稀释到预定的浓度。本项目学习的最终目标是能制备出合格的填充母料，并了解功能母料及功能性填充改性塑料材料。

表 5-1　　填充母料制备的学习目标

| 编号 | 类别 | 目　标 |
|---|---|---|
| 1 | 知识 | 1. 理解填充改性的基本原理<br>2. 掌握填充母料的构成及配方设计<br>3. 掌握原材料的预处理、配合称量的基本知识<br>4. 掌握常用衡器、混合混炼设备的种类与结构<br>5. 掌握混合与混炼的基本原理基础知识 |
| 2 | 能力 | 1. 能初步制定填充母料配方<br>2. 能完成塑料配合、混合、混炼的基本操作<br>3. 会分析、处理混合工艺过程中常见的质量问题<br>4. 能对主要配混设备进行日常维护与保养 |
| 3 | 职业素质 | 见表 1-1 |

# 5.2 工作任务

表 5-2 填充母料制备的工作任务

| 编号 | 任务名称 | 主要设备与材料 | 要求 |
|---|---|---|---|
| 1 | 填充母料的制备 | 高速混合机、挤出机、造料机<br>树脂、填料、偶联剂、分散剂 | 1. 熟悉树脂与助剂<br>2. 制定配方，计算材料成本<br>3. 选定混合工艺与混合设备，选择合适的计量器<br>4. 配料、混合、造粒<br>5. 整理、讨论分析实操结果，写出报告 |
| 2 | 功能母料的制备 | 高速混合机、挤出机、造料机<br>树脂、功能助剂、偶联剂、其他助剂 | 1. 熟悉制品性能要求，熟悉树脂与助剂<br>2. 制定配方，计算材料成本<br>3. 选定混合工艺与混合设备，选择合适的计量器<br>4. 配料、混合、造粒<br>5. 整理、讨论分析实操结果，写出报告 |

# 5.3 填充改性的基本原理

## 5.3.1 填料的作用

塑料填料具有以下特征：①一种具有一定几何形状的固态物质，可以是无机物或有机物；②属于相对惰性的物质，即通常不与所填充的基体树脂发生化学反应；③在填充塑料中的质量分数应不低于5%。填料具有以下作用：

（1）增量

即降低成本，无机或有机填料的绝大多数品种的价格远低于所填充的合成聚合物，加入聚合物中能够降低制品的成本。

（2）增强

因基体树脂某些方面的性能不能尽如人意，加入填料以后能使其中一些性能得到改善，如材料的拉伸强度、冲击强度、刚性、硬度、耐热性、成型收缩率和线膨胀系数等；因而填料也分为增量型填料和增强型填料两类。其中，增量型填料即所谓的填充材料，称为填充剂或填料，它的主要作用是降低成本；而增强型填料就是所谓的增强材料或增强剂，它的主要作用是提高塑料材料的力学强度，如拉伸强度、冲击强度和硬度等。

有的填料同时具有增强和增量两种作用，通过填料颗粒的细微化与表面处理等途径可提高其增强效果，同一种填料在不同树脂中作用也不相同，如木粉填充酚醛起补强作用，但木粉填充 PVC、聚乙烯（PE）则降低制品强度。由此可见，填料和增强材料之间并无严格的界限，随着树脂品种、填料的表面处理与否、成型加工条件等不同而发生变化。

（3）赋予功能

在降低塑料复合材料成本的同时，某些填料还可赋予制品一些塑料材料原本不具备的特殊性能。常用填料对塑料所赋予的功能见表 5-3。

**表 5-3 常用填料的改性性能**

| 性 能 | 填料品种 |
| --- | --- |
| 润滑性 | 石墨、陶土、云母、$MoS_2$、滑石粉等 |
| 导热性 | 铝粉、氧化铝、青铜粉、炭黑、石墨、铝纤维、AlN、BN、BeO 等 |
| 导电性 | 炭黑、石墨、金属粉及纤维、$SnO_2$、ZnO 等 |
| 磁性 | 各种铁酸盐（$Sr^{2+}$、$Ba^{2+}$等铁酸盐）、磁性氧化铁、Sm-Co、Nd-Fe-B |
| 压电性 | 钛酸钡、钛酸锆酸铅 |
| 抗震性 | 云母、石墨、钛酸钾、硬硅钙石、铁酸盐 |
| 隔音性 | 铁粉、铅粉、硫酸钾、硫酸钡、氧化铁 |
| 绝热性 | 玻璃微珠、硅石中空微球、石英中空微球等 |
| 电磁屏蔽 | 铁酸盐、石墨、木炭粉、金属粉或纤维 |
| 光散射和反射 | 氧化钛、玻璃珠、碳化钙、铝粉 |
| 热辐射 | 氧化镁、水滑石、$MoS_2$、铝粉、氧化铝、木炭粉 |
| 阻燃性 | 氧化钼、氧化镁、氧化铝、硬硅钙石、碳酸锌、水滑石等 |
| 放射线防护 | 铅粉、硫酸钡 |
| 紫外线防护 | 氧化钛、氧化锌、氧化铁 |
| 吸湿性 | 氧化钙、氧化镁 |
| 脱臭 | 活性白土、沸石等 |

## 5.3.2 填料的性质

塑料填充改性用的填料无论来源及加工方法如何，最终都为颗粒状，这些颗粒填料将直接影响填充改性塑料的性能。

### 5.3.2.1 填料的化学组成

化学组成决定填料的基本性质。填料应在塑料成型加工与使用过程中稳定，不损害树脂和其他助剂的性能，并能赋予填充塑料所要求的功能性，这都取决于填料的化学组成；填料中的杂质可能与塑料中各组分发生反应，所以对其纯度也有一定的要求。由于表面官能团不同，化学组成也会影响填料的表面性质，从而影响填充塑料的性能。

大多数填料本身不燃，在加入到塑料中后可以起到减少可燃物浓度、延缓基体燃烧的作用，有些在一定条件下发生化学反应可作为阻燃剂，如氢氧化铝或氢氧化镁在一定温度下可分解成氧化铝或氧化镁与水并吸热可起到降低燃烧区温度，隔绝塑料基体与周围空气接触作用从而达到阻燃的目的，氧化锑和硼酸锌可以与含卤有机阻燃剂起到协同阻燃作用。

### 5.3.2.2 填料的物理性能

填料的物理性质包括填料的几何形状、粒径大小分布、表面性质、密度、吸油值等。

（1）填料的几何形状

填料颗粒的形状并不十分规则，不同种填料的几何形状有着显著的差别，有球形（如玻璃微珠）、不规则粒状（如重质碳酸钙）、片状（如陶土、滑石粉、云母）、针状（如轻质碳酸钙）以及柱状、棒状、纤维状等。一般认为，球状、立方体状的填料可提高加工性，但力学强度差，而鳞片状、纤维状填料的作用则相反。部分矿物颗粒的几何形状见表5-4。

表5-4 部分矿物颗粒的几何形状

| 填料名称 | | 形状分类 | 形状特征 | | |
|---|---|---|---|---|---|
| | | | 长 | 宽 | 高 |
| 珍珠岩 | | 球形 | 1 | 1 | 1 |
| 碳酸钙 | 重质 | 立方 | 1 | 1 | 1 |
| | 沉淀 | 立方 | 1 | 1 | 1 |
| 硅石 | | 短柱 | 1.2~4 | 1 | 1或<1 |
| 高岭土 | | 片状 | 1 | <1 | 1/4~1/100 |
| 云母 | | 片状 | 1 | <1 | 1/4~1/100 |
| 滑石 | | 片状 | 1 | <1 | 1/4~1/100 |
| 石墨 | | 片状 | 1 | <1 | 1/4~1/100 |
| 硅灰石 | | 纤维状 | 1 | <1/10 | <1/10 |

（2）填料粒径大小与分布

在填料能分散均匀的前提下，一般来说填料的颗粒粒径越小，填充材料的力学性能越好，但颗粒的粒径越小，要实现其均匀分散就越困难，需要更多的助剂和更好的加工设备，而且颗粒越细所需要的加工费用越高，因此要根据使用需要选择适当粒径的填料。粒径分布会影响填料在填充体系中的分布，粒径分布宽时，分布不均匀，从而影响填充体系的性能。

填料的粒径可用它的实际尺寸（μm）来表示，工业生产中，颗粒的大小用筛析法测定，以填料经不同筛孔尺寸筛子的过筛率或筛余物比例表示，筛孔尺寸通常以目数（筛网每英寸长度上的筛孔数）表示。筛网目数与粒径大小的对照见表5-5。

表5-5 筛网目数与粒径大小的对照

| 目数 | 20 | 80 | 100 | 150 | 200 | 325 | 400 | 625 | 1250 | 2500 | 12500 |
|---|---|---|---|---|---|---|---|---|---|---|---|
| 尺寸/μm | 833 | 175 | 147 | 104 | 74 | 43 | 38 | 20 | 10 | 5 | 1 |

（3）表面形态与性质

填料粒子的表面性质取决于其化学组成、晶体结构、吸附物质、表面毛细孔情况等。比表面积即单位质量填料的表面积，填料的粒径越小，其比表面积越大；同样体积的颗粒，其表面积与颗粒的几何形状、表面的粗糙程度有关。填料的许多性能与比表面积有关，特别是在使用了表面活性剂、分散剂、表面改性剂以及极性聚合物等可被其吸附或发生化学反应时，比表面积的大小显得尤其重要。

固体表面的分子受到不平衡的分子间力的影响，使表面积趋于极小，这种分子间作用力即表面自由能，以每单位长度的力或每单位表面积的能量表示。比表面积一定时，表面自由能越大，颗粒相互之间越容易凝聚，越不易分散。在填料表面处理时，降低其表面自由能是主要目标之一。

固体表面自由能

（4）密度

填料的密度有真实密度与表观密度，真实密度与化学组成与形态有关，一般填料的真实密度与它所来源的物质一致，而空心微球的密度较低，当填料颗粒均匀分散到基体树脂中时，影响填充材料密度的是真实密度。表观密度是填料在颗粒状态下堆砌在一起时表现出的密度，由于颗粒在堆砌时相互间有空隙，不同形状的颗粒粒径大小及分布不同，同种化学组成的填料表观密度会不相同，在原料的储存、输送和混合时，需考虑填料的表观密度。

（5）吸油值与吸树脂值

在填料与增塑剂并用时，增塑剂常为填料所吸附，通常把 100g 填料吸收液体助剂的最大量定义为该填料的吸油值。为了保持塑料材料的柔软性和伸长率等，添加了填料的体系比不添加的体系要增加一些增塑剂的用量。如果在体系中存在液态树脂，填料对这些液态树脂也会有一定的吸收，吸树脂量是指 100g 填料吸收液体树脂的毫升数。

（6）硬度

硬度指物质表面抵抗某些外来机械作用，特别是刻画作用的能力；通常采用莫式硬度来表示物质相对硬度。硬度高的填料可以提高其填充的聚合物制品的耐磨性，但填料颗粒的硬度大，则对塑料加工设备的磨损也大，使用填料带来的效益不应被加工设备的磨损抵消。

（7）颜色及光学特性

填料不应使所填充塑料材料的色泽发生明显的变化，或应避免对基体的着色带来不利影响，通常都希望填料本身是无色的或白色的，而且白度越高越好。

填料的折射率和塑料基体的折射率的差值通常在 1.50 左右，使填充塑料的透明性、着色的色泽深浅及鲜艳程度受到显著影响。

某些填料（如炭黑和石墨）可吸收紫外线，故可以保护所填充的塑料避免发生紫外线照射引发的降解。有的物质不仅可以吸收紫外线，还可以把波长较短的紫外光转化为波长较长的可见光，如果将其作为填料使用不仅可避免紫外线的破坏作用，还可增加可见光的辐射能量。有的填料可以吸收或反射红外线，在农用大棚膜中使用云母、高岭土、滑石粉等填料，可以有效降低红外线的透过率，显著提高农用大棚膜的保温效果。

**学习活动（5-1）**

思考：

能否得到透明的填充塑料？

（8）热性能、电性能与磁性能

塑料材料加工大多都涉及加热、熔融、冷却定型等过程，填料本身的热性能及其与树脂基体之间的差别会对加工过程产生影响。大多数矿物填料的线膨胀系数在（1~10）$\times10^{-6}K^{-1}$范围内，而多数树脂基体的线膨胀系数在（60~150）$\times10^{-6}K^{-1}$范围内，所以填料的加入通常可减小材料的成型收缩。

石墨的传热系数远远高于树脂基体，可用于制作具有高导热系数的石墨填充塑料。

金属粉末作为填料可影响填充塑料的电性能，若填充量不大，树脂基体能包裹每一个金属填料的颗粒，其电性能的变化不会发生突变，只有当填料用量增加至使金属填料的颗粒达到互相接触形成通路的程度时，填充聚合物的电性能将会发生突变，体积电阻率显著下降。

非金属矿物填料一般为绝缘体，但颗粒表面上会凝聚一层水分子，依填料表面性质不同，这层水分子与填料表面结合的形式和强度都有所不同，因此填料在分散到聚合物基体中以后所表现出的电性能有可能与单独存在时所反映出来的电性能不相同。

用具有磁性的粉末物质作为填料可制取磁性塑料。

## 5.3.3 填料—树脂的界面

树脂与填料之间的界面结合情况对塑料填充改性效果有非常重要的影响，界面区的存在是导致填充塑料具有特殊复合效应的重要原因之一。

### 5.3.3.1 填料-基体树脂界面的形成

在制造填充塑料时，填料与基体树脂界面的形成大体上分为两个阶段。第一阶段是液态基体树脂与填料的接触及浸润。无机填料多为高能表面物质，所含各种基团将优先吸附能最大限度降低填料表面能的物质，只有充分地吸附，填料才能被基体树脂良好地浸润。第二阶段是基体树脂的固化。热塑性树脂的固化过程为物理变化，即树脂由熔融态冷却到熔点以下而凝固；热固性树脂的固化过程除物理变化外，同时还有化学变化。

由于填料及基体树脂的表面组成与其本体有所不同，两者表面接触时的选择性吸附，固化过程复杂的物理变化及化学变化等因素，在填料与基体树脂之间必然要形成一个新的界面区，界面区的组成及结构与填料和基体树脂的本体均不相同，如图5-1所示。为改善填料-基体树脂之间的界面结合，常对无机填料表面进行适当处理，通过化学反应或物理方法改变填料表面的物理化学性质。

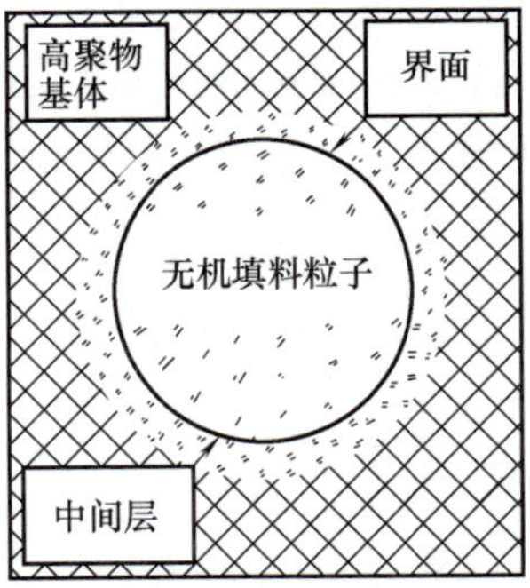

图5-1 填充高聚物的界面模型

### 5.3.3.2 填料-基体树脂界面的作用及其机理

界面区对填充基体树脂性能的贡献可概括为如下几点：①界面区使基体树脂与填料结合成为一个整体，并传递应力。②界面的存在有阻止裂纹扩展和减缓应力集中的作用，即起到松弛作用。③在界面区，填充塑料若干性能产生不连续性，因而导致填充塑料可能出现某些特殊功能。

填充塑料界面作用机理研究较多的是强化界面结合的因素。下列理论均有一定依据，能从某一方面解释基体树脂界面的作用。

（1）化学键理论

化学键理论是最古老和最重要的理论。此理论认为，界面粘接是通过化学键的建立而实现的。化学键理论推动了玻璃纤维增强塑料的迅速发展，对于偶联剂的开发也起到很好的指导作用，当填料及树脂之间具有可反应的官能团以及在使用恰当的偶联剂场合，这一理论无疑是正确的，但无法解释无化学键形成时，填充塑料也有良好性能的现象。

（2）表面浸润理论

此理论认为，所有黏合剂的首要要求是必须浸润填料，若完全浸润，则由物理吸附所提供的黏结强度能超过基体树脂的内聚能。

（3）其他理论

变形层理论认为经偶联剂改性的填料表面可能择优吸附树脂中的某一助剂，相间区域的不均衡固化可能导致一个比偶联剂在基体树脂与填料之间的单分子层厚得多的柔性树脂层，即变形层。它能松弛界面应力，防止界面裂缝的扩展，因而改善了界面的结合强度。

拘束层理论认为，复合材料中高模量的填料和低模量的树脂之间存在界面区，偶联剂是其中一部分，如果界面区的模量介于填料与树脂之间，则可最均匀地传递应力。偶联剂一方面与填料表面黏合，一方面在界面上“紧密”聚合。若偶联剂含有可与树脂起反应的基团，则可在界面上起到增加交联密度的作用。

可逆水解理论则把化学键、刚性界面、应力松弛等理论观点结合起来。认为硅烷偶联剂与填料/基体树脂体系的作用机理是：化学键；形成传递应力的界面层；改善基体树脂的浸润性；改善相容性；增加表面粗糙度；形成隔水层等；在有水存在时，偶联剂和玻璃填料之间的化学键可逆地断裂与重新形成，起到应力松弛的作用。

### 5.3.4 填充母料的结构模型

填充母料应为均匀的填料-载体树脂分散体系，必须与要改性的树脂有良好分散与界面结合，理想结构模型如图 5-2 所示。

理想的填充母料结构模型由 4 个基本部分组成。在这基本微粒单元中，填料核为要对塑料进行填充改性而添加的填料，起到增容、提高刚性、降低成本等作用。偶联层主要由对填料核和树脂同时起到化学和物理作用的偶联剂以及少量交联剂组成，可以改善填料与树脂间的结合力。

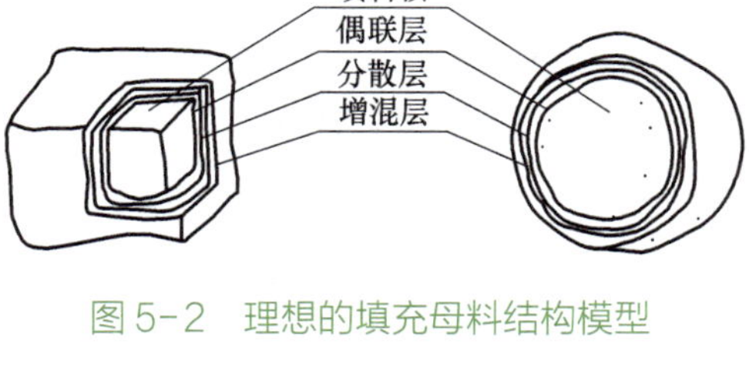


图 5-2 理想的填充母料结构模型

分散层主要由一些低聚物及分散剂构成，作用是能使处理好的粉末状填料在母料造粒过程中较好、较多地与增混层混合并造粒，同时对改善填充母料与树脂体系的流动性、避免无机填料团聚、提高制品表面光洁度和手感等方面起到关键的作用。增混层即载体树脂，由有一定的力学性能的树脂和（或）具有一定的双键的共聚物构成，与要填充的树脂有很好的相容性。增混层的量比较大，且直接与要填充的树脂接触、混容，因此对体系的力学性能影响较大。根据这个结构模型，可设计填充母料的生产工艺及配方。

# 5.4 填充母料的制备

## 5.4.1 填充母料的配方设计

由填充母料结构模型可知，填充母料除填料外，还有载体树脂、偶联剂、分散剂及改性剂等，在配方设计时都应加以考虑。

### 5.4.1.1 填料核的选择

塑料用填料很多，可按多种方法进行分类。按形状划分，有粉状、粒状、片状、纤维状等。按化学成分可分为有机填料和无机填料两大类。进一步划分，可分为碳酸盐类、硅酸盐类、硫酸盐类、金属氧化物与金属氢氧化物类、金属粉类、碳素类、晶须等。此外，还有有机填料如木粉、淀粉等。实际应用的填料大多数为无机填料。

#### 5.4.1.1.1 碳酸钙（$CaCO_3$）

$CaCO_3$ 具有以下特性：无味、无毒；色泽好、白、对其他颜色的干扰小、易着色；硬度低、对加工设备的磨损轻；化学稳定，属惰性填料，热分解温度为 800℃以上；无结晶水、易干燥；价格低廉；是目前塑料工业中应用最广泛的无机粉状填料。

在塑料中加入 $CaCO_3$ 除增量及降低成本外，还可以起到以下作用：提高塑料制品的耐热性，在聚丙烯（PP）中添加 40%的 $CaCO_3$，其热变形温度可提高 20℃左右；改进塑料的散光性，起到遮光或消光的作用；改善塑料制品的电镀性能或印刷性能；减少塑料制品尺寸收缩率，提高尺寸稳定性。由于 $CaCO_3$ 不耐高温且易被酸分解，故不宜用于高温和耐酸制品中。

一般，可将 $CaCO_3$ 分为重质 $CaCO_3$、轻质 $CaCO_3$ 和活性 $CaCO_3$ 3 类。

（1）重质 $CaCO_3$

重质 $CaCO_3$ 是由石灰石等经机械粉碎过筛之后得到的产品。按照粉碎方法的不同，又可分为干式重质 $CaCO_3$（俗名双飞粉）和湿式重质 $CaCO_3$（俗称水磨石粉）。由于是机械粉碎，重质 $CaCO_3$ 的形状不规则，粒子大小也不一致。一般来说，重质 $CaCO_3$ 的粒径为 3~5μm，相对密度为 2.7~2.9，折射率为 1.65，吸油量为 5~25。近来，由于粉碎和分级技术的进步，可以制得更微细的产品，甚至制得超细重质 $CaCO_3$。

（2）轻质 $CaCO_3$

轻质 $CaCO_3$ 通常是由化学方法生产的沉淀 $CaCO_3$，又名白垩粉。轻质 $CaCO_3$ 的生产方法常用二氧化碳合成法：

$$CaCO_3 \xrightarrow{煅烧} CaO + CO_2 \tag{5-1}$$

$$CaO+H_2O \xrightarrow{消化} Ca(OH)_2 \tag{5-2}$$

$$Ca(OH)_2+CO_2 \xrightarrow{碳酸化} CaCO_3+H_2O \tag{5-3}$$

轻质 $CaCO_3$ 颗粒的形状多为纺锤形、针形、柱形，粒子细度一般为 1～3μm，相对密度为 2.1～2.9，折射率为 1.65，吸油量为 20～65。

有多种粒度的轻质 $CaCO_3$ 产品，通常把 0.1～1μm 颗粒粒径的轻质钙称之为微细，而把 0.1～0.02μm 范围内的称之为超细，把粒径≤0.02μm 的称之为超微细。上述数据仅仅指的是 $CaCO_3$ 在结晶时形成的初生粒子的尺寸，超细粒子的表面能较高，极易形成松散的团粒。轻质钙的国标中要求其筛余物 45μm 时≤0.5%，并不是通过筛子的颗粒粒径是 45μm，普通轻质钙的平均粒径仅 2～3μm，它们是成团成团地通过筛孔的。

一般，轻质 $CaCO_3$ 比重质 $CaCO_3$ 的纯度高，含无机杂质少，在同样用量下，填充轻质 $CaCO_3$ 的制品的表面划伤性和折弯白化性比填充重质 $CaCO_3$ 小。轻质 $CaCO_3$ 的最大特点是有补强作用，可提高制品的冲击强度。

重质钙和轻质钙并非其真实密度有轻重之分，而是其表观密度（$g/cm^3$）不同，也就是同等体积的 $CaCO_3$ 的质量不同。用化学方法生产出来的沉淀 $CaCO_3$ 堆积体积大，同样体积时，质量小，显得轻，故称为“轻钙”。实际上两种 $CaCO_3$ 的真实密度相差并不大。工业上用沉降体积（测量时以无水乙醇为沉降介质）判断 $CaCO_3$ 属于重质还是轻质：轻质 $CaCO_3$ 沉降体积为 $2.5cm^3/g$ 以上，而重质 $CaCO_3$ 沉降体积为 $1.2～1.9cm^3/g$。

（3）活性 $CaCO_3$

为了减少 $CaCO_3$ 颗粒的凝聚作用，降低颗粒表面能，往往对填料表面进行改性处理，通常把经过表面处理的 $CaCO_3$ 称为活性 $CaCO_3$、活性钙、活化钙等，相对密度为 1.99～2.01。0.1μm 以下的极细 $CaCO_3$ 经表面处理后，在橡胶和塑料中的分散性特别好，制得的制品光泽良好。活性 $CaCO_3$ 的补强作用比轻质 $CaCO_3$ 更强，在硬聚氯乙烯（R-PVC）中的用量可达 20～30 份。

#### 5.4.1.1.2 滑石粉（$3MgO \cdot 4SiO_2 \cdot H_2O$）

滑石粉为白色或淡黄色片状结晶，化学性质不活泼，莫氏硬度为 1，有柔软滑腻感，相对密度为 $2.7～2.8g/cm^3$。在 380～500℃时可失去缔合水， 800℃以上时则失去结晶水。

滑石粉的片状结构使得滑石粉填充塑料的某些性能得到较大的改善，可提高刚性、耐热性、尺寸稳定性和在高温下抗蠕变的性能，片状的滑石粉在特定方向上可使热变形温度提高，并可作为树脂熔融黏度的控制剂。

滑石粉具有润滑性，可减少对成型机械和模具的磨损，但用量多时不利于塑料的焊接。滑石粉的折光率（1.57）与 PVC 相近，故可用于半透明 PVC 制品。此外，滑石粉可作为 PP 的结晶成核剂，使 PP 的球晶微细化，提高结晶度，并能增加刚性。滑石粉用于塑料薄膜时具有一定的散光、阻隔红外线的功能。

#### 5.4.1.1.3 陶土（$Al_2O_3 \cdot SiO_2 \cdot nH_2O$）

陶土即高岭土，也叫黏土，为黏土矿物的总称，是以含水硅酸铝为主要成分的硅酸盐之一。纯高岭土结晶粒子呈平六方片体或不规则六方片体，多水高岭土结晶粒子呈中空管状、针状等。

塑料工业中应用最广的是煅烧陶土，为质地细软的白色粉末，对酸、碱、光、热十分稳定。粒径为 1～10μm，相对密度为 2.5～2.6，比表面积为 10～30 $m^2/g$，吸油量为 66。

陶土具有颗粒具有极强的结团倾向，颗粒粒径越小就越显著，为了使高岭土的颗粒在塑料基体中分散及减少其吸湿性，需进行表面处理，表面处理也可有效地抑制其酸性活化点。经过处理后，还可提高制品的电绝缘性能和化学性能。另外，在加工过程中，陶土还起着抗裂和改进表面光滑性的作用。但是，所得塑料制品表面不及加 $CaCO_3$ 的塑料制品的光泽性好。

陶土对红外线的阻隔作用显著。这一特性除用于军事目的外，还可以提高塑料大棚的保温作用。陶土在 PP 中还起到成核剂的作用，有利于提高 PP 的刚性和强度。

##### 5.4.1.1.4 云母粉

各类云母的化学组成有很大差别，主要成分是硅酸钾铝，按来源和种类不同可含有不同比例的镁、铁、锂或氟。工业上使用云母往往留下许多碎片，经粉碎后可用作填料。云母的粉碎细化比较困难，一般采用湿法粉碎，用于填充塑料之前，需将水分烘除。

云母的硬度较低，莫氏硬度为 2～2.5，相对密度为 2.75～3.2，大多数可耐强酸或强碱。云母晶形为片状，在使用通常机械设备粉碎时得到的云母颗粒的径厚比很小，为几到几十，要得到高径厚比的云母粉，需使用特殊的方法和设备。对于高增强塑料来说，选择径厚比在 100 以上为好。

云母的含水量较低，一般为 1%～4.2%，脱水温度较高（约 500℃），因此可提高塑料制品的耐热性能，降低制品收缩率、翘曲率，适用于聚酰胺（PA）、苯乙烯-丙烯腈共聚物、丙烯腈-丁二烯-苯乙烯共聚物（ABS）树脂等，可赋予制品优良的电绝缘性、抗冲击性、耐热性和尺寸稳定性，并可提高其耐湿性和抗腐蚀性，如果在加工过程中能保持其薄片的高径厚比，则增强效果十分突出，否则其增强的效果就不易达到。

云母的透光性使填加云母的薄膜在透光率降低微小的情况下可大大提高散光率，同时对 7～25μm 波长的红外线具有良好的阻隔作用。

##### 5.4.1.1.5 硅灰石粉

天然硅灰石具有 β 型硅酸钙化学结构，是一种钙质偏硅酸盐矿物，属三斜晶系晶体，较纯的硅灰石呈金色和乳白色，具有玻璃光泽。

硅灰石具有完整的针状结构，其长径比可达 15∶1 以上，但在开采、细化过程中，它的长径比很容易降低。作为塑料填料，可提高拉伸强度和挠曲强度。硅灰石粉填充的塑料吸水性显著降低，可改进吸水性较强的 PA 制品在潮湿环境下因吸水而导致强度和模量下降的缺点。

##### 5.4.1.1.6 玻璃微珠

玻璃微珠可以从粉煤灰中提取，根据密度大小不同，采用风选或水选进行提取。从粉煤灰中提取的玻璃微珠占灰重的 20%～70%，其中又分为漂珠和沉珠两种。漂珠只占灰重的 1%～3%，密度为 0.4～0.8$g/cm^3$，壳壁较薄（约 2μm），呈半透明或乳白色，耐火度 1650℃，属于中空玻璃微珠。沉珠是实心的，相对密度为 0.8～2.4，表面光滑晶莹，呈白色或灰白色，抗压强度为40~600MPa。两种微珠的性质随着煤的化学成分及其工艺条件不同有很大变化。

玻璃微珠也可用人工方法制作。将微细的玻璃粉末鼓入到高温火焰中，浮游在上面熔融而得，由于其表面张力的缘故，可以制成光滑的球状。在玻璃原料中加入无机或有机发泡剂，在加热时发泡剂放出气体，使软化或熔融的玻璃颗粒膨胀，形成中空玻璃球；也有用直接加热发泡法制中空玻璃球的，其原理是原料粒子加热软化或熔融后，内含的挥发性物质气化膨胀而形成中空。

玻璃微珠作为塑料填料，由于其表面光滑、球状、中空、密度小，使得制品的流动性能好，残留应力分布均匀。

中空玻璃微珠主要用于热固化树脂（如环氧树脂、不饱和聚酯等），对热塑性树脂不太适合，主要原因就是中空玻璃微珠的壳体很薄，在塑炼时剪切作用下，易破裂成碎片。

#### 5.4.1.1.7　氢氧化铝

氢氧化铝也称三水合氧化铝，为白色结晶粉末，相对密度为2.42，折射率为1.57，不溶于水和醇，表面粗糙，呈不规则形状，在水中呈碱性， pH值为10。氢氧化铝受热失水成为氧化铝，大约在220~600℃之间，所失的水可占其量的34.6%（为失水反应理论值），而且在失水时吸热，氢氧化铝添加到塑料中可兼具填充、阻燃、消烟3种作用。

氢氧化铝还能显著提高塑料制品的耐电弧性、耐漏电性及电绝缘性能，可用于不饱和聚酯、环氧树脂、酚醛树脂等热固性塑料。虽然其热分解温度较低，但经过表面处理及利用较高的热稳定剂，则可用于PE、PVC等树脂中。

#### 5.4.1.1.8　氢氧化镁

氢氧化镁为白色粉末，系六角形或无定形的片状结晶，密度为2.39g/cm$^3$，折射率为1.56~1.58，莫氏硬度为2~3，难溶于水（18℃时的溶解度为0.0009g/100mL）。

氢氧化镁分解时失水，受热失水的理论值为31.6%，生成活性氧化镁，氧化镁是实际起作用的阻燃剂及抑烟剂。氢氧化镁的热分解温度（达340℃以上）比氢氧化铝高60℃，吸热量高，约17%，可用于加工温度较高的高聚物。此外，氢氧化镁能延迟材料的引燃时间、减少材料生烟量和烟逸出的速度；还具有很优异的抑制氯化氢生成的能力。

氢氧化镁和氢氧化铝的加入都会使填充体系的力学性能显著下降。

#### 5.4.1.1.9　硫酸钡

硫酸钡是一种白色粉末，无臭无味，相对密度为4.25~4.5，粒径为0.2~0.5μm，折光率为1.7， pH值为6.5~7.0，不溶于水和酸类。硫酸钡有天然矿石粉碎后制得的重晶石粉和经化学反应制得的沉淀硫酸钡两类。作为塑料填料使用的硫酸钡大多为沉淀硫酸钡，可以提高塑料制品的耐药品性、耐热性、耐磨性和电绝缘性，并能增加密度。此外，硫酸钡在塑料中还有着色作用。

#### 5.4.1.1.10　白炭黑

白炭黑是合成硅酸（$SiO_2 \cdot nH_2O$）的俗名，由硅酸钠化学沉降湿法生产，或由卤化硅水解干法生产，含80%~88%$SiO_2$，粒径为15~100nm，比表面积为50~380m$^2$/g，相对密度为1.95~2.10，为纯白色微细粉末，因色白而性质如炭黑，故称之为白炭黑。

白炭黑化学性质不活泼，相对密度不大，吸油量和吸树脂量少，应用在热塑性或热固性树脂中，分散性和混合性好，易制得品质均匀的产品，制品的外观、力学性能和绝缘性能不会显著下降，不影响制品的耐热性和耐候性；

但是，白炭黑一般会降低塑料的力学强度。为此，可用硅烷偶联剂处理白炭黑后再与树脂配合，将会使塑料的力学强度有所提高。此外，加入白炭黑也会增大塑料的吸湿性。

#### 5.4.1.1.11 炭黑

炭黑是在控制条件下由烃类化合物不完全燃烧而生成的一种物质，品种较多，一般按制法来分，可分为槽法炭黑、炉法炭黑和热裂法炭黑3种。

炭黑的细度影响着制品的性能。在塑料中，炭黑的颗粒越细，其黑度越高，紫外线屏蔽作用越强，耐老化性能越好，制品的表面电阻率越低，然而这也会带来分散方面的困难。

炭黑对橡胶有很大的补强作用，而对塑料则不太显著。虽然随着炭黑用量的增加，塑料的刚性和硬度增大，但流动性变差，制品变脆。在交联PE中大量使用粒径较大的半补强炉黑和热裂法炭黑，可提高制品的耐寒性和耐老化性，拉伸强度和断裂伸长率也不会下降；在某些塑料中添加细粒子热裂法炭黑和半补强炉黑可提高制品的热变形温度、硬度和尺寸稳定性等；在PVC中加入导电炭黑、超导电炭黑或乙炔炭黑可降低复合材料的表面电阻率，增加导电性，产生抗静电的作用。另外，炭黑对紫外光有屏蔽作用，可作为塑料的光屏蔽剂和着色剂。

填充母料选择填料时应注意以下几点：①根据填充改性目的选择适当的填料，使之有利于改善材料的使用或加工性能；②填料颗粒细，有利于在树脂中均匀分散；③填料应成本低，来源广。有时一种填料性能达不到性能要求时，可采用复合填料，用两种或两种以上填料，按一定比例进行复配，互相取长补短。

在填充母料配方中，填料用量一般为母料的50%～85%。

**学习活动（5-2）**

查找：

国产$CaCO_3$、滑石粉的行业发展状况、相关标准及产品技术指标。为制备PE管材所用的填充母料选择填料。

### 5.4.1.2 偶联层的选择

偶联层即表面处理剂，常由偶联剂及少量交联剂组成，填充母料中的无机填料为亲水性的无机粉末体，经偶联层处理后，其表面转为亲油化，从而改善与树脂的亲和性，有利于改善加工性能，增加填充量，提高产品质量。常用的表面处理剂有硬脂酸或其盐类、硅烷、钛酸酯、磷酸酯、硼酸酯及铝酸酯等偶联剂，也可使用一些接枝改性高聚物作为包覆材料。

#### 5.4.1.2.1 表面处理的机理

针对填料的不同情况，表面处理需考虑处理剂与填料表面间的作用机理和改性填料与有机聚合物基体间的作用机理，从而选择适当的处理剂和处理工艺。表面处理的作用机理基本上有两种类型，一是表面物理作用，填料表面与处理剂以分子间作用力结合，包括表面涂覆（或称为包覆）和表面吸附；二是表面化学作用，填料表面通过产生化学反应而与处理剂结合。

表面涂覆，也称包覆和涂层，是利用无机物或有机物（主要是表面活性剂、水溶性或油溶性高分子化合物及脂肪酸皂等）对填料表面进行包覆以达到改性的方法，如轻质 $CaCO_3$ 经硬酯酸处理成为活性 $CaCO_3$。表面吸附也是使填料表面结合上一层表面处理剂，但两者之间有较强的物理吸附作用。

表面化学改性通过表面改性剂与颗粒表面进行化学反应或化学吸附（包括表面取代、水解、聚合和接枝等）的方式完成，如用硅烷偶联剂处理硅灰石。

填料表面处理究竟为何种机理主要取决于填料的成分、结构，特别是填料表面的官能团类型、数量及活性，也与表面处理剂类型、表面处理方法与工艺条件有关。

图 5-3 和图 5-4 分别为两类表面作用机理的示意图。

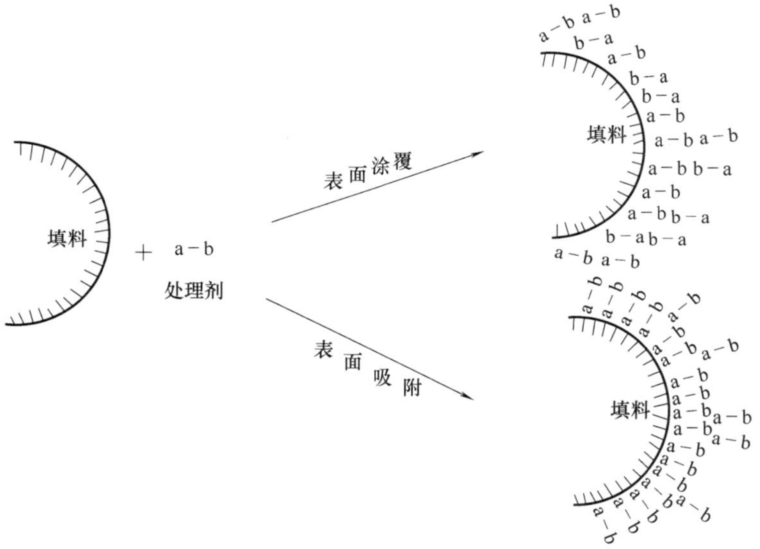


图 5-3　填料表面物理作用示意图

5.4.1.2.2　常用表面处理剂

从物质结构与特性来划分，填料表面处理剂主要有表面活性剂、偶联剂、有机高分子处理剂以及无机物处理剂和其他处理剂。

（1）表面活性剂

表面活性剂是指极少量即能明显改变物质表面或界面性质的物质。表面活性剂分子由两种不同性质的基团所组成：一种是非极性的亲油（疏水）基因；另一种是极性的亲水（疏油）基团。这两种基团处于分子的两端而形成不对称的分子结构。这样，它既具有亲油性又同时具有亲水性，而且它们的亲油亲水强度必须匹配，形成一种所谓“双亲结构”的分子，因此很容易定向排列在物质表面或两相界面上，从而使表面或界面性质发生显著变化。

常用于填料表面改性的表面活性剂有：①高级脂肪酸及其盐，如硬脂酸、硬脂酸钙、硬脂酸钠等；②高级铵盐；③非离子型表面活性剂，如 $RO(CH_2CH_2)_mH$（R 为 $C_{12}\sim C_{18}$ 烷基）。使用最多的是硬脂酸，硬脂酸分子中的羧基首先与无机填料中的金属氧化物或盐作用，以化学

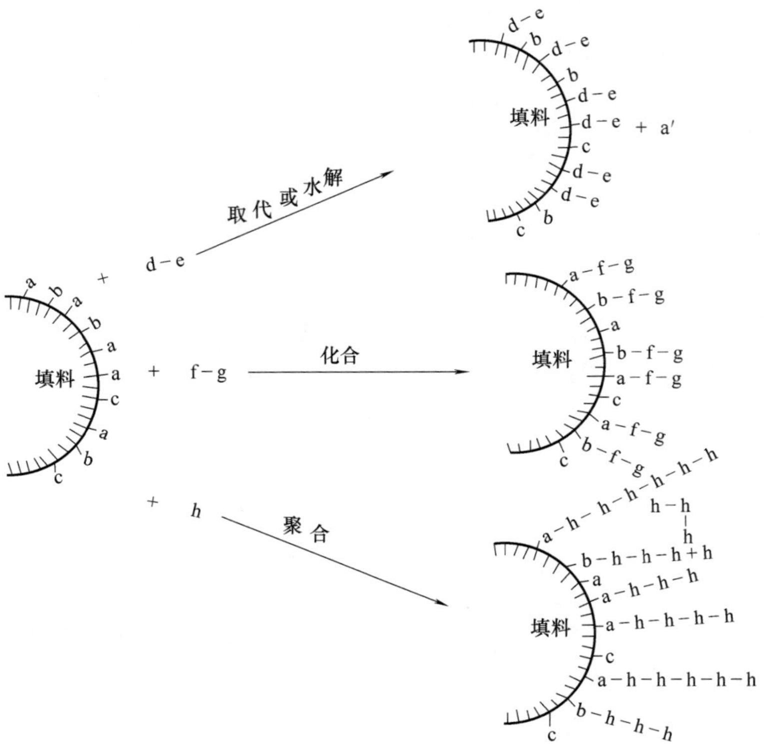


图 5-4 填料表面化学作用示意图

键或范德华力的形式吸附在填料的表面，而分子中长链烃基由于其亲油性，与基体树脂可以较好地亲和，从而达到填料处理的目的。其他长链脂肪酸或其盐也常用作处理剂，如用碳链为 8～18 的烷基磷酸酯表面活性剂处理 $CaCO_3$。这类处理剂价格低廉、使用方便。

（2）偶联剂

偶联剂是具有某些特定基团的化合物，它能通过化学和/或物理的作用将两种性质差异很大，原本不易结合的材料较牢固地结合起来。经过偶联剂处理以后，可以将难以牢固结合的填料与树脂“偶联”起来，从而使填充聚合物材料的性能得到大大的改善。

偶联剂出现的历史虽不长，但由于其特殊的功能在填充增强聚合物中得到了广泛的应用，发展很快，目前已发展出了硅烷偶联剂、钛酸酯偶联剂、铝酸酯偶联剂、锆类偶联剂、有机铬偶联剂和磺酰叠氮偶联剂等类别。

① 硅烷偶联剂。硅烷偶联剂是目前品种最多、用量最大的偶联剂，其通式为 $X_{4-Z}SiY_Z$。其中，X 为具有反应官能团的有机基团，如氯原子（—Cl）、胺基（$—NH_2$）、氰基（—CN）、羟基（—OH）、硫醇基（—SH）、乙烯基（$—CH=CH_2$）、甲基丙烯酸酯基（$CH_2=C(CH_3)—COO—$）、环氧基（$—CH—CH_2$，CH 与 $CH_2$ 之间以 O 桥连）等；Y 是烷氧基（—OR）、氯原子（—Cl）和羧酸酯基（RCOO—）等易水解的基团；$z$ 为 2 或 3，但绝大多数均为 3。硅烷偶联剂的主要品种有 A-151（乙烯基三乙氧基硅烷）、A-172（乙烯基三甲氧乙氧基硅烷）、KH-550（γ-氨基丙基乙氧基硅烷）、Y-4086 ［β-(3，4-环氧环己基）乙基三甲氧基硅烷］、Z-6040 [γ-(2，3-环氧丙氧基)丙基三甲氧基硅烷] 等。

硅烷偶联剂在使用时，Y 基团与玻璃纤维表面的硅醇基缩合形成硅氧烷键，牢固地结合于玻纤表面。用硅烷偶联剂的水溶液处理玻璃纤维表面时发生如下反应：

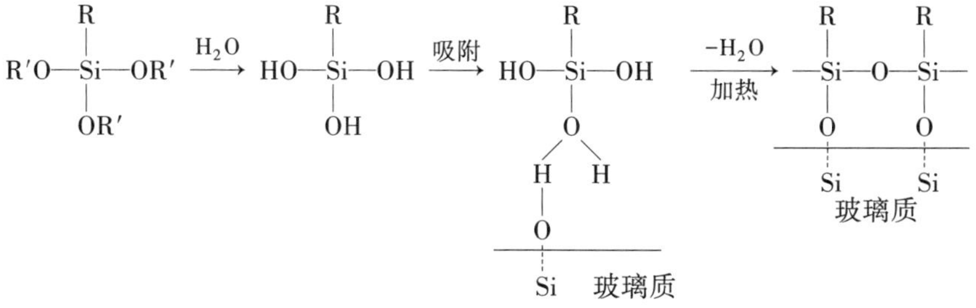


(5-4)

偶联剂的另一端有一个有机基团 R，可以和一些树脂发生反应，形成牢固的化学键，以环氧硅烷为例，可以和含有氨基或羟基的树脂发生反应。

一般情况下硅烷偶联剂适宜处理含二氧化硅或硅酸盐成分多的填料如白炭黑、玻璃纤维等。硅烷偶联剂处理填料时，首先要水解成相应的硅醇，一般都需要用水、醇、丙酮或其混合物作溶剂，对于某一指定的填料或基体树脂，应注意选择适合的硅烷偶联剂，基体树脂中可反应的基团应与硅烷偶联剂 R 中活性官能团的反应性相适应。

硅烷偶联剂
作用机理

② 钛酸酯偶联剂。钛酸酯类偶联剂的通式为：$(RO)_m TiX_n$。式中，RO—为烷氧基；X 为异硬脂酰基、油酰基或焦磷酸酯基等。$1 \leq m \leq 4$；$m+n \leq 6$；但通常 $m=1$；$n=3$。钛酸酯类偶联剂目前已经发展出了 4 种类型：单烷氧基型、单烷氧基焦磷酸酯型、螯合型、配位体型。

钛酸酯偶联剂可与填料、树脂发生物理及化学作用，如单烷氧基型的异丙基三异硬脂酰基钛酸酯（TTS）可和填料表面的羟基发生反应并形成化学键，3 个长链基团可与聚合物分子发生缠绕，从而与聚合物分子紧密地结合，如下所示：

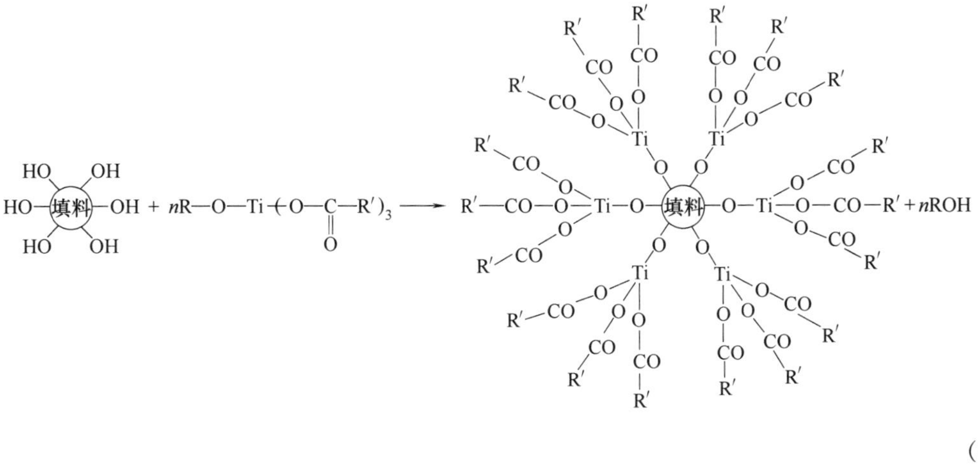


(5-5)

钛酸酯类偶联剂主要用来处理含钙、钡等非硅无机填料，对热塑性塑料及干燥填料具有良好的偶联效果，一般来讲，对于经过适当干燥的湿法填料，可采用含焦磷酰酯基的钛酸酯，而对于像沉淀法白炭黑那样的高表面积湿法填料，选用含螯合型烷氧基的钛酸酯为宜；采用有机相处理填料时，单烷氧基钛酸酯较有效，在采用水相体系处理填料时宜使用螯合型钛酸酯。

用钛酸酯类偶联剂处理填料，能够提高制品的冲击强度、断裂伸长率和剪切强度，同时可以在保持一定的拉伸强度下提高填充量，从而更好地降低成本。此外，钛酸酯结构中的长链烷基还可以改变无机物界面的表面能，使黏度下降，使高填充量的复合材料显示良好的熔体流动性。但价格偏高，易氧化变色。

③ 铝酸酯偶联剂。铝酸酯因易水解和缔合不稳定，采取部分满足中心铝原子配位数的特殊结构，可增加铝酸酯的稳定性而用作偶联剂。铝酸酯偶联剂的化学通式如下：

$$\begin{array}{c}\mathrm{D}n\\\downarrow\\(\mathrm{RO}\rightarrow_{x}\mathrm{Al}\text{—}(\mathrm{OCOR'})_{m}\end{array}$$

式中 RO 为短链烷氧基，属亲无机基团， R′为长链烃基，烃基中可含有能参与反应的基团如双键、羧基、羟基等。 D 为含孤电子对的配位基团，具有使铝酸酯稳定作用。

铝酸酯偶联剂除配位基团外，其分子组成与性能与钛酸酯相似，通过易水解的短链烷氧基可与填料结合，通过长链烃基可与基体树脂的分子链因发生缠结或化学反应而结合。可应用于各种无机填料、无机颜料和无机阻燃剂的表面处理。

经铝酸酯偶联剂处理的各种改性填料，其表面因化学或物理化学作用生成一有机长链分子层，因而亲水性变成亲有机性，填料吸水率下降，颗粒度变小，吸油量减少，沉降体积增大，用于塑料、橡胶或涂料等复合制品中，可改善加工性能，增加填料用量，改善制品的物理力学性能，如提高抗冲击强度、热变形温度，可与钛系等偶联剂媲美而成本较低且具有色浅、无毒、使用方便、热稳定性高等优点。不足之处是处理温度较高、处理时间较长。

（3）有机高分子处理剂

可用作表面处理剂的高分子化合物主要有如下几种：

① 液态或低熔点的聚合物，如无规 PP、聚乙烯蜡、羧化聚乙烯蜡、氯化聚乙烯（CPE）、聚 α-甲基苯乙烯和各种聚醚等。

② 液态或低熔点的线形缩合预聚物，如环氧树脂、酚醛树脂、不饱和树脂、聚酯等。

PP-g-MAH 在PP-木粉界面间的作用

③ 带有极性接枝链或嵌段链的高分子增容剂，如马来酸酐接枝改性的各种聚合物，PE-g-MAH，PP-g-MAH，SBS-g-MAH，EVA-g-MAH，EPDM-g-MAH 等。

④ 线形或梳形高分子超分散剂，这是一类相对分子质量为 1000～10000 之间，分子中同时含有两类性能决然不同的组分或官能团，其中一类称之锚固基团，可通过离子对、氢键或范德华力以单点或多点锚固在填料、颜料等无机颗粒的表面上；而另一类一般为非极性组分，则通过分子链缠结或范德华力与树脂相结合。高分子超分散剂主要用于处理油墨、涂料、陶瓷、纳米级材料、记录用材料等生产过程中处于有机溶剂或水体系中的无机颜料、填料、磁粉料等的分散。

⑤ 熔体流动速率高、熔点低的聚合物，如某些特殊牌号的 EVA、PE-LD 等。

⑥ 聚合物溶液或乳液。高分子处理剂一般用于特殊填料或制作特殊性能制品的填料表面处理，用量约为填料质量的 4%～15%，处理工艺应根据制品生产工艺而定，如在反应性挤出、密炼、研磨、粉碎中进行。

无机物处理剂和其他处理剂在填充母料中应用不多。

一般来讲，选择填充母料偶联层的表面处理剂时应考虑以下几点：①偶联剂与填料和树脂的结合力强；②应尽量选择无毒价廉的表面处理剂；③必要时还可选择多种表面处理剂或交联剂一起使用，以便发挥协同效果，增加填料、偶联剂与基体树脂的结合作用。如在 $CaCO_3$ 填充 PE-HD 中，可同时加入钛酸酯偶联剂和双马来酰亚胺协同剂、使复合体系产生交联，增加力学性能。

偶联剂用量随填料种类、形状、大小而变，一般，硅烷偶联剂用量为填料用量的 0.1%～1.5%，钛酸酯偶联剂用量为填料用量的 0.5%～3%，也可根据表面积来计算：

$$\text{偶联剂用量(g)}=\frac{\text{填料用量(g)}\times\text{填料比表面积}(m^2/g)}{\text{偶联剂最小包覆比表面积}(m^2/g)} \tag{5-6}$$

有时塑料助剂手册刊登的偶联剂的比表面积数值，即为最小包覆面积。其他协同剂用量视情况而定。

**学习活动（5-3）**

查找：

偶联剂主要产品生产厂家、产品性能指标与应用，为学习活动（5-2）选定的填料选择表面处理剂。

### 5.4.1.3　分散层树脂的选择

分散层主要是由低相对分子质量 PE、低相对分子质量 PS、其他低相对分子质量聚合物或硬酯酸及其盐类等构成，与树脂、填料有适当的相容性。由于这些分散剂的相对分子质量低，混料时易熔融，把经过偶联剂、交联剂处理过的无机填料再经过分散剂处理，可以大大改善无机填料的分散性、避免无机填料在聚合物中的结块现象、因而可以获得外观质量较高的填充制品。

经过上述分散剂处理的无机填料在溶解度参数方面与基体树脂接近，表面张力也与基体树脂相似，使复合材料的黏度下降、流动性提高。

配方设计时应综合考虑填充体系其他成分的相互作用。分散剂的用量一般在 5%以内。

### 5.4.1.4　增混层载体树脂的选择

增混层载体树脂是填充母料的基体，对填料起包覆、黏结作用，关系着母料的强度以及母料能否在基体树脂中均匀分散。

填充母料主要用于 PE 或 PP 等聚烯烃塑料制品加工，以软化点低，包覆填料效果好的无规 PP 最为常用，其他还有 PE-LD、PE-HD、PE-LLD、PS、CPE、EVA 等，也可选用上述树脂的共混物，然而，采用 PE 等高分子树脂做填料载体时，尽管与基体树脂的相容性良好，但由于母料中填料的质量百分比高达 85%以上，母料本身的熔体流动速率较低，如果对载体树脂的种类和牌号选择不当，往往会在聚烯烃塑料制品加工时，母料塑化不良，在基体树脂中分散不均。

若母料用于 PVC 树脂，选择 α-甲基苯乙烯的低聚物（AMS）树脂作为母料载体，填充效果较好，还可用 CPE 作为 PVC 填充母料的载体树脂。

此外，用一些极性聚合物（如无水马来酸酐接枝聚乙烯、PP、羧化聚丙烯、共聚物、氯磺化聚乙烯等）直接处理填料，效果也很好。

选择载体树脂时，一般应遵守以下原则：①载体树脂与基体树脂相容性好；②载体树脂的熔体流动速率大于基体树脂的熔体流动速率；③载体树脂最好与填料其他组分有某种相互作用。载体树脂用量一般为母料的 15%～30%。

一般来说，填充母料中具有这 4 种层次成分时，效果最好。但有时为降低成本、受材料来源的限制以及性能要求不苛刻时，填充母料可以只有其中的 3 种或两种层次，配方设计应视具体情况而定。

**学习活动（5-4）**

讨论：

分析查找到的资料，小组讨论，确定填充母料配方，计算材料成本。

思考：

在不同的塑料制品中使用填充母料，都能降低成本吗？

## 5.4.2 填充母料的制备

经表面处理后的填料与分散剂、载体树脂混合、塑炼造粒，即制得填充母料，塑炼可以用密炼机、开炼机、挤出机完成，目前最常用的填充母料制造工艺工路线为挤出法，其工艺流程如下所示：

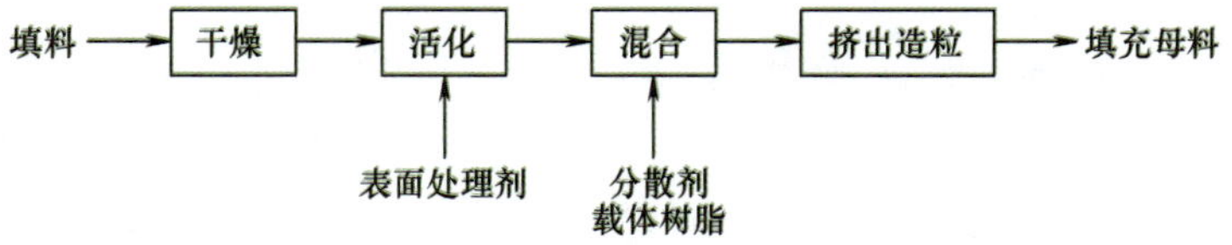


所用设备多为高速混合机、平行双螺杆挤出造粒机组，用该法生产质量好，效率高，可连续化工业生产。也可用单螺杆挤出机造粒，但挤出效果较差，还要二次挤出造粒，甚至 3 次挤出造粒。

### 5.4.2.1 填料的干燥

由于常用无机填料表面的亲水性，大多数都吸收有一定量的水分，故在制造母料前应干燥处理。干燥常在高速加热混合机中进行，干燥温度和时间视填料种类而定，如表 5-6 所示。

表 5-6　　几种常用填料的干燥工艺条件

| 填　料 | 温度/℃ | 时间/min |
|---|---|---|
| $CaCO_3$ | 110 | 10~15 |
| 滑石粉 | 110 | 10~12 |
| 高岭土 | 110 | 15~20 |
| 硅酸钙 | 110 | 10~15 |

填料的吸水量一般控制在 0.5%以下，个别制品要求严格的，可控制在 0.1%以下。

#### 5.4.2.2　填料活化处理

填料的活化即对填料进行活化处理，使无机填料表面亲油化，降低表面自由能，与树脂相混性提高，是填充母料制造过程中的一个关键工序，它的成败直接关系到母料性能的好坏。

用配方设计中选定的表面处理剂（表面活性剂、偶联剂、高分子处理剂等）对填料进行处理，有不同的填料活化方法。

##### 5.4.2.2.1　干法处理

干法处理是填料充分脱水后，在干态和一定温度下，于高速混合作用下使处理剂均匀地作用于填料颗粒表面，形成一层极薄的表面处理层而制成活性填料。所用设备一般为高速混合机。具体流程如下：

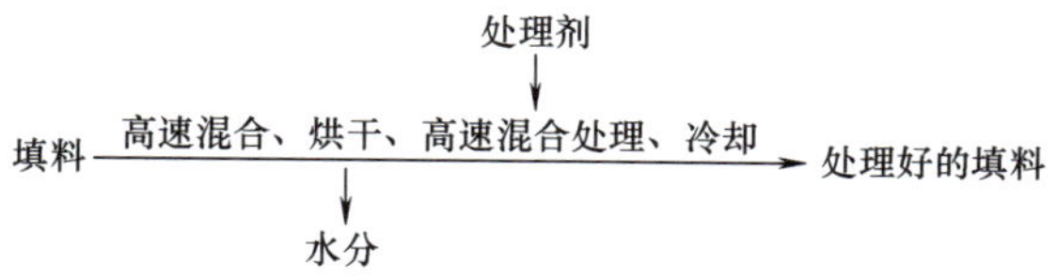


也采用可聚合的单体（如苯乙烯、甲基丙烯酸甲酯、丙烯酸丁酯丙烯酸等液体化合物），在引发剂（常用有机过氧化物）作用下通过加热和高速搅拌使单体在填料表面上聚合。

##### 5.4.2.2.2　湿法

也称溶液法，将表面活化剂与其低沸点溶剂配成一定浓度溶液，然后再与填料混合搅拌均匀，通过表面吸附或化学作用使处理剂分子结合于填料表面。常用的处理剂有脂肪酸盐一类的表面活性剂，在水中稳定的螯合型铝酸酯、钛酸酯及硅烷偶联剂和电介质型高分子处理剂等。

填料表面湿法处理机理有表面吸附法、化学反应和聚合法。表面吸附法属于物理过程；化学反应法是指采用那些能与填料表面游离基团发生化学反应的处理剂，在湿法处理过程中通过反应以化学键与填料相结合。聚合法与干法中表面聚合相似，直接采用可聚合的单体，在引发剂的作用下，在填料表面生成一层高分子膜。所不同的是前者在干粉中，后者是在水的悬浮液中反应。

此外，还有在矿物填料原料研磨粉碎过程中直接加入脂肪酸类物质进行改性的做法。将具有反应活性的处理剂气化，以蒸气的形式与填料粉体的表面发生化学反应实现填料表面处理的气相表面处理法。

#### 5.4.2.3 载体的包覆与塑炼造粒

填充母料中，填料量高，流动性能降低，要求混炼设备的混炼效果好，由于混炼过程中有挥发性物质存在，对于连续混炼设备应具有排气装置，高填充量的填料对加工设备的磨损严重，用于填料母料生产的混炼设备必须采用耐磨材料。通常选用双螺杆挤出机作填充母料的混炼、造粒设备。

活化处理好的填料与分散剂、载体一起进行初混合，使它们相互分散均匀，初混好的物料通过定量加料装置加入到双螺杆挤出机中，随着物料的不断向前输送，物料逐渐熔融，熔融后的物料在捏合盘和其他混炼元件的剪切混合作用下，与填料、添加剂等均匀混合经过挤出机的排气、过滤装置，挤出造粒。

**学习活动（5-5）**

讨论：

1. 确定填料表面处理工艺及填充母料塑料造粒工艺路线；
2. 定出配混操作规程、安全及防护规定。

实操：

1. 熟悉设备的结构与操作规程；
2. 确定投料量，将基本配方换算为实用配方；
3. 据实用配方中的原料用量，选择合适的计量器，称料；
4. 遵守安全及防护规定，按所定的配混操作规程完成操作，记录数据与现象。

### 5.4.3 填充母料的质量与检验

#### 5.4.3.1 填料活化处理的效果

（1）活化率

粉状无机填料一般相对密度较大，表面呈极性状态，在水中自然沉降。经表面改性处理后的无机填料，表面由极性变为非极性，对水呈现出较强的非浸润性。这种非浸润性的细小颗粒在水中由于巨大的表面张力，使其如同油膜一样漂浮不沉。可用活化率（或活化指数）来表征填料的处理效果。取一定量的活化填料，注入蒸馏水充分震荡；静置一定时间，除去上层漂浮粉体和水层，放入干燥箱内烘干至恒重，按式（5-7）计算活化率。

$$\text{活化率}=\frac{\text{样品中漂浮部分的质量(g)}}{\text{样品总质量(g)}} \tag{5-7}$$

可见，未经表面活化处理的无机粉状填料的活化率为 0，活化处理最彻底时，活化率为 1。活化率的数值可反映表面处理效果好坏。

（2）接触角

液体与固体填料表面接触，达到浸润平衡时，形成如图 5-5 所示的状态。

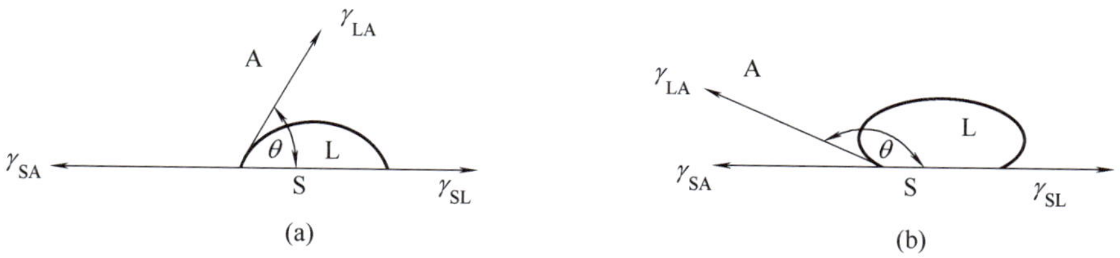


图 5-5 液体在平坦固体表面上的浸润状态

（a）$\theta$ <90° （b）$\theta$ >90°

若固体的表面是理想光滑、均匀、平坦且无形变的，则可达稳定平衡，这种情况下产生的接触角 $\theta$ 是平衡接触角 $\theta_0$。接触角是由 3 相界面交线任意一点向液滴界面所作的切线与固体表面的夹角。当 $\theta$<90° ［如图 5-5 中（a）］时，为可浸润， $\theta$ 越小，则浸润效果越好，至 $\theta$=0°时，则完全浸润； $\theta \geqslant$ 90° ［如图 5-5 中（b）］为浸润不良，当 $\theta$ = 180°则为完全不浸润。

将活化前后的填料制成直径 1cm 表面光滑的圆形薄片，使用接触角测定仪，将蒸馏水滴落在圆片表面上，测定填料表面的接触角，活化效果好的填料，接触角大。

（3）红外光谱分析

将活化后的填料用能溶解表面处理剂的溶剂进行抽提，除去未与填料发生化学结合的处理剂并真空干燥；对未活化的填料、表面处理剂、活化填料进行红外光谱分析、对比，可判断表面处理剂与填料之间是否发生化学结合。

此外，还可测定、对比填料活化前后的吸油量、沉降体积、在增塑剂中形成的分散体的黏度等方法来表征填料表面活化处理的效果。

#### 5.4.3.2 填充母料的质量评定

填充母料的质量评定可与标准样对照，或根据填充后制品的性能制备间接评价。

（1）外观与规格

填充母料外观应塑化良好，无明显杂质和碎末，色泽一致、色度纯正。颗粒度大小为，每 10g 母料的颗粒个数应在 200～600 粒之间； 6～30mm 范围内的粘连粒（指长度）不得超过总质量的 3%。尺寸一般为 $\phi$3×3mm（圆柱形状）或 3mm×3mm×3mm（方形块状）等。

（2）水分及挥发物含量

在 105℃烘至恒中，其水分及挥发物含量应小于 0.5%。

（3）成型加工性能指标

熔体流动速率应大于某一数值；填充母料中填料的含量偏差应在 -3%～+2%之内，制品中添加量根据用户要求而定，如 5%～10%等。

目前也有采用转矩式流变仪，测定过滤器的压力值来评价母料质量。

（4）填充制品的性能指标

填充制品后，其料片中不允许有肉眼可见的固体颗粒。检测成品物理力学性能及用户要求的其他性能（如阻燃性能、抗静电性能等）。

（5）填料的分散状况

在树脂中添加填充母料制成试样，对冲击断面或在液氮中冷冻后的脆断断面于 SEM 下观察和拍照，可直接观察填料在树脂基体中的分散情况、填料与基体树脂界面的结合情况。若 SEM 照片中看到尺寸较大的填料聚集或不均匀，说明填料分散不好；若填料表面清晰，树脂附着少，界面处有空洞或填料（尤其纤维状填料）被从树脂基体中拔出的现象，则界面结合不良。

**学习活动（5-6）**

实操：

检验你们处理前及处理后的填料、填充母料；记录、整理检验结果。

## 5.5 总结与提高

### 5.5.1 总结与评价

完成了学习活动（5-1～5-6），还需要对本项目工作任务进行：

**总结与评价**

1. 资料整理

汇总本项目中所做的各项资料查询、讨论记录，制定的配方、填料表面处理及填充母料制备工艺规程、安全及防护规定，制备操作与现象记录，所得物料的质量检验结果。

2. 写出总结报告。

3. 小组讨论，对工作任务完成情况做出评价。

（报告编写格式、评价指标见附录）

### 5.5.2 知识与能力拓展——功能性填充改性塑料

功能性塑料，就是指塑料本身受物理或化学的外部刺激，或与其他物质发生作用后，产生质和量的变化，从而派生出具有特定功能的塑料。获得功能塑料的方法概括起来有两类：一是合成具有特殊结构的聚合物，但大多有性能不稳定、难加工、成本高等缺点，开发应用受到一定限制；二是在聚合物材料中添加能赋予材料特殊性能的填料，即采用填充改性的方法，因其技术上较合成功能性塑料成熟、工艺简单、价格较低，所以进展较快。

#### 5.5.2.1　导电塑料

普通聚合物材料是绝缘性的，导电聚合物材料既有普通聚合物的力学性能，又具有金属材料的导电性能，比金属导体轻，对光电具有各向性，易于成膜，加工方便，可利用外界条件（光、热、压力等）改变或调节导电体的物理性质，可通过设计分子结构合成特种功能的导电性材料。导电塑料可作为防静电、屏蔽材料，用于制造电子设备、电气工程元件、塑料电池等。

导电聚合物材料可分为两大类，一类是复合型导电聚合物材料，另一类是结构型导电聚合物材料。

结构型导电聚合物材料又称之为本征导电聚合物，指那些聚合物本身或经过掺杂后具有导电功能的塑料，如聚乙炔、聚吡咯、聚对苯撑、聚噻吩、聚苯胺等，因其性能不稳定、难加工、成本高等缺点，使其占整个导电聚合物材料的比重相当低。

复合型导电聚合物材料，是在绝缘性聚合物材料中分散入细微的金属、石墨等导电性颗粒或纤维的复合材料，其兼具聚合物材料的加工性和金属的导电性。与金属材料相比较，导电性复合材料具有加工性好，工艺简单，耐腐蚀性好，可在较广的范围内调节电阻率，价格较低廉等优点。

复合型导电塑料在技术上比结构型导电塑料具有更加成熟的优势，主要为炭黑填充型导电塑料及金属填充型导电塑料。

① 炭黑填充型导电塑料。炭黑填充型导电塑料是目前用途最广、用量最大的一种复合型导电塑料。炭黑可赋予填充体系良好的抗静电性和导电性，其导电性与该炭黑的品种、粒度、结构、孔隙度、填充量等因素有关系。通常说来，炭黑粒度越小，结构越高，孔隙越多，其导电性越好。导电炭黑的品种主要有：乙炔炭黑、导电炉黑、超导电炉黑和持导电炉黑等。

② 金属填充型导电塑料。金属填充型导电塑料是以聚合物为基材，以金属粉末、金属丝、金属纤维等高导电性材料为填料，经适当混炼分散和成型加工后而得到的具有优异导电性能的导电塑料。目前使用较广的金属填料是黄铜纤维。

#### 5.5.2.2　导热塑料

塑料大多是热的不良导体，用高导热性的金属或无机填料对塑料进行填充，可制造具有优良综合性能的导热材料。这样得到的导热材料价格低廉、易加工成型，经过适当的工艺处理或配方调整可以应用于某些特殊领域。导热塑料最大和最重要的应用是替代金属和金属合金制造热交换器，应用于需要良好导热性和优良耐腐蚀性能的环境。

导热塑料按照基体材料种类可以分为热塑性导热塑料和热固性导热塑料；按填充粒子的种类可分为：金属填充型、金属氧化物填充型、金属氮化物填充型、无机非金属填充型、纤维填充型导热塑料；也可以按照导热塑料的某一种性质来划分，比如根据其电绝缘性能可以分为绝缘型导热塑料和非绝缘型导热塑料。

① 非绝缘型导热塑料。用于非绝缘型导热塑料的填料常常是金属粉、石墨、炭黑、碳纤维、碳纳米管等，这类填料的特点是具有很好的导热性，能够容易地使材料得到高的导热性

能，但是同时也使得材料的绝缘性能下降甚至成为导电材料。因此适用于材料电绝缘性要求不高的情况下，特别是要求导热塑料具有低的电绝缘性以抗静电或电磁屏蔽的场合。

② 绝缘型导热塑料。用于绝缘型导热塑料的填料主要包括：金属氧化物如 BeO、MgO、$Al_2O_3$、CaO、NiO；金属氮化物如 AlN、BN 等；碳化物如 SiC、$B_4C_3$ 等。这些填料与金属粉相比有优异的电绝缘性，导热性良好，能保证最终制品具有良好的电绝缘性。

#### 5.5.2.3 磁性塑料

磁性塑料与导电塑料一样，按组成可分为结构型和复合型两种，结构型磁性塑料是指聚合物本身具有强磁性的磁体，这类磁性塑料向处于探索阶段，离实用化还有一定的距离；复合型磁性塑料是指以塑料与磁性粉末混合黏结加工制成的磁体。磁性塑料广泛应用于电子、电气、仪器仪表、通讯、文教、医疗卫生及日常生活中的诸多领域。

磁性塑料所填充的磁粉主要是铁氧体粉和稀土永磁粉。复合型磁性塑料按照磁特性又可分为两大类：一类是磁性粒子的最大易磁化方向是杂乱无章排列的，称为各向同性磁性塑料，这种磁性塑料的磁性能较低，最早出现的磁性塑料是由钡铁氧体作为基础磁性材料制成。另一类是在加工过程中通过外加磁场或机械力，使磁粉的最大易磁化方向顺序排列，称作各向异性磁性塑料，使用较多的是铝铁氧体磁性塑料。

#### 5.5.2.4 生物降解塑料

填充型降解塑料是通过向非降解性塑料中添加各种降解助剂而制成的共混物。在现有的降解塑料中，光降解塑料依赖于光的照射，许多合成型生物降解塑料面临着成本及性能达不到要求等问题。填充型降解塑料则能体现出一定的优势，向非降解性塑料中填充各种降解剂，工艺简单，利用现有设备，不需大的改进即可生产。

在各类降解助剂中，淀粉填充剂一直保持着主流地位，其他一些天然材料，如纤维素、甲壳质，甚至蛋白质也都列入了填充剂的研究范围，对化学合成降解助剂（如有机酸、过渡金属化合物等）也有研究开发。

① 淀粉填充型降解塑料。淀粉和 PE 等合成高聚物在分子级别的范围内是不相容的，直接共混往往会导致共混物物性的严重劣化，因此需要向体系内加入相容剂或对淀粉进行改性处理，使其表面由亲水变为疏水，以提高与合成高分子的相容性。根据对淀粉改性的方法，可将改性淀粉分为物理改性和化学改性淀粉。

② 其他天然高分子填充型降解塑料。引入天然高分子的填充类降解塑料早已不限于淀粉和合成塑料的共混物，淀粉与其他一些天然生物物质如纤维素、半纤维素、木质素、果胶、甲壳质、蛋白质等以及这些物质之间进行共混，均可制成降解塑料，它们具有完全降解性，而且是全天然生物材料，来源丰富，低廉，降解容易，可再生，因此很有优势。

#### 5.5.2.5 其他功能性填充塑料

随着人们对填充改性的重视及新型填料的开发，不断出现新的功能性填充聚合物，以下简要介绍两种。

① 长余辉光致发光塑料。长余辉光致发光塑料作为功能塑料的一种，可广泛应用于广告显示、路标、装饰材料、工艺制品、门牌、渔具以及交通工具等方面。其原理是在普通的塑料

树脂中通过一定的方法混入具有特殊发光性能的材料［光致发光材料，ZnS/Cu、Co；ZnS/Cu；(ZnCd)S/Cu 等］。这种塑料具有一定储存光能的作用，经过紫外线或日光的短时照射激发，在离开光源以后，它能将储存起来的光能逐渐地以光色柔和鲜艳的冷光形式释放出来，根据需要可以选择不同发光材料来调整其余辉或光的波长。

② 抗菌塑料。抗菌塑料是一类具备抑菌和杀菌性能的新型材料，通常在塑料中添加一种或几种特定的抗菌剂而制得。正因为材料本身被赋予了抗菌性，用抗菌塑料制成的各种制品具有卫生自洁功能，在一定的时间内可将沾污在塑料表面的细菌杀死或抑制其繁殖。抗菌塑料多用于家电产品、食品包装、厨房用品、儿童玩具、儿童用品、汽车部件（如把手、内饰件）等。

与常规的化学和物理消毒方法相比，使用抗菌塑料杀菌时效长，既经济又方便。抗菌剂是使细菌、真菌等微生物不能发育，或抑制其生长的物质。这些微生物包括细菌、真菌、酵母菌、藻类以及病毒等。

抗菌剂大致分为有机、无机、天然 3 大系列。有机抗菌剂短期抗菌效果明显，尤其抗真菌效果好于无机抗菌剂，但耐热性差，易水解，使用寿命短。天然系抗菌剂受到安全和生产的制约，尚未大规模市场化。无机抗菌剂主要是利用离子交换、吸附、沉淀等方面将金属离子附着在沸石、二氧化钛等载体上。无机抗菌剂抗菌时效长，抗细菌效果明显好于有机抗菌剂，其优点是耐高温，适合塑料加工工艺，被广泛用于抗菌塑料中。用于塑料的抗菌剂多为无机抗菌剂或无机与有机抗菌剂的复配。

常见塑料功能母料有哪些？其配方与结构模型与填充母料相似吗？

# 项目六　无机纳米复合塑料粒料的制备

## 6.1　学习目标

塑料/无机纳米复合材料是在树脂基体中添加纳米尺寸的无机物材料而得到的材料，若无机物在树脂基体中能均匀分散并形成良好界面结合，复合材料的性能将大大改善，例如对塑料来说，普通碳酸钙（$CaCO_3$）只能起填充剂的作用，而加入表面处理的纳米 $CaCO_3$ 后的塑料，其缺口冲击强度和无缺口冲击强度大大提高，相应的加工性能仍然良好；拉伸强度先增大，达到最大值后开始下降；屈服应力随填料含量的增加而增加，随粒子尺寸的增加而降低。

本项目学习的最终目标是制备出力学性能优异的聚合物/无机纳米复合材料，如表 6-1 所示。

表 6-1　　无机纳米复合塑料粒料制备的学习目标

| 编号 | 类别 | 目　标 |
|---|---|---|
| 1 | 知识 | 1. 掌握纳米及纳米材料的基本概念<br>2. 掌握塑料/无机纳米复合材料的制备方法<br>3. 理解塑料/层状硅酸盐纳米复合材料的结构<br>4. 理解层状硅酸盐的插层原理 |
| 2 | 能力 | 1. 能分析制定制备聚乙烯（PE）/纳米 $CaCO_3$ 复合材料的配方和工艺<br>2. 学会纳米碳酸钙的表面处理<br>3. 学会选择偶联剂<br>4. 能规范操作混合机、挤出机<br>5. 能对混合机、挤出机进行日常维护与保养 |
| 3 | 职业素质 | 见表 1-1 |

## 6.2　工作任务

影响纳米颗粒对聚合物力学性能增强的主要原因是纳米颗粒的分散性问题，纳米微粒表面的活性使它们容易团聚在一起，从而形成带有若干弱连接界面的大尺寸团聚体，制备塑料/无机纳米复合材料必须使无机纳米颗粒能在树脂基体中分散，本项目工作任务如表 6-2 所示。

表 6-2　无机纳米复合塑料粒料制备的工作任务

| 编号 | 任务名称 | 主要设备与材料 | 要　求 |
|---|---|---|---|
| 1 | 聚烯烃/纳米 $CaCO_3$ 复合材料的制备 | 聚烯烃、纳米 $CaCO_3$、偶联剂、分散剂<br>高速混合机、挤出机、造粒机 | 1. 查阅资料，制定配方和工艺过程<br>2. 正确完成填料的表面处理<br>3. 混合、挤出造粒<br>4. 性能测试<br>5. 分析实操结果，写出报告 |
| 2 | 插层法制备聚烯烃/纳米层状硅酸盐复合材料 | 聚烯烃、纳米材料及其表面改性剂<br>高速混合机、挤出机、造粒机、 | 1. 查阅资料，制定配方和工艺过程<br>2. 正确完成填料的表面处理<br>3. 混合、挤出、造粒<br>4. 性能测试<br>5. 分析实操结果，写出报告 |

## 6.3 聚合物/无机纳米复合材料的基础知识

### 6.3.1 纳米材料基本概念

#### 6.3.1.1 纳米及纳米材料的基本概念

纳米（nm）是长度单位，$1nm=10^{-9}m$，即 1nm 是 $1/10^9m$。所谓纳米技术，是指在 0.1～100 nm 的尺度里，研究电子、原子和分子内的运动规律和特性的一项崭新技术。科学家们在研究物质构成的过程中，发现在纳米尺度下隔离出来的几个、几十个可数原子或分子，显著地表现出许多新的特性，而利用这些特性制造具有特定功能设备的技术，就称为纳米技术。

纳米技术是一门交叉性很强的综合学科，研究的内容涉及现代科技的广阔领域。1993 年，国际纳米科技指导委员会将纳米技术划分为纳米电子学、纳米物理学、纳米化学、纳米生物学、纳米加工学和纳米计量学等 6 个分支学科。其中，纳米物理学和纳米化学是纳米技术的理论基础，而纳米电子学是纳米技术最重要的内容。运用纳米技术可以改变原子或分子的结构，从而生产出性能出众的特殊材料，甚至能生产像蜜蜂一样大的飞机……总之，纳米技术的广泛应用将给人类社会带来翻天覆地的变化。

纳米材料通常是指颗粒尺寸在 0.1～100 nm 的超微粒材料。然而，更广义地说，纳米材料是指在三维空间中至少有一维处于纳米尺度范围的材料。按其结构类型分，纳米材料可分为 4 类：零维的纳米粉体、纳米微粒或者颗粒等；一维的纳米线、丝、管及纳米晶须等；二维的层状、片状、带状结构纳米材料；三维的柱体、立体、块体纳米结构材料等。

材料科学研究表明，随固体颗粒尺寸的减小，其声、光、电磁、热及化学特性均发生变化。当材料结构至少有一维尺寸小于 100nm 时，常会出现传统模式和理论所无法解释的、截然不同的运动过程，这一过程被科学家称为尺度效应。因此，纳米概念包括密不可分的尺度与效应两个方面。在临界尺度下，材料的性能发生突变或者反转，例如原本导电的铜到某一纳米级界限就不导电，原来绝缘的二氧化硅、晶体等在某一纳米级界限时开始导电。这是由于纳米材料具有颗粒尺寸小、比表面积大、表面能高、表面原子所占比例大等特点，以及其特有的4大效应：表面效应、体积效应、量子尺寸效应和宏观量子隧道效应。

6.3.1.1.1 表面效应

球形颗粒的表面积与直径的平方成正比，其体积与直径的立方成正比，故其比表面积与直径成反比。对于粒径大于100nm的颗粒，通常表面原子数低于2%，表面效应可忽略不计。当粒径小于100nm后，随着粒径的减小，比表面积将会显著增大，如微粒子粒径从100nm减到1nm，其表面原子占粒子中原子总数从20%增加到99%。

超微颗粒的表面与大块物体的表面是十分不同的，若用高倍率电子显微镜对金属超微颗粒（直径为 $2\times10^{-3}$ μm）进行电视摄像，实时观察发现这些颗粒没有固定的形态，随着时间的变化会自动形成各种形状，它既不同于一般固体，又不同于液体，是一种准固体。在电子显微镜的电子束照射下，表面原子仿佛进入了“沸腾”状态，尺寸大于10nm后才看不到这种颗粒结构的不稳定性，这时微颗粒具有稳定的结构状态。超微颗粒的表面具有很高的活性，在空气中金属颗粒会迅速氧化而燃烧。如要防止自燃，可采用表面包覆或有意识地控制氧化速率，使其缓慢氧化生成一层极薄而致密的氧化层，确保表面稳定化。利用表面活性，金属超微颗粒可望成为新一代的高效催化剂和贮气材料以及低熔点材料。

6.3.1.1.2 体积效应

体积效应又称小尺寸效应。随着颗粒尺寸的量变，在一定条件下会引起颗粒性质的质变。由于颗粒尺寸变小所引起的宏观物理性质的变化称为小尺寸效应。对超微颗粒而言，尺寸变小，同时其比表面积亦显著增加，从而产生如下一系列新奇的性质。

（1）特殊的光学性质

当黄金被细分到小于光波波长的尺寸时，即失去了原有的富贵光泽而呈黑色。事实上，所有的金属在超微颗粒状态都呈现为黑色。尺寸越小，颜色越黑，银白色的铂（白金）变成铂黑，金属铬变成铬黑。由此可见，金属超微颗粒对光的反射率很低，通常可低于1%，大约几微米的厚度就能完全消光。利用这个特性可以作为高效率的光热、光电等转换材料，可以高效率地将太阳能转变为热能、电能。此外又有可能应用于红外敏感元件、红外隐身技术等。

（2）特殊的热学性质

固态物质在其形态为大尺寸时，其熔点是固定的，超细微化后却发现其熔点将显著降低，当颗粒小于10nm量级时尤为显著。例如，金的常规熔点为1064℃，当颗粒尺寸减小到10nm尺寸时，则降低27℃，2nm尺寸时的熔点仅为327℃左右；银的常规熔点为670℃，而超微银颗粒的熔点可低于100℃。因此，超细银粉制成的导电浆料可以进行低温烧结，此时元件的基片不必采用耐高温的陶瓷材料，甚至可用塑料。采用超细银粉浆料可使膜厚均匀，覆盖面积大，既省料又具高质量。日本川崎制铁公司采用0.1～1μm的铜、镍超微颗粒制成导电浆料可代替钯与银等贵金属。超微颗粒熔点下降的性质对粉末冶金工业具有一定的吸引力。例如，在钨颗粒中附加0.1%～0.5%质量比的超微镍颗粒后，可使烧结温度从3000℃降低到1200～

1300℃，以致可在较低的温度下烧制成大功率半导体管的基片。

（3）特殊的磁学性质

人们发现鸽子、海豚、蝴蝶、蜜蜂以及生活在水中的趋磁细菌等生物体中存在超微的磁性颗粒，使这类生物在地磁场导航下能辨别方向，具有回归的本领。磁性超微颗粒实质上是一个生物磁罗盘，生活在水中的趋磁细菌依靠它游向营养丰富的水底。通过电子显微镜的研究表明，在趋磁细菌体内通常含有直径约为 $2\times10^{-2}\ \mu m$ 的磁性氧化物颗粒。小尺寸的超微颗粒磁性与大块材料显著的不同，大块的纯铁矫顽力约为 80A/m，而当颗粒尺寸减小到 $2\times10^{-2}\ \mu m$ 以下时，其矫顽力可增加一千倍，若进一步减小其尺寸，大约小于 $6\times10^{-3}\ \mu m$ 时，其矫顽力反而降低到零，呈现出超顺磁性。利用磁性超微颗粒具有高矫顽力的特性，已做成高贮存密度的磁记录磁粉，大量应用于磁带、磁盘、磁卡以及磁性钥匙等。利用超顺磁性，人们已将磁性超微颗粒制成用途广泛的磁性液体。

（4）特殊的力学性质

陶瓷材料在通常情况下呈脆性，然而由纳米超微颗粒压制成的纳米陶瓷材料却具有良好的韧性。因为纳米材料具有大的界面，界面的原子排列是相当混乱的，原子在外力变形的条件下很容易迁移，因此表现出甚佳的韧性与一定的延展性，使陶瓷材料具有新奇的力学性能。美国学者报道氟化钙纳米材料在室温下可以大幅度弯曲而不断裂。研究表明，人的牙齿之所以具有很高的强度，是因为它是由磷酸钙等纳米材料构成的。呈纳米晶粒的金属要比传统的粗晶粒金属硬 3~5 倍。至于金属一陶瓷等复合纳米材料则可在更大的范围内改变材料的力学性能，其应用前景十分宽广。超微颗粒的小尺寸效应还表现在超导电性、介电性能、声学特性以及化学性能等方面。

#### 6.3.1.1.3 量子尺寸效应

当粒子尺寸下降到某一数值时，宏观物体中的连续能级将分裂为分立的能级，能级间距随颗粒粒径减小而增大。当能级的变化程度大于热能、光能、电磁能的变化时，导致了纳米微粒磁、光、声、热、电及超导特性与宏观物体截然不同的反常特性，称之为量子尺寸效应。

#### 6.3.1.1.4 宏观量子隧道效应

各种元素的原子具有特定的光谱线，如钠原子具有黄色的光谱线。原子模型与量子力学已用能级的概念进行了合理的解释，由无数的原子构成固体时，单独原子的能级就并合成能带，由于电子数目很多，能带中能级的间距很小，因此可以看作是连续的，从能带理论出发成功地解释了大块金属、半导体、绝缘体之间的联系与区别，对介于原子、分子与大块固体之间的超微颗粒而言，大块材料中连续的能带将分裂为分立的能级；能级间的间距随颗粒尺寸减小而增大。当热能、电场能或者磁场能比平均的能级间距还小时，就会呈现一系列与宏观物体截然不同的反常特性，称之为量子尺寸效应。例如，导电的金属在超微颗粒时可以变成绝缘体，磁矩的大小和颗粒中电子是奇数还是偶数有关，比热容亦会反常变化，光谱线会产生向短波长方向的移动，这就是量子尺寸效应的宏观表现。因此，超微颗粒在低温条件下必须考虑量子效应，原有宏观规律已不再成立。电子具有粒子性又具有波动性，因此存在隧道效应。

近年来，人们发现一些宏观物理量，如微颗粒的磁化强度、量子相干器件中的磁通量等亦显示出隧道效应，称之为宏观的量子隧道效应。量子尺寸效应、宏观量子隧道效应将会是未来微电子、光电子器件的基础，或者它确立了现存微电子器件进一步微型化的极限，当微电子器件进一步微型化时必须要考虑上述的量子效应。例如，在制造半导体集成电路时，当电路的尺寸接近电子波长时，电子就通过隧道效应而溢出器件，使器件无法正常工作，经典电路的极限尺寸大概在0.25μm。量子共振隧道晶体管就是利用量子效应制成的新一代器件。

纳米材料具有相当大的相界面面积，它具有许多宏观物体所不具备的新异的物理、化学特性，既是一种多组分物质的分散体系，又是一种新型的材料。纳米材料的研究是从金属粉末、陶瓷等领域开始的，现已在微电子、冶金、化工、电子、国防、核技术、航天、医学和生物工程等领域得到了广泛的应用。近年来将纳米材料分散于聚合物中以提高高分子材料性能的研究也日益活跃，并取得了许多可观的成果。

#### 6.3.1.2 纳米复合材料

复合材料由于其优良的综合性能，特别是其性能的可设计性被广泛应用于航空航天、国防、交通、体育等领域，纳米复合材料则是其中最具吸引力的部分，近年来发展很快，世界发达国家新材料发展的战略都把纳米复合材料的发展放到重要的位置。

现代材料科学引用复合的概念主要相对于不同相、不同物质组成的体系之间的组合。对于纳米材料领域，纳米复合材料则是指其中至少有一相物质是在纳米级范围内的多项复合材料。

纳米复合材料按复合的形态和方式分，大致包括3种类型：纳米微粒与纳米微粒复合（0-0复合型）、纳米微粒与常规块体材料复合（0-3复合型）、纳米粒子与纳米薄膜的复合（0-2复合型）、纳米薄膜（或纳米片层）与常规块体材料复合（2-3复合型）、纳米丝（纳米碳管）与常规块体材料复合（1-3复合型）。根据基体材料的不同纳米复合材料又可分为无机基纳米复合材料和聚合物基纳米复合材料。无机基包括玻璃和陶瓷等。而在聚合物基纳米复合材料中，获得最为广泛应用的是本项目要制备的聚合物/无机纳米复合材料。聚合物/无机纳米复合材料属于0-3复合型纳米复合材料，这一类材料在性能上比传统材料也有极大改善，已在有些方面获得了应用。

### 6.3.2 聚合物/无机纳米复合材料的分类与性能

#### 6.3.2.1 聚合物/无机纳米复合材料的分类

聚合物基纳米复合材料是由聚合物为基体（连续相）与各种纳米单元（小于100nm）以各种方式复合而成的一种新型高分子复合材料。

聚合物/纳米复合材料与常规的无机填料/聚合物体系不同，不是有机相与无机相的简单混合，而是两相在纳米尺寸范围内复合而成。由于分散相与连续相之间的界面面积非常大，界面间具有很强的相互作用，产生理想的粘接性能，使界面模糊。聚合物基无机纳米复合材料不仅具有纳米材料的表面效应、量子尺寸效应等性质，而且将无机物的刚性、尺寸稳定性和热稳定性与聚合物的韧性、加工性及介电性能糅合在一起，从而产生许多特异的性能。

按纳米粒子种类的不同可把聚合物/纳米复合材料分为以下几类：

（1）聚合物/层状纳米复合材料

由于层状无机物如硅藻土、黏土、蒙脱土、云母、层状金属盐等在一定驱动力作用下能碎裂成纳米尺寸的结构微区，其片层间距约 1nm，可容纳单体和聚合物分子；它不仅可让聚合物嵌入夹层，形成“嵌入纳米复合材料”，而且可使片层均匀分散于聚合物中形成“层离纳米复合材料”。

（2）聚合物/刚性纳米粒子复合材料

用刚性纳米粒子对力学性能有一定脆性的聚合物增韧是改善其力学性能的另一种可行性方法。随着无机粒子微细化技术和粒子表面处理技术的发展，特别是近年来纳米级无机粒子的出现，塑料的增韧改性彻底冲破了以往在塑料中加入橡胶类弹性体的做法，而弹性体韧性往往是以牺牲材料宝贵的刚性、尺寸稳定性、耐热性为代价的。

从复合材料的观点出发，若粒子刚硬且与基体树脂结合良好，刚性无机粒子也能承受拉伸应力，起到增韧增强作用。超微无机粒子增韧改性的机理一般认为：

① 刚性无机粒子的存在产生应力集中效应，易引发周围树脂产生微开裂，吸收一定的变形功。

② 刚性粒子的存在使基体树脂裂纹扩展受阻和钝化，最终终止裂纹不致发展为破坏性开裂。

③ 随着填料的微细化，粒子的比表面积增大，因而填料与基体接触面积增大，材料受冲击时，由于刚性纳米粒子与基体树脂的泊松比不同，会产生更多的微开裂，吸收更多的冲击能并阻止材料的断裂。但若填料用量过大，粒子过于接近，微裂纹易发展成宏观开裂，体系性能变差。

采用纳米刚性粒子填充高聚物树脂，不仅会使材料韧性、强度方面得到提高，而且其性价比也将是其他材料不能比拟的。另外由于某些工程塑料价格较高，人们希望尽量利用加工及生产过程中的二次料，但热塑性树脂经二次加工后各种性能均会有不同程度的下降，利用刚性纳米粒子对废料进行一定的改性后可有效提高热塑性工程塑料的废料利用率和降低成本，从而可缓解资源短缺以及环境污染等问题。以 $CaCO_3$、$SiO_2$ 等为代表的聚合物/刚性纳米粒子复合材料已经获得了广泛的生产和应用。

（3）聚合物/碳纳米管复合材料

碳纳米管是一种奇异分子，它是使用一种特殊的化学气相方法，使碳原子形成长链来生长出的超细管子，细到 5 万根并排起来才有一根头发丝宽。这种又长又细的分子，人们给它取个计量单位“纳米”（$1/10^6$mm）的名字，叫“纳米管”。尽管碳纳米管的理论上可长到几公里而不断，但人们已用多种方法制备的碳纳米管，最长也只有 100～200μm。碳纳米管的直径比碳纤维小数千倍，其性能远优于现今普遍使用的玻璃纤维。其主要用途之一是作为聚合物复合材料的增强材料。

碳纳米管基本上可分为单壁型和多壁型两类。虽然他们乍看起来非常相似，但其制作方法和性能不尽相同。纳米管的结构决定它们是具有金属性还是具有半导体性质。单壁纳米管大多属于半导体型，多壁纳米管由于各层壳的性能的叠加，难以做出明显区别，但大体上是金属型。

碳纳米管有着不可思议的强度与韧性，质量却极轻，导电性极强，兼有金属和半导体的性能；把纳米管组合起来，比同体积的钢强度高100倍，质量却只有1/6。碳纳米管的力学性能相当突出。碳纤维在约1%变形时就会断裂，而碳纳米管要到约18%变形时才会断裂。碳纳米管的层间剪切强度高达500 MPa，比传统碳纤维增强环氧树脂复合材料高一个数量级。在电性能方面，碳纳米管用作聚合物的填料具有独特的优势。加入少量碳纳米管即可大幅度提高材料的导电性。与以往为提高导电性而向树脂中加入的炭黑相比，碳纳米管有高的长径比，因此其体积含量可比球状炭黑减少很多。多壁碳纳米管的平均长径比约为1000；同时，由于纳米管的本身长度极短而且柔曲性好，它们填入聚合物基体时不会断裂，因而能保持其高长径比。

（4）聚合物/金属（金属氧化物）纳米粉复合材料

金属或金属氧化物纳米粉往往具备常规材料没有的特性。如果用这些纳米材料与高聚物复合将会得到具有一些特异功能的高分子复合材料，将其用于各种高技术产业将会有广阔的发展空间。金属纳米粉体对电磁波有特殊的吸收作用。铁、钴、氧化锌粉末及碳包金属粉末可作为军用高性能毫米波隐形材料、可见光-红外线隐形材料和结构式隐形材料，以及手机辐射隐蔽材料。另外，铁、钴、镍纳米粉有相当好的磁性能；铜纳米粉末的导电性优良；氧化锌纳米粉体具有优良的抗菌性能。用它们与高聚物复合将可以给高聚物树脂带来许多新的功能，使其能更广泛地应用于军事、航空航天、电子等高、精、尖产业及传统产业的技术进步和升级换代，服务于社会的进步与发展。

#### 6.3.2.2 聚合物/无机纳米复合材料的性能与应用

与原来的基体树脂相比，纳米复合材料提高了力学性能和热性能。同时，纳米复合材料具有更多、更高的功能性，如阻隔性、阻燃性等。复合材料的透明性、着色性、导电性和磁性能也得到了相应的提高。纳米粒子的加入也提高了复合材料的阻燃等级，使材料对二氧化碳、氧的透过率下降。另外，纳米粒子填充聚合物还能提高复合材料的尺寸稳定性。

##### 6.3.2.2.1 力学性能和高耐热性

用插层技术制备纳米聚合物可将无机物的刚性、尺寸稳定性和热稳定性与聚合物的韧性、可加工性完美地结合起来。如用天然丰产的蒙脱土层状硅酸盐作为无机分散相，用插层法制备的聚酰胺（PA）/黏土纳米复合材料（bc-PA6），该材料与纯PA6材料相比，热变形温度提高了55~85℃，拉伸强度和弯曲模量也有了显著的提高，见表6-3。

表6-3　　bc-PA6作为工程塑料的性能指标

| 性能 | PA6 | bc-PA6 | 性能 | PA6 | bc-PA6 |
|---|---|---|---|---|---|
| 密度/$g \cdot cm^{-3}$ | 1.14 | 1.15~1.17 | 拉伸模量/GPa | 2.5 | 3.0~4.0 |
| 相对黏度/25℃ | 3.0 | 2.4~3.2 | 断裂伸长率/% | 30 | 30~40 |
| 熔点/℃ | 215 | 213~223 | 弯曲强度/MPa | 115 | 120~160 |
| 热变形温度/℃ ($18.5kg \cdot cm^{-2}$) | 65 | 120~150 | 弯曲模量/MPa | 3.0 | 3.0~4.5 |
| 拉伸强度/MPa | 75 | 90~105 | 冲击强度 /($J \cdot m^{-1}$)(23℃) | 40 | 35~60 |

#### 6.3.2.2.2 高阻隔性

纳米复合材料与未填充的聚合物相比，其气、液体的透过性显著下降。尤其是聚合物/层状硅酸盐纳米复合材料，高阻隔性是其最引人注目的特性之一，广泛用于一级包装材料上，例如药品、化妆品、生物制品和精密仪器等。这种特性归因于复合材料中存在着分散的、大的尺寸比（面积/厚度）的硅酸盐层。这些晶层不能透过水、溶剂、氧气、水蒸气等流体，流体必须绕过这些晶层，沿着曲折的路径才能通过，使扩散阻力上升，如图6-1所示。因此，这类材料具有较高的气密性、耐水性、耐溶剂性等优点。

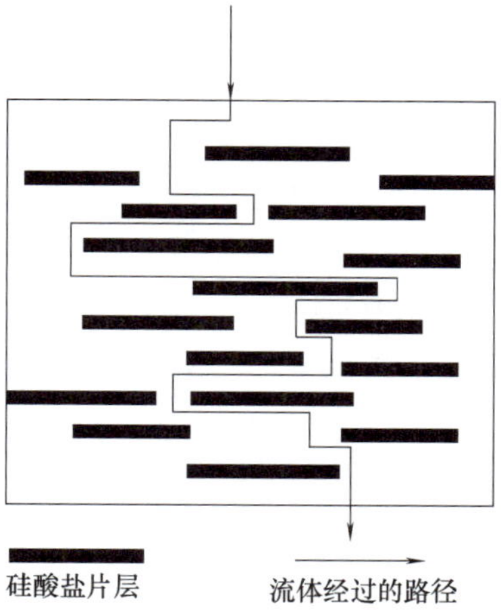

图6-1 阻隔特性模型

#### 6.3.2.2.3 高阻燃窒息性

有些聚合物/无机纳米复合材料具有很高的自熄性、很低的热释放速率（相对聚合物本体而言）和较高抑烟性，是理想的阻燃材料。在传统的阻燃性聚合物基复合材料中，存在多种阻燃的机理：某些无机填充材料（氢氧化铝、氢氧化镁等）在受热情况下的失水或分解可以降低燃烧表面的温度；无机填充材料在燃烧表面形成壳层可以起到隔热和阻隔可燃性气体向燃烧表面迁移；阻燃剂具备捕捉燃烧过程中形成的自由基等作用。在聚合物/层状硅酸盐纳米复合材料中，对阻燃性能的提高主要来自于以下的两个方面。

（1）在聚合物基体中以纳米尺寸分散的层状硅酸盐片层对聚合物分子链的活动性具有显著的限制作用，从而使聚合物分子链在受热分解时比完全自由的分子链具有更高的分解温度。此外，由于层状硅酸盐片层的物理交联点的作用，使得复合材料在燃烧时更容易保持初始的形状，表现出好的阻燃性能。

（2）由于分布于聚合物基体中的层状硅酸盐片层具备良好的气液阻隔性能，因此当聚合物/层状硅酸盐纳米复合材料（PLS）纳米复合材料在燃烧时，位于燃烧表面的层状硅酸盐片层具备阻隔内部聚合物分子链分解而产生的可燃性小分子向燃烧界面迁移的能力，同时它们也可以延缓外界的氧气向燃烧界面内部迁移的速度，从而延缓燃烧的进行，起到阻燃的作用。

例如把聚己内酯/硅酸盐纳米复合材料和未填充的聚己内酯放在火中30s，取出后纳米复合材料就停止燃烧，并保持它的完整性；与此相反，未填充的聚合物则继续燃烧直到样品被破坏为止。又如PA6/黏土纳米复合材料，当黏土含量为5%时，其热释放速率下降了63%，而且烟尘和CO的生成速率也大幅度下降，从而使阻燃性能大幅度提高。

#### 6.3.2.2.4 导电性

纳米黏土可以增强聚合物，碳纳米管则赋予聚合物以导电和导热性能。碳纳米管较为普遍的应用是与PA混合用于制备汽车燃油系统以防止静电。含有碳纳米管的抗静电性聚合物还被用来保护计算机的读/写头。碳纳米管的拉伸强度是不锈钢的50倍（分别为100GPa和2GPa），导热性能是铜的5倍。与聚合物混合后，碳纳米管在提高聚合物导热或者导电性能方面远胜于常规填料（如炭黑和金属粉末）。

6.3.2.2.5 抗菌性

无机抗菌剂是利用银、铜、锌、钛等金属及其离子的杀菌或抑菌能力制得的一类抗菌剂。将抗菌剂添加到纳米基体材料中便可制得纳米抗菌材料。近年来抗菌剂广泛应用于纤维、塑料、建材、涂料、医药、化妆品等领域。例如 $TiO_2$ 的抗菌机理是通过吸收光将吸附在材料表面的 OH-和 $H_2O$ 分子氧化成 HO·，HO·的氧化能力是水体中存在的氧化剂中最强的，能氧化大部分有机污染物及部分无机污染物，将其最终降解为 $CO_2$、$H_2O$ 等无害物质，而且 HO·对反应物几乎无选择性，因而在光催化氧化中起着决定性的作用。

6.3.2.2.6 各向异性

纳米塑料还具有各向异性的特点。例如在 PA/层状硅酸盐纳米塑料中，热胀系数就是各向异性的。在注射成型时的流动方向的热胀系数为垂直方向的 1/2，而纯 PA 为各向同性。从透射电子显微镜（TEM）照片可以看出，1nm 厚的蒙脱土片层分散在 PA 基体中，蒙脱土片层的方向与流动方向相一致，聚合物分子链也和流动方向相平行。因此，各向异性可能是蒙脱土和高分子链取向的结果。

总之，纳米技术的出现，使新功能性材料不断出现，使聚合物复合材料具有新的特性，如金属纳米粉体的吸波特性，铁、钴、镍纳米粉有相当好的磁性能，ZnS-Cu 纳米微粒光功能特性，纳米氧化铋的强抗辐射特能等，使其能更广泛地应用于军事、航空航天、电子等高、精、尖产业及传统产业的技术进步和升级换代，服务于社会的进步与发展。

## 6.4 聚合物/无机纳米复合材料的制备

### 6.4.1 聚合物/无机纳米复合材料的组成及配方设计要点

#### 6.4.1.1 聚合物/无机纳米复合材料的组成

6.4.1.1.1 树脂

常用制备聚合物/无机纳米复合材料的基体树脂有 PA、聚烯烃、聚酯、聚甲醛、环氧树脂、硅橡胶、聚氨酯等。通过纳米粒子在基体树脂中的分散后能使这些树脂具有像陶瓷材料一样的刚性和耐热性，同时又保留了树脂基体本身所具备的韧性、耐冲击性和易加工性。

6.4.1.1.2 无机纳米粒子

常用的无机纳米粒子包括硅酸盐、$CaCO_3$、$SiO_2$、$TiO_2$、SiC、$Al_2O_3$、云母等。纳米粒子是由数目较少的原子或分子组成的原子群或分子群，其表面原子是既无长程有序又无短程有序的非晶层，而在粒子心部，存在结晶完好、周期性排布的原子。正是由于纳米粒子的这种特殊结构类型，导致了纳米粒子特殊的表面效应和体积效应，并由此产生许多与块体样品不同的物理化学性质。

常见无机纳米粒子有：

① 纳米 $CaCO_3$。纳米 $CaCO_3$ 是指粒径小于 100nm 的 $CaCO_3$ 产品，它包括超细 $CaCO_3$（粒径 20～100nm）和超微细 $CaCO_3$（粒径小于或等于 20nm）两种 $CaCO_3$ 产品。由于其超细微化，其晶体结构及表面电子结构发生了明显改变，产生了普通 $CaCO_3$ 所不具有的量子尺寸效应、小尺寸效应、表面效应、宏观量子效应。在磁性、光热阻、催化性、熔点等方面与常规材料相比显示出优越性。与普通 $CaCO_3$ 产品相比，纳米 $CaCO_3$ 具有粒子细、比表面积大、表面活化率高、白度较高等特点，目前能够大工业化生产和应用，可代替价格昂贵的白炭黑和钛白粉。纳米 $CaCO_3$ 作为一种优质填料和白色颜料，广泛应用于橡胶、塑料、造纸、涂料、油墨、医药等许多行业。

纳米 $CaCO_3$ 应用最成熟的行业是塑料工业，用作塑料填料具有增韧补强的作用，提高塑料的弯曲强度和弯曲弹性模量，热变形温度和尺寸稳定性，同时还赋予塑料滞热性。纳米 $CaCO_3$ 也适合用于工程塑料的改性，如 PE、聚丙烯（PP）、 PA、聚碳酸酯（PC）的改性等。还用于汽车内部密封的 PVC 增塑溶胶，可改善塑料母料的流变性，提高其成型性。

② 纳米二氧化硅。纳米二氧化硅的团聚体是无定型白色粉末，表面分子状态呈三维网状结构。这种结构赋予涂料优良的触变性能和分散稳定性。纳米二氧化硅具有极强的紫外线吸收、红外线反射特性，能提高涂料的抗老化性能。对纳米二氧化硅表面进行处理，可使二氧化硅纳米粒子表面同时具有亲水基团和亲油基团，纳米材料的这种两亲性大大扩大了其应用领域。针对不同类型的涂料，纳米二氧化硅的添加量一般为 0.1%～1.0%，最多不超过 5%。

③ 纳米二氧化钛。纳米二氧化钛是 20 世纪 80 年代末发展起来的主要纳米材料之一。纳米二氧化钛的光学效应随粒径而变，尤其是纳米金红石二氧化钛具有随角度变色效应。纳米二氧化钛的粒度一般为 10～50nm，添加量控制在 1.0%以下。

④ 层状硅酸盐。层状硅酸盐研究较多的是云母类层状硅酸盐，如蒙脱土、膨润土、麦加石、凹凸棒土、蛭石、沸石等。它们都是由 Si—O 四面体晶片和 Al—O 八面体晶片所构成的层状晶体。例如蒙脱土每个单位晶胞由两个硅氧四面体晶片间夹带一个铝氧八面体晶片构成的三

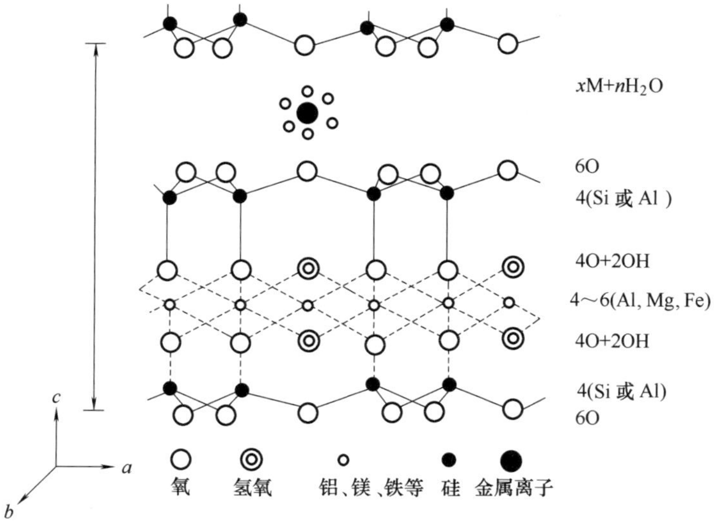


图 6-2　蒙脱土的晶体结构

明治状结构（图 6-5），每层的厚度约 1nm，层间富有可交换的 $Na^+$、$K^+$、$Ca^{2+}$、$Mg^{2+}$ 等水合阳离子，可与其他有机阳离子进行交换，使层间距发生变化。此过程被誉为插层化，所用的有机离子物质称为插层剂。通过插层剂会使亲水的蒙脱土表面发生疏水化、增加了蒙脱土与聚合物基质的浸润作用，而且伴随硅酸盐层间距的扩大，为聚合插层或熔体共混过程中，聚合物单体或分子链段进入硅酸盐片层间，形成纳米微区结构创造了条件。

⑤ 其他纳米材料。常用的其他纳米材料还有超细炭黑、气相二氧化硅、纳米氧化锌等，均属于纳米材料范畴。纳米氧化锌具有一般氧化锌无法比拟的新性能和新用途，具有屏蔽紫外线、吸收红外线及杀菌防霉作用。纳米氧化锌还具有增稠作用，有助于颜料分散的稳定性。但炭黑的分散问题、气相二氧化硅的添加问题及 $CaCO_3$ 合理使用仍需进一步研究。

**学习活动（6-1）**

查找：

我国主要的纳米 $CaCO_3$、蒙脱土生产企业及其产品型号、性能指标和用途。纳米 $CaCO_3$ 的主要性能指标与常规微米级 $CaCO_3$ 的性能指标有何区别？

#### 6.4.1.1.3 无机纳米粒子的表面改性剂

为了使纳米粒子在聚合物基体中呈纳米尺度均匀分散，通常采用各种表面处理和修饰方法对纳米粒子进行预处理，以防止基团聚合和促进其与聚合物间的柔和性及在聚合物中的分散性。纳米粒子的表面改性剂可分为无机物、纳米粒子、有机物和聚合物。

（1）无机物

通常采用 $Al_2O_3$、$SiO_2$、ZnO 作为改性剂对纳米 $TiO_2$ 进行表面改性。经过处理后的锐钛矿型 $TiO_2$ 具有较强的紫外吸收能力，可安全地应用到化妆品、造纸、涂料等领域。用氟化物改性 $\alpha$-$Al_2O_3$ 可制得分散均匀的氧化铝粉。全军装备维修表面工程研究中心采用镍包覆法对纳米 $Al_2O_3$、SiC、金刚石粉表面进行处理，改善了纳米颗粒的导电性，提高了纳米粉在镍基复合镀层中的共沉积量，增强了纳米粉在镀层中的均匀程度。

（2）纳米粒子

纳米粒子对纳米粒子的改性实际上就是纳米粒子间的复合，以提高被处理的纳米粒子的某些性能。如用溶胶-凝胶法可以制备复合纳米粒子，先用溶胶-凝胶法将钛酸丁酯制成纳米粒子 $TiO_2$，然后将 $TiO_2$ 制成透明溶液，在此溶液成凝胶之前，滴入另一种利用溶胶凝胶法形成纳米粒子的前驱物，例如 $WO_3$ 的前驱物钨酸铵溶液，混合溶液形成凝胶之后，经热处理即得复合的纳米粒子 $WO_3/TiO_2$。在纳米粒子表面形成新的一层纳米粒子膜，起到稳定内层纳米粒子作用，并使粒子产生新的性能，利用凝胶法在 $Fe_2O_3$ 纳米粒子表面包覆一层 $SiO_2$ 膜，能明显提高这种改性的纳米粒子在聚甲基丙烯酸甲酯（PMMA）溶液中的分散性。

（3）有机物

有机物是主要的纳米粒子改性剂，可以赋予纳米粒子一些特殊的性质。CdS 纳米粒子能够发射微弱的红光，当用少量烷基胺改性 CdS 时，可使 CdS 纳米粒子的荧光明显增强并且产生蓝移现象，但高浓度的烷基胺却又使 CdS 荧光猝灭；脂肪硫醇亦具有与烷基胺相同的作用。用硬脂酸包覆 $TiO_2$ 纳米粒子时，结晶化程度很低，可制得平均粒径为 5～6nm 的 $TiO_2$ 纳米粒子，并且 $TiO_2$ 纳米粒子吸收光谱带有明显蓝移，在室温有光致发光现象。用树脂酸盐 RS-2 和脂肪酸盐 SA-1 对纳米 $CaCO_3$ 表面改性时，改性剂包覆在 $CaCO_3$ 表面，使其亲油性增强，在非极性介质中分散性能得到提高。纳米 ZnO 在非水介质中分散时，加入表面活性剂十二烷基苯磺酸钠和月桂酸钠作为表面改性剂，表面改性剂吸附在纳米 ZnO 上，使其稳定均匀分散。硬脂酸改性的 CdO 纳米粒子，吸收带蓝移并具有强发光现象。

（4）聚合物

以聚合物网络稳定纳米粒子。在聚合物网络中引入羧酸盐（锌、镉等）、磺酸盐（锌、镉、铜及其多元复合金属离子等）等，经硫化氢气流处理生成硫化物纳米粒子，粒径平均仅几个纳米，受聚合物网络的立体保护作用，提高了纳米粒子的稳定性，实现了纳米粒子特殊性质的微观调控，为纳米粒子的成型加工提供了良好的载体。 PE 基吡咯烷酮在 ZnO 纳米粒子的合成过程中表现出独特的保护纳米粒子的作用，有助于纳米粒子的合成，并能改善纳米粒子的性质。在 $\gamma$-辐射水溶液合成 $MoO_2$ 纳米粒子时，加入聚乙烯醇作为表面活性剂，其在产品纯度及热稳定性上明显优于十二烷基硫酸钠（SDS）表面活性剂。

#### 6.4.1.2 聚合物/无机纳米复合材料配方设计要点

纳米材料的种类、形状、黏度、用量、表面特性、分散状态等对纳米塑料的性能都有很大影响。

纳米复合塑料的配方公式为：树脂+表面处理的纳米粒子+加工助剂

设计纳米塑料配方应注意以下几点：

① 与传统材料相比，纳米材料的加入量很低，一般仅为 5%左右。

② 对于不同的复合体系，采用不同的方法成型。

③ 对于不同的改性目的，选用不同的纳米材料。

**学习活动（6-2）**

查找：

在学习活动（6-1）基础上，选择纳米无机材料对聚烯烃树脂进行改性，查找相关资料。

讨论：

小组讨论，初定配方，若要考查无机纳米粒子、表面处理剂用量对材料性能的影响，可采用哪种配方设计法？

### 6.4.2 聚合物/无机纳米复合材料的制备方法

#### 6.4.2.1 聚合物/层状硅酸盐纳米复合材料的制备

聚合物/层状硅酸盐纳米复合材料（PLS）在制备上与传统复合材料不同之处是其独特的

插层复合制备科学。所谓插层复合，就是将单体或聚合物分子插入到层状硅酸盐（黏土）层间的纳米空间中，利用聚合热或剪切力将层状硅酸盐剥离成纳米基本结构单元或微区而均匀地分散到聚合物基体中。

6.4.2.1.1 聚合物/层状硅酸盐纳米复合材料的结构

从结构上看,聚合物/层状硅酸盐纳米复合材料可分为 3 类：①普通的微粒填充复合物；②插层型纳米复合材料；③剥离型纳米复合材料。图 6-3 为典型的聚合物/层状硅酸盐纳米复合材料的结构示意图。

第一类复合物［图 6-3（a）］中，聚合物进入层状硅酸盐颗粒，但没有插层进入硅酸盐片层中，还不是插层复合材料。

第二类即插层型的 PLS 纳米复合材料［图 6-3（b）］，其理想的结构是聚合物基体的分子链插层进入层状硅酸盐的层间，使层状硅酸盐的层间距扩大到一个热力学允许的平衡距离上。一般而言，层状硅酸盐层间距扩大的距离介于 1～4nm 之间，并且插入层状硅酸盐层间的通常都是单层的聚合物分子链。

第三类即理想的剥离型 PLS 纳米复合材料［图 6-3（c）］，硅酸盐片层被聚合物完全打乱，无规分散在聚合物基体中，片层与聚合物实现了纳米尺度的均匀混合。无论是插层型还是剥离型的 PLS 纳米复合材料，其结构都是热力学稳定的。但是在实际的 PLS 纳米复合材料中，很难得到纯粹的插层型或剥离型纳米复合材料，观察 TEM 照片时，往往能从其中同时看到插层型和剥离型的结构特征，说明它们的实际微观结构形态是介于插层型和剥离型之间的。

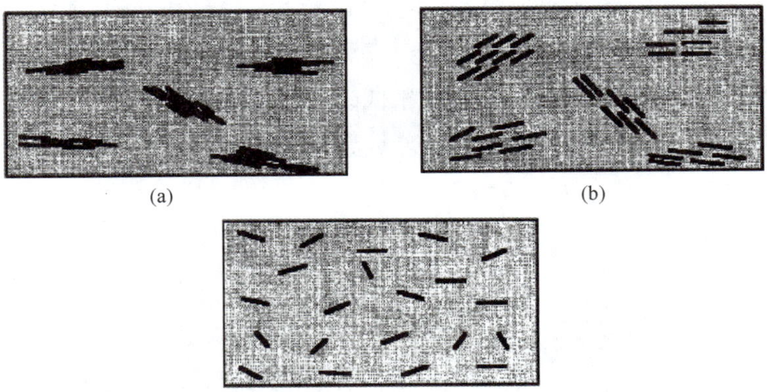


图 6-3 聚合物/层状硅酸盐复合材料的结构示意图

（a）普通的微粒填充复合物 （b）插层型纳米复合材料 （c）剥离型纳米复合材料

6.4.2.1.2 层状硅酸盐的插层原理

层状硅酸盐夹层内的阳离子易于吸水，发生水合作用并引起夹层的溶胀，但由于其内部的环境是亲水性的，常不利于有机高分子单体的渗入或聚合物分子链的插入。为了扩大其片层间距和改善层间的微环境，使硅酸盐片层的内外表面由亲水性转化为疏水性，增强硅酸盐片层与树脂分子链之间的亲和性，降低硅酸盐的表面能，使树脂单体或分子链更容易插入到硅酸盐的

层状硅酸盐在聚合物基体中的分散

片层之间形成纳米复合材料，一般需要利用插层剂的离子交换原理对硅酸盐的片层进行表面处理（即表面修饰）。

插层剂的选择在制备聚合物/层状硅酸盐纳米复合材料的过程中是极其重要的一个环节，需要根据聚合物基体的种类以及复合工艺的具体条件来选择。选择合适的插层剂需要重点考虑以下几个方面的因素：容易进入层状硅酸盐晶片间的纳米空间，并能显著增大黏土晶片间片层间距；插层剂分子应与聚合物单体或高分子链具有较强的物理或化学作用，以利于单体或聚合物插层反应的进行，并且可以增强黏土片层与聚合物两相间的界面黏结，有助于提高复合材料的性能；价廉易得，最好是现有得工业品。目前在制备聚合物/层状硅酸盐纳米复合材料时常用的插层剂有烷基铵盐、季铵盐、吡啶类衍生物和其他阳离子型表面活性剂等。

在层状硅酸盐的有机化处理过程中，插层剂的有机阳离子与硅酸盐片层间的水合阳离子进行交换反应。如烷基铵盐阳离子交换蒙脱土中 $Na^+$ 的反应式如下：

$$Na^+\text{—蒙脱土}+CH_3(CH_2)_{17}N^+(CH_3)_3Cl^- \rightarrow CH_3(CH_2)_{17}N^+(CH_3)_3\text{-蒙脱土}+NaCl \qquad (6-1)$$

这一层间阳离子交换示意图如图 6-4 所示。

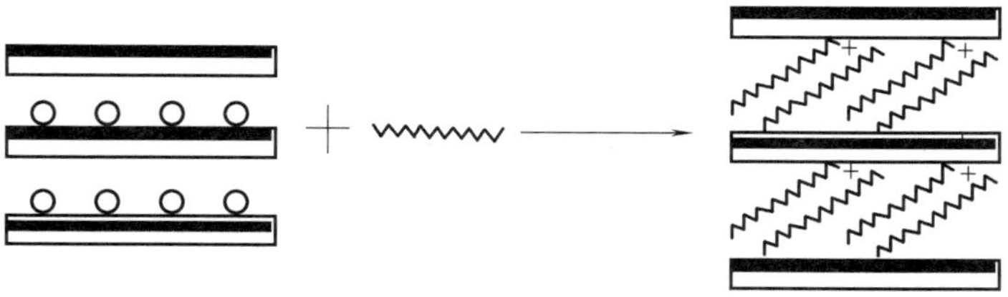

图 6-4　蒙脱土有机改性示意图

插层剂十八胺对蒙脱土的表面处理

该过程是一个简单的可逆过程，为了充分地将片层间的阳离子交换出来，往往要使用过量的插层剂以使该反应尽量向右边移动。

#### 6.4.2.1.3　聚合物/层状硅酸盐纳米复合材料制备方法

有效控制纳米复合材料的制备方法和加工条件，是层状硅酸盐在聚合物中达到纳米分散的又一关键。聚合物/层状硅酸盐纳米复合材料的一般制备方法是：层状硅酸盐在聚合物中的纳米级分散通常有两类插层剥离方法，即单体插层聚合和聚合物插层。

（1）单体插层原位聚合

单体插层原位聚合由两种方式完成：一种是单体直接插入硅酸盐片层间，单体在聚合过程中形成聚合物，通过反应的热效应和分子尺寸的效应，使层间间距进一步扩大直到晶片剥离。只要聚合物单体相是液体或熔体，可通过单体直接插层聚合，即改性纳米直接分散于单体中，进行加聚或缩聚。另一种是溶剂-单体混合插层聚合，这是为了改善纳米材料在单体中的分散和插层，例如，PA6、PET（PBT）纳米复合材料也可能通过先将高纯钠蒙脱石分散于水中，再与单体混合，通过预热，除去水分，使蒙脱石充分分散在单体中，单体随着水分子的去除插入层间，完成单体插层，然后再行聚合。溶剂-单体混合插层可以获得良好的单体分散插层但增加了制备过程，同时还应控制体系黏度的增高。

在单体插层聚合中，插层剂分子（有机季铵盐阳离子）一端以某种离子键（或库仑力）与黏土晶片表面负电荷结合，另一端则视其分子结构而有不同的情况。如另一端含有反应性基团，则可与单体反应参与共聚形成共价键，从而在聚合物–无机组分之间形成化学键连接，将纳米分散体系固定下来。此时，经插层化处理过的层状硅酸盐，可看作与单体一起共聚的单体。如另一端仅为有机长链，则主要发挥与聚合物分子链的亲和作用与长链缠绕作用。

（2）聚合物插层复合

聚合物插层复合可分为溶液插层和熔融插层。聚合物溶液插层是通过将改性层状硅酸盐与聚合物溶液共混，加热搅拌，聚合物大分子在溶液中借助于溶剂而插层进入硅酸盐片层间，然后再挥发去除溶剂。聚合物熔融插层工艺是应用传统的聚合物加工工艺，在熔融状态下，通过强剪切作用使聚合物大分子插层进入硅酸盐片层间，完成聚合物大分子的插层和硅酸盐叠层的剥离，使硅酸盐晶片达到纳米级分散。

#### 6.4.2.1.4 插层热力学分析

（1）插层过程的热力学分析

在制备 PLS 纳米复合材料的过程中，只有采取适当的技术手段使聚合物的大分子链进入层状硅酸盐片层之间，才能够在复合材料中形成纳米尺度的无机分散相，得到真正的纳米复合材料。如果无法达到这样的分散程度，所得到的材料就仅仅是普通的聚合物基复合材料。孤立地看，聚合物分子链从自由体积较大的有机相进入到层状硅酸盐片层之间的受限空间是一个高分子链构象熵减少的热力学的过程，无法自发进行，必须依靠一定的外界驱动力。因此必须对制备聚合物/层状硅酸盐纳米复合材料的过程中聚合物分子链插层及层状硅酸盐层间膨胀这两个关键步骤进行分析，揭示出在采取不同的制备方法时迫使聚合物分子链向层状硅酸盐层间迁移的热力学驱动力，并且根据热力学和动力学的分析结果寻找出有利于聚合物/层状硅酸盐纳米复合材料的制备条件，指导我们制备出性能优异的 PLS 纳米复合材料。

聚合物的大分子链对有机黏土的插层及层状硅酸盐层间膨胀过程是否能够进行，取决于整个系统热力学函数的变化，即相应过程中自由能的变化（$\Delta G$ 是否小于 0），只有当 $\Delta G<0$ 时此过程才能自发进行。对于等温过程，有 $\Delta G=\Delta H-T\Delta S$。

要使 $\Delta G<0$，则需满足 $\Delta H<T\Delta S$。在实际的反应过程中，能够满足该条件的有 3 种方式，它们分别属于两种过程：

放热过程（a） $$\Delta H<0, 且\ \Delta S>0 \tag{6-2}$$

（b） $$\Delta H<T\Delta S<0 \tag{6-3}$$

吸热过程（c） $$0<\Delta H<T\Delta S \tag{6-4}$$

焓变 $\Delta H$ 主要由单体或聚合物分子链与层状硅酸盐片层之间相互作用的强弱程度所决定，熵变 $\Delta S$ 则主要由反应体系中溶剂分子、单体分子以及聚合物的大分子链的约束状态所决定。

PLS 纳米复合材料的制备方法大致分类如下：从聚合物分子的来源看可分为单体插层原位聚合与大分子直接插层；从具体的实施途径来看分为溶液插层法和熔体插层法。把这两种因素互相组合可以得到 4 种具体制备过程：大分子熔体直接插层；大分子溶液直接插层；单体熔体插层原位本体聚合以及单体溶液插层原位溶液聚合。下面就对这 4 个典型过程逐一进行具体的热力学分析。

（2）大分子熔体直接插层

利用大分子熔体直接插层的方法制备聚合物/层状硅酸盐纳米复合材料时，起始状态是聚合物熔体和有机黏土，终结状态为聚合物分子链插入层状硅酸盐片层之间形成的纳米复合材料。对于最终能够插入层状硅酸盐片层之间的聚合物高分子链而言，它们是从自由状态的无规线团构象，最终成为受限于层状硅酸盐层间准二维空间的受限链构象，所以其熵变值 $\Delta S<0$，链的柔顺性越大将导致 $\Delta S$ 的负值越大。要使此过程能够自发地进行，必须按照放热过程(b)进行，$\Delta H<T\Delta S<0$,由此可知聚合物熔体对层状硅酸盐直接插层是由焓变控制的。而聚合物与层状硅酸盐表面的插层剂分子间较强的相互作用，可导致受限表面活性剂和聚合物之间的焓作用而补偿体系的熵减，从而利于聚合物与层状硅酸盐填料的混合。两者之间的相互作用必须强于两个组分自身的内聚作用，并且在插层过程中，由两者相互作用所产生的焓变要能够补偿插层过程中聚合物分子链熵的损失。另外，由于聚合物大分子链的熵变为负值，所以温度升高不利于插层过程的进行，所以应尽量选择仅略高于聚合物软化点的温度下制备聚合物/层状硅酸盐纳米复合材料。

（3）大分子溶液直接插层

大分子溶液直接插层过程分为两个步骤：溶剂分子插层和高分子对插层溶剂分子的置换。对于溶剂分子插层过程，部分溶剂分子从自由状态变为层间受约束状态，熵变 $\Delta S_1<0$，所以蒙脱土（MMT）的溶剂化热 $\Delta H_1$ 是决定溶剂分子插层步骤的关键，若 $\Delta H_1<T\Delta S_1<0$ 成立，则溶剂分子插层可自发进行；而在高分子对插层溶剂分子的置换过程中，由于高分子链受限损失的构象熵小于溶剂分子解约束获得的熵，所以熵变 $\Delta S_1>0$，只有满足放热过程 $\Delta H_2<0$ 或吸热过程 $0<\Delta H_2<T\Delta S_2$ 二者之一，高分子插层才会自发进行。因此，溶剂的选择是影响聚合物溶液插层法制备纳米复合材料的关键因素。

（4）单体溶液原位插层

聚合单体溶液原位插层主要分为两个步骤：溶剂分子插层和单体对插层溶剂分子的置换，溶剂分子插层过程的热力学分析上面已经进行过讨论，单体对插层溶剂分子置换的热力学分析与前面聚合物对插层溶剂分子置换的热力学分析一样。溶剂的作用就是通过对层间有机阳离子和单体二者的溶剂化作用，使单体插入层间，所以溶剂的选择至关重要，它要求自身能插层且与单体的溶剂化作用要大于与有机阳离子的溶剂化作用，它还应是聚合反应生成的高分子的溶剂。对于单体原位聚合而言，因 $\Delta S<0$，所以 $\Delta H<0$，并满足 $\Delta H<T\Delta S<0$，在等温等压下，该聚合反应释放出的自由能以有用功的形式反抗蒙脱土片层间的吸引力而做功，使层间距大幅度增加，从而形成纳米复合材料。

（5）单体熔融原位插层聚合

单体熔融原位插层聚合过程可以分为两个步骤：单体熔融插层和单体原位聚合。首先单体熔体和表面处理的蒙脱土复合，在剪切力作用下单体直接插入层状硅酸盐片层之间，关于单体熔融插层的热力学分析与上述聚合物熔融插层的热力学分析一样，而单体原位聚合与单体溶液原位插层聚合法中的单体原位聚合的热力学分析一样，上面已作分析。

### 6.4.2.2 聚合物/无机纳米复合材料的共混制备法

该方法是将纳米粒子直接分散于高分子基体来制备高分子基纳米复合材料，其中高分子基体多选用具有优异性能的功能材料。该方法的优点是通过控制条件获得高分散、小微粒的纳米复合材料。缺点是粒子易发生团聚，难于均匀分散。

共混法包括乳液共混法、溶液共混法、机械共混法、熔融共混法等，有实际意义的为熔融共混法，其他方法难于达到理想的分散效果。

熔融共混法制备聚合物/无机纳米复合材料是用捏合机、双螺杆挤出配混机将聚合物与纳米粒子在聚合物熔点以上熔融，混合的难点和关键是要防止纳米粒子团聚，故一般要对纳米粒子进行表面处理。表面处理剂有兼容剂、分散剂、偶联剂，并经常使用两种以上表面处理剂。

无机纳米粒子在聚合物基体中的均匀分散是提高纳米复合材料性能并减少纳米粒子填充量的关键所在。为了使纳米粒子充分分散，目前对生产设备提出了新的更高的要求。采用的混合方法主要有：

① 湿法研磨。使少量表面处理剂（包括偶联剂）能均匀分散在纳米粒子表面，避免重新产生团聚，其效果随设备转速及研磨时间而增加。但研磨所产生的作用力是一定的，因此超过一定的研磨时间和速度后，粒子的分散效果有很大的改善。

② 高速混合机。转速提高、时间增长，均对粒子的分散有好处，但增加到一定程度后，改善不是很明显。

③ 超声波震荡处理。超声波法的原理是使用超声波震荡破坏较大团聚体中小微粒之间的库仑力或范德华力，使小颗粒分散到基体中。这种方法进行纳米复合材料的合成在实验室中较常用，它在搅拌状态下把纳米粒子加入。

④ 振动磨。通过带偏心块的振动电机，在弹性支撑系统的支撑下，做高频低振幅的连续振动，使筒体内的物料在研磨介质的强烈冲击、剪切、研磨下细化，起到良好的分散作用。

⑤ 双螺杆挤出机。由于啮合同向双螺杆挤出机具有良好的分布、分散混合能力，其积木式的螺杆和机筒组合具有极大灵活性，通过应用已有的各种混合元件，并结合近年来不断出现的新型高混合能力元件，进行合理的螺杆组合，可以大大提高挤出机的混合能力，对于纳米粒子在树脂基体中的均匀分散也有良好的作用。

⑥ 在挤出机出料口后加装更有效的混合装置，如静态混合器、混沌混合装置（Chaotic Mixing，CM）等都更有利于纳米粒子的分散，CM 装置的作用，是对配混的复合材料进行反复的拉伸与折叠，其特征是具有随机性和分型性。前者表明局部不稳定性，后者说明系统的运动轨迹在相空间的几何形态，可用分型学方法来描述，是其规律性和有序性。

另外，要优化熔融共混装置结构参数以达到最佳分散效果。该法工艺简单，纳米粒子与复合材料制备分步进行，易于控制纳米粒子的形态和尺寸。熔融共混制备 PP/纳米 $CaCO_3$ 复合材料的工艺举例如下：

① 直接填充法。又称一步法。将纳米 $CaCO_3$ 与粉状 PP 经高速混合后在开炼机上于 175℃ 塑炼 8min，在平板硫化机上热压成片并根据国标制备试样。

② 母料法。又称两步法。将纳米 $CaCO_3$ 与部分与粉状 PP 经高速混合后在开炼机上于

170℃塑炼 4 min，再加入剩余 PP 在 175℃塑炼 8min，在在平板硫化机上热压成片，并根据国标制备试样。

③ 超声波分散法。（a）将 PP∶二甲苯 = 1∶7（体积比）置于三口烧瓶中，于 135℃在氮气保护下回流搅拌，使 PP 溶于二甲苯。（b）将纳米 $CaCO_3$ 加入一定量 PP 的二甲苯溶液中并在超声波下作用 20min，使纳米 $CaCO_3$ 在超声波作用下充分分散。（c）将步骤（b）所得倒入步骤（a）所得中继续搅拌 30 min，冷凝回收二甲苯，此时体系黏度升高，待体系为黏流态时即可倒出，真空干燥，再在开炼机上炼片。

#### 6.4.2.3　聚合物/无机纳米复合材料的其他制备法

##### 6.4.2.3.1　原位复合法

原位复合法是将热致液晶高分子聚合物与热塑性树脂进行熔融共混，用挤塑或注塑的方法进行加工。由于液晶分子有易于自发取向的特点，液晶微区沿外力方向取向形成微纤结构，在熔体冷却时这种微纤结构被原位固定下来，故称原位复合。只有当材料的微区尺寸在 100nm 以下时才能归属于纳米复合材料的范畴。原位聚合是可使刚性分子链均匀分散的一种复合新途径。在柔性聚合物（或其单体）中溶解刚直棒聚合物均匀地分散在高分子机体中而形成原位分子复合材料，这种方法称为原位聚合法。

##### 6.4.2.3.2　溶胶-凝胶法

溶胶-凝胶法是使用烷氧金属或金属盐等前驱物（水溶性盐或油溶性醇盐）溶于水或有机溶剂中形成均质溶液，溶质发生水解反应形成纳米级粒子并形成溶胶，溶胶经蒸发干燥转变为凝胶。如果条件控制得当，在凝胶形成与干燥过程中聚合物不发生相分离，即可获得高分子基纳米复合材料。近年来，利用金属烷氧化物的溶胶-凝胶反应与聚合反应巧妙的组合，制备高分子基纳米复合材料已成为材料科学新的热点。溶胶-凝胶法可以分为以下几种情况：

① 前驱物溶解在预形成的高分子物溶液中，在酸、碱或某些盐催化作用下，让前驱物水解，形成半互穿网络。

② 前驱物和高分子物单体溶解在溶剂中，让水解和单体聚合同时进行，这一方法可使一些完全不溶的高分子聚合物靠原位生成而均匀地插入无机网络中。如果单体未交联则形成半互穿网络，单体交联则形成完全互穿网络。

③ 在以上的高分子物或单体中可以引入能与无机组分形成化学键的基团，增加有机与无机组分之间的相互作用。该方法反应条件温和，分散均匀。

##### 6.4.2.3.3　LB 膜法

LB 膜法是利用具有疏水端和亲水端的两亲性分子在气-液界面的定向性质，来制备高分子基纳米复合材料。目前利用 LB 膜法制备高分子基纳米复合材料主要有两种方法：一种是利用含金属离子的 LB 膜，通过与 $H_2S$ 等进行化学反应获得；另一种是已制备的纳米粒子直接进行 LB 膜组装。用 LB 膜法制备的纳米复合材料，除具有纳米粒子特有的量子尺寸效应，还具有 LB 膜分子层次有序、膜厚可控、易于组装等优点。如果改变纳米粒子的种类及制备条件，那么可以改变所得到材料的光电性能。从而使得该类材料在微电子学、光电子学、非线性光学和传感器等领域得到了广泛的应用。

**学习活动（6-3）**

讨论：

1. 确定无机纳米粒子的表面处理方法；
2. 制定“聚烯烃/无机纳米复合材料制备”的工艺路线及工艺参数；
3. 定出配混操作规程、安全及防护规定。

实操：

1. 熟悉设备的结构与操作规程；
2. 确定投料量，将基本配方换算为实用配方；
3. 据实用配方中的原料用量，选择合适的计量器，称料；
4. 遵守安全及防护规定，按所定的配混操作规程完成操作，记录数据与现象。

### 6.4.3 聚合物/无机纳米复合材料的质量检验

（1）外观与规格

化学改性塑料粒料外观应塑化良好，无明显杂质和碎末，色泽一致、色度纯正。颗粒大小均匀。

（2）流动性

对聚烯烃纳米无机物复合材料，采用熔体流动速率仪测定。

（3）物理力学性能

将聚合物/无机纳米复合材料粒料注塑试样，根据制品性能指标要求，按测试标准测定拉伸强度、冲击强度等力学性能。

（4）热性能及其他

聚合物材料的热降解可以分为两个阶段：第一个阶段是在材料的加工过程中，聚合物短时间内处于较高温度下所发生的降解和某些化学反应；第二个阶段是指材料在贮存和使用过程中，在相对低的温度下热能引起的性能劣化。无机纳米粒子的加入可使复合材料耐热性提高，可用热变形温度表示；聚合物材料在较高温度下的热稳定性能通常使用热重分析法（TGA）来表征。

由高分子链与黏土片层间阳离子及片层表面的相互作用而引起的高分子链行为的变化（如结晶度、结晶速率等）可以用差示扫描量热仪（DSC）、 TGA、红外光谱 （FTIR）等来表征。

（5）聚合物/纳米复合材料的结构表征

对聚合物/无机纳米复合材料粒料试样的冲击断面或在液氮中冷冻后的脆断断面于扫描电子显微镜（SEM）下观察和拍照，可观察无机纳米粒子在树脂基体中的分散情况、填料与基体树脂界面的结合情况。透射电子显微镜（TEM）用于研究材料微观结构，分辨率满足观测纳米尺度的要求，结合图像处理技术可用于确定粒子的尺寸、形状及粒间距，广角 X 射线衍射

(WAXD)能确定纳米单元的结构参数，而小角X射线散射（SAXS)可以测定粒子的尺寸分布、含量以及粒子/基体界面面积。纳米单元结构特征也能用X射线光电子能谱（XPS)、俄歇电子能谱（AES)、离子能量损失谱（ILS)等来表征。

**学习活动（6-4）**

实操：

检验表面处理前后的纳米无机粒子、制备的复合材料；记录、整理检验结果。

## 6.5 总结与提高

### 6.5.1 总结与评价

完成了学习活动（6-1~6-4），还需要对本项目工作任务进行：

**总结与评价**

1. 资料整理

汇总本项目中所做的各项资料查询、讨论记录，制定的配方、表面处理与混合造粒工艺规程、安全及防护规定，混合操作与现象记录，所得混合物料的质量检验结果。

2. 写出总结报告。

3. 小组讨论，对工作任务完成情况做出评价。

（报告编写格式、评价指标见附录）

### 6.5.2 知识与能力拓展——可降解聚合物/纳米复合材料

塑料质轻、价廉、应用广泛，但使用后的塑料制品不能完全做到分类回收与处理，而且塑料降解缓慢。废弃塑料制品造成的环境污染——“白色污染”，是当今世界亟待解决的问题。

可降解塑料是解决白色污染的有效途径。目前，降解塑料的种类主要有光降解塑料、生物降解塑料、光/生物双降解塑料等。这些技术的发展，对深入研究和开发降解塑料产生了积极的推动作用，然而，并不能完全解决塑料的降解问题，制得的可降解塑料普遍存在着不能完全降解、品质差、具有不同程度的二次污染、生产工艺复杂、生产成本高等缺点，严重制约着可降解塑料的推广与应用。

聚合物纳米复合技术的发展为聚合物材料的高性能化、功能和工程化提供了有效途径，同时发现聚合物无机纳米复合材料在户外的使用过程中，由于紫外光的辐射发生降解的速度比不添加纳米粉体的更快。因而，可添加纳米粒子来改善降解塑料的性能，另一方面可利用纳米粒子加快光降解的这一性能来制备可降解塑料材料，即采用纳米光催化技术。

纳米光催化技术是纳米科技与光催化技术相结合的产物，通过光照射纳米光催化剂，把光能转化为化学能，发生一系列的氧化还原反应。光催化技术具有反应条件温和、氧化性强、净化彻底、能源环保等特点，纳米光催化剂具有高度表面效应和体积效应的特点，两者结合赋予光催化技术更强大的光催化氧化能力，在污水处理、空气净化等领域都表现出了相当好的效果，纳米光催化技术在降解塑料领域也表现出很大的潜力，常见的纳米光催化剂有纳米 $TiO_2$、纳米 ZnO、纳米 ZnS、纳米 CdS 及纳米 PbS 等，其中以纳米 $TiO_2$ 的综合性能最好，应用最为广泛。

#### 6.5.2.1 纳米光催化降解塑料的类型

根据将纳米光催化剂分散入塑料基体中的方式不同，可以将纳米光催化降解塑料分为溶液分散型纳米光催化降解塑料、熔融分散型纳米光催化降解塑料等。

溶液分散型纳米光催化降解塑料是指将纳米光催化剂分散在塑料溶液中，进而制得的纳米光催化降解塑料，其优点在于纳米光催化剂在塑料中分散均匀，克服了纳米粒子在高分子基体中难以均匀分散的缺点，光催化性能好，降解效率高。不足之处在于，使用有机溶剂易造成污染，不利于工业化推广。

熔融分散型纳米光催化降解塑料是指在塑料基体熔融的状态下将纳米光催化剂混入，进而制得的纳米光催化降解塑料。为使纳米光催化剂分散好，可先将纳米粉体进行表面改性，得到的改性纳米粉体、分散剂、载体树脂在混炼双螺杆挤出机上共混挤出纳米粉体母粒，然后再将母粒与树脂熔融混炼，制得纳米光催化降解塑料。

#### 6.5.2.2 纳米光催化降解塑料的降解机理

纳米光催化剂属于半导体型粒子，以 $TiO_2$ 为例，当被能量大于或等于 3.2eV 的光照射时，其价带上的电子 $e^-$ 被激发，同时上产生相应的空穴 $h^+$，形成光生电子-空穴对。其光生电子具有很强的还原作用，而空穴具有强氧化作用，与吸附溶解在其表面的氧气和水反应，分布在表面的空穴将 $OH^-$ 和 $H_2O$ 氧化成氢氧自由基；$TiO_2$ 的表面电子可被溶解在表面的氧俘获形成 $\cdot O_2^-$（超氧自由基）。

其反应过程如下（其中，$h^+$ 代表正电性的空穴，$e^-$ 为光激发电子，$\cdot OH$ 是氢氧自由基，$OH^-$ 为氢氧根离子，$\cdot O_2^-$ 是带负电的超氧自由基，$HO_2 \cdot$ 是反应中间体）：

$$TiO_2 + h\nu \longrightarrow h^+ + e^- \tag{6-5}$$

$$h^+ + H_2O \longrightarrow \cdot OH + H^+ \tag{6-6}$$

$$h^+ + OH^- \longrightarrow \cdot OH \tag{6-7}$$

$$e^- + O_2 \longrightarrow \cdot O_2^- \tag{6-8}$$

$$\cdot O_2^- + H^+ \longrightarrow H_2O \cdot \tag{6-9}$$

$$2H_2O \cdot \longrightarrow H_2O_2 + O_2 \tag{6-10}$$

$$H_2O_2 + \cdot O_2^- \longrightarrow \cdot OH + OH^- + O_2 \tag{6-11}$$

生成的 · OH 和 · $O_2^-$ 进一步引发塑料中高分子链的断裂，最终将高分子降解成羧酸、醛、酮、$CO_2$ 和 $H_2O$ 等小分子产物。与高分子反应遵循自动氧化机理：

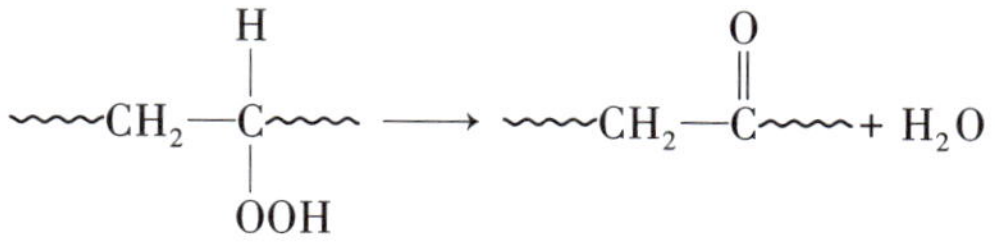
(6-12)

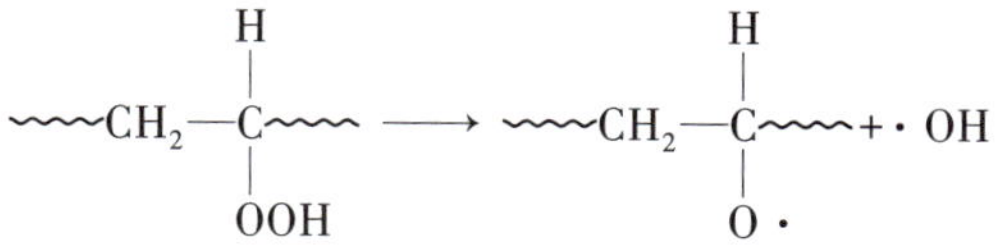
(6-13)

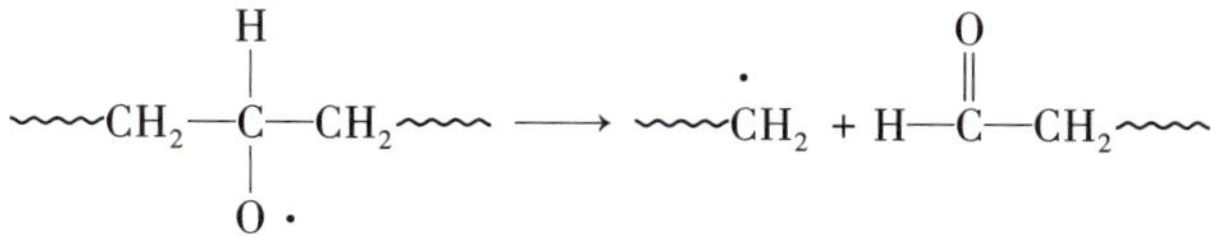
(6-14)

$$\sim\!\sim CH_2-CH_2\sim\!\sim + \cdot OH \longrightarrow \sim\!\sim CH_2-\dot{C}H\sim\!\sim + H_2O \tag{6-15}$$

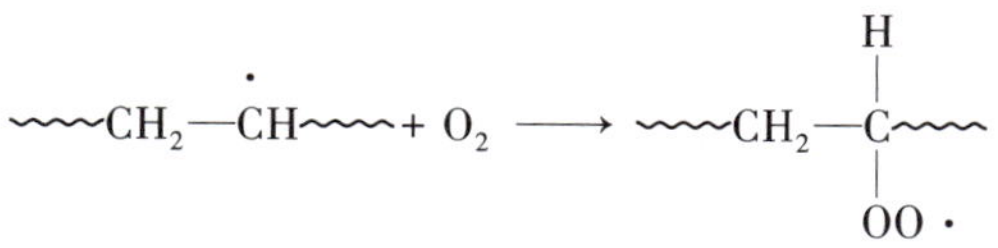
(6-16)

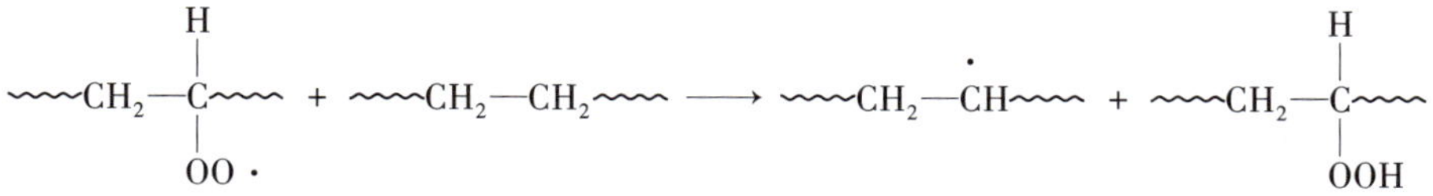
(6-17)

### 6.5.2.3　几种聚合物/无机纳米复合材料在热和光作用下的降解性能

（1）　PE

可以通过原位聚合法、溶液插层法、熔体插层法制成 PE/纳米复合材料。由于该纳米复合材料提高了聚合物的阻燃性，增加了模量和气体阻隔性，降低了热膨胀系数，质量轻、耐高温可应用于汽车工业、航空工业。 PE/有机蒙脱土（OMMT）膜在氧气环境中暴露于紫外光下，从复合材料辐射 200h 前后的 FTIR 谱图可看出，辐射后 PE/OMMT 纳米复合材料的降解速度要比纯 PE 快。纳米复合料显示出了比一般材料更高的可降解性。这是由于氧气到达基体表面由于蒙脱土孔道的干扰，它将保留更长时间，因此与纯聚合物相比更快发生降解。

使用 TGA 法研究 PE/OMMT 纳米复合材料的热降解性能发现：一方面， OMMT 层有很好的阻碍作用可以提高聚合物/OMMT 纳米复合材料的热稳定性。另一方面， OMMT 中的烷基铵阳离子可能会发生霍夫曼消去反应，其反应产物对聚合物基体的降解起到催化作用。第三，OMMT 本身也会催化聚合物基体的降解。后两种因素会降低聚合物/OMMT 纳米复合材料的热稳定性。另外，当 OMMT 的负载量较少时， OMMT 层可以很好地分散，主要起到阻碍作用。但是，随着 OMMT 负载量的增加，催化作用迅速增加占有主导地位，导致聚合物纳米复合材料热稳定性降低。

（2）　PP

PP/MMT 纳米复合材料在紫外光下的光氧化降解速度比纯 PP 要快得多。纯 MMT、烷基铵离子和增容剂都可加速 PP 基体的光氧化，MMT 颗粒在聚合物基体中的分散状态对聚合物基体光氧化降解的影响较小。即加速 PP/MMT 纳米复合材料的光氧化降解是由于增容剂、纯 MMT 和夹层间铵离子的影响，其中增容剂和纯 MMT 的影响最大。增容剂 PP-g-MAH 可向聚合物基体中引入一些感光成分，例如羧酸或酸酐。MMT 矿石复杂的晶体结构和性质会产生一些活性位，铵离子的分解可能会在 MMT 上产生活泼的酸性位，然后生成石蜡。所有的这些感光成分和催化活性位都可能得到来自原料物质分子低电子电势 PP 基体的电子。暴露于紫外光下在聚合物基体和原料中形成的自由基参与了光氧化降解。

在 PP 中加入一定量的锐钛矿型纳米 $TiO_2$、纳米 ZnO，通过共混熔融纺丝纺制成纤维。无论是在人工加速光降解还是自然光降解，锐钛矿型纳米 $TiO_2$ 都对共混 PP 纤维的光氧化降解具有明显的催化作用，在一定添加量范围内，无论是对于人工加速光降解试验还是自然光降解试验，锐钛矿型纳米 $TiO_2$ 的含量越高，对 PP 光氧化降解的催化作用就越强。据此，通过调节 $TiO_2$ 的添加量对 PP 材料的光降解速度进行调控，从而在一定范围内得到可控光降解 PP 材料。锐钛矿型纳米 $TiO_2$ 可以作为 PP 的一种高效光敏剂。同样，随着纳米 ZnO 用量的增加，共混纤维的断裂伸长率、断裂强度都迅速地降低，快速降解的起始点和断裂伸长率降低 1/2 所需要的时间也逐步缩短。说明纳米 ZnO 对 PP 的自然光降解具有一定的催化作用，可用作 PP 材料可控光降解的光敏剂。

（3） PVC

PVC 由于其超强的机械性能和物理性能、较高的耐化学和腐蚀性而应用广泛，例如管道、窗框、房屋框架，电缆绝缘层和地板。PVC 在 100～150℃下开始明显分解，紫外光、机械力、氧、臭氧、氯化氢以及活性金属离子等都会大大加速其的分解。 PVC 的热氧老化较复杂，往往同时进行好几种化学反应过程，既有分解脱氯化氢，又有氧化断链与交联。此外还有少量芳构化和大分子链断裂生成烃的反应过程。其中分解脱氯化氢是导致 PVC 老化的主要原因。

在对 PVC/纳米复合材料降解的研究中发现，MMT 对 PVC/纳米复合材料形成了一种碳质的烧结。MMT 的存在，稳定了在降解过程中形成的烯丙基，所以热稳定性会提高。然而，最近的研究发现，把 MMT 加到 PVC 中，增加了分解的速度，降低了最大分解速率和起始分解温度。这是由于在纳米复合材料表面有大量含碳的 MMT 存在，形成的致密的碳质结构阻碍了聚合物基体在高温下的降解，而由于纳米复合材料中有四元铵离子的存在，加速了聚合物初始阶段的分解。

### 6.5.2.4 完全生物降解聚合物纳米复合材料

（1）淀粉/MMT 完全生物降解纳米复合材料

淀粉作为天然高分子材料，具有再生、价廉等优点，在完全生物降解高分子领域一直占有重要的地位，全淀粉的塑料薄膜也已实现了工业化生产，但由于淀粉塑料存在吸水性强、脆性大等缺点而使其应用范围受到限制（如在食品包装、水果保鲜等应用领域）。在淀粉中加入增塑剂如甘油、已二醇、水以及 MMT，于一定温度在双螺杆挤出机的强力剪切作用下， MMT

解离成纳米尺寸的片状均匀分散在糊化淀粉中，形成了淀粉/MMT 纳米复合材料，使淀粉的亲水性大幅度下降，因此淀粉/MMT 纳米复合材料制备的薄膜透水蒸气的能力降低 2/3 以上，同时该材料制成的薄膜，二氧化碳、氧气和氮气的渗透率也大幅度降低，该纳米复合材料的脆性和强度也得到了一定程度的改善。

（2）聚己内酯/层状硅酸盐完全生物降解纳米复合材料

采用双螺杆挤出机挤出技术，制备层状硅酸盐/淀粉/聚己内酯纳米复合材料，层状硅酸盐在淀粉/聚己内酯中的分散情况对纳米复合材料的力学性能和耐水性能有很大的影响，均匀分散的层状硅酸盐可大幅度提高复合材料的力学性能、耐水性能和气体阻隔性能，同时复合材料的耐热性能也有了较大幅度的增强，从而拓宽了材料的使用范围。

（3）聚乳酸/MMT 完全生物降解纳米复合材料

聚乳酸在医疗及其他商业领域均有良好的应用，但是其气体阻隔性差，热性能和力学性能不理想限制了其应用。使用熔融插层技术制备聚乳酸/MMT 纳米复合材料，与纯聚乳酸比较，聚乳酸/MMT 纳米复合材料的热稳定性有了大幅度的提高，其模量也有了明显的增大。

1. 可降解塑料的发展前景如何？请查找相关资料，发表你的看法。

2. “美丽中国，我是行动者”。拒绝白色污染，保护环境，如何从自身做起？

# 项目七 增强改性塑料粒料的制备

## 7.1 学习目标

增强改性是在聚合物基体中加入增强材料以改进聚合物的性能，特别是力学性能的一种改性方法，改性结果得到复合材料。这是一种常用且有效的增强方法。增强用纤维类材料包括纤维和晶须两大类。纤维又分为无机类（如玻璃纤维、硼纤维、碳纤维、石英纤维、石墨纤维、陶瓷纤维等）、有机类（如聚丙烯腈纤维、聚酰胺纤维、聚碳酸酯纤维、聚酯纤维等）、金属类（如铝纤维、铁纤维等）。晶须主要有金属、氧化物、碳化物、石墨晶须等。

复合材料是材料家族中最年轻、最活跃的新成员。按 GB/T 3961—2009 术语，复合材料是指由两个或两个以上独立的物理相，包括粘接材料（基体）和粒料、纤维或片状材料所组成的一种固体产物。在复合材料家族中，目前使用最广、效果最好的是纤维增强材料。它以纤维增强塑料（树脂基）和纤维增强弹性体（橡胶基）为代表，其特点是加工性能好、加工周期短、强度高、材料轻，抗疲劳性能、减振性能、高温性能和耐腐蚀性能好。

本任务的目标是通过对纤维增强改性聚合物的基本原理、增强材料及其表面处理方法、复合材料制造工艺的学习和理解，能够进行配方设计、工艺加工和产品性能评价，制备出综合性能优异的纤维增强改性塑料粒料，学习目标见表 7-1。

**表 7-1　　增强改性塑料粒料制备的学习目标**

| 编号 | 类别 | 目标 |
|---|---|---|
| 1 | 知识 | 1. 理解聚合物增强改性的原理及方法<br>2. 掌握增强材料与表面处理剂的选择<br>3. 掌握增强改性聚合物的形态结构、性能及其影响因素 |
| 2 | 能力 | 1. 能完成配方和工艺的制定和计算<br>2. 完成增强塑料配合、混合、混炼的基本操作<br>3. 能处理混合工艺过程中常见的质量问题<br>4. 能对主要配混设备进行日常维护与保养 |
| 3 | 职业素质 | 见表 1-1 |

## 7.2 工作任务

基体与增强材料是复合材料的两大组成部分。基体是构成复合材料连续相的单一材料，增强材料则构成复合材料的分散相。按照基体材料的不同，复合材料包括聚合物基复合材料、金属基复合材料、陶瓷基复合材料等。本章具体工作任务见表 7-2。

表 7-2　增强改性塑料粒料制备的工作任务

| 编号 | 任务名称 | 主要设备与材料 | 要　求 |
| --- | --- | --- | --- |
| 1 | 短玻璃纤维增强热塑性塑料粒料的制备 | 高速混合试验机、双螺杆排气式挤出机、切粒机、干燥箱<br>树脂、短玻璃纤维、玻璃纤维纱、碳酸钙（$CaCO_3$）、滑石粉、云母等 | 1. 熟悉玻璃纤维增强热塑性树脂的基本原理和方法<br>2. 掌握所选原料及填料的基本物性和配合原理<br>3. 设计配方，对原料和玻璃纤维进行预处理和表面改性<br>4. 选择增强工艺与加工设备，设定和控制工艺条件进行配料、加工<br>5. 整理、讨论实操结果，汇总工作中遇到的具体问题并分析原因，写出报告 |
| 2 | 纤维增强热塑性塑料片材（GMT） | 双带式压机、流浆箱、成型网<br>树脂、连续纤维毡、针刺毡、短切原丝毡及单向连续纤维等 | 1. 熟悉玻璃纤维增强热塑性塑料片材的常见制备工艺<br>2. 熟悉增强片材常用塑料树脂和增强材料<br>3. 掌握熔融浸渍工艺的原理和操作<br>4. 比较熔融浸渍工艺和悬浮沉积工艺的优缺点<br>5. 整理、讨论实操结果，汇总工作中遇到的具体问题并分析原因，写出报告 |
| 3 | 长玻璃纤维增强热塑性塑料粒料的制备 | 挤出机、切粒机、干燥箱<br>树脂、连续玻璃纤维、$CaCO_3$、滑石粉、云母等 | 1. 熟悉长玻璃纤维增强热塑性树脂的基本原理和方法<br>2. 掌握熔融浸渍技术的原理和工艺<br>3. 选择增强工艺与加工设备，设定和控制工艺条件进行配料、加工<br>4. 整理、讨论实操结果，汇总工作中遇到的具体问题并分析原因，写出报告 |
| 4 | 纤维增强热固性塑料 | 螺带型桨叶混合机、刮刀、压辊、切割机、干燥箱<br>环氧树脂（或酚醛树脂、乙烯基树脂）、玻璃纤维、固化剂、增稠剂（MgO）、低收缩添加剂等 | 1. 熟悉纤维增强热固性塑料的特点、制备原理和制备方法<br>2. 掌握片状模塑料（SMC）的制备方法和技术<br>3. 设计配方，对原料和助剂进行预处理<br>4. 选择工艺与设备，设定和控制工艺条件进行配料、混合、加工<br>5. 整理、讨论实操结果，汇总工作中遇到的具体问题并分析原因，写出报告 |

## 7.3　纤维增强改性聚合物的基本原理

### 7.3.1　增强改性作用

#### 7.3.1.1　增强改性及其类型

（1）增强改性的目的

增强改性是在聚合物基体中添加增强材料以改进聚合物性能，特别是力学性能（强度、刚性等）提高数倍甚至数十倍。增强材料通常是纤维类材料及其制品，如玻璃纤维、玻璃布、玻璃毡、碳纤维、硼纤维、晶须、有机聚合物纤维及其织物。它们在聚合物中的作用类似于钢筋在水泥建筑材料中的作用。其中，聚合物基体为连续相，纤维为分散相，两相间“取长补短”、“协同作用”，极大地弥补了单一材料的缺陷，赋予聚合物复合材料各种优异的性能，大大拓展了聚合物材料的用途。目前纤维增强改性的聚合物复合材料主要应用于汽车、机械、电机、电器、船舶、飞机、建筑等行业。

复合材料界面的形成

纤维增强改性具有重要的经济意义。首先可以替代大量有色金属，如铜、铝合金、不锈钢等，降低原料成本；其次，与金属零件相比，成型方法简单、经济，适于批量生产；再次，若采用热塑性聚合物作为基体，废品可回收利用，从而大大提高材料利用率。

（2）纤维增强聚合物基复合材料的类型

复合材料包括三要素：基体材料、增强材料及复合方式。按此标准，纤维增强聚合物基复合材料可划分为多种类别。

① 按基体材料划分。可分为纤维增强塑料（树脂基）与纤维增强弹性体（橡胶基）。按基体聚合物的热行为，又可有热塑性与热固性之分。采用热固性树脂如：酚醛树脂、环氧树脂、不饱和聚酯树脂等与纤维增强材料复合，得到热固性增强塑料，简称 FRP。采用热塑性树脂与纤维增强材料进行复合得到热塑性增强塑料，简称为 FRTP。常用于制作 FRTP 的热塑性树脂有聚酰胺（PA）、聚丙烯（PP）、聚碳酸酯（PC）、聚甲醛、聚乙烯（PE）、丙烯腈-丁二烯-苯乙烯共聚物（ABS）、聚砜、聚苯醚等。热固性增强塑料制品中的聚合物分子结构为立体网状，不能再熔融成型。热塑性增强塑料制品则可再加热熔融成型，此外，热塑性增强塑料可制成形状复杂、尺寸精密的制品，且生产周期短，此为热固性增强塑料所不及的。

② 按增强材料划分。按纤维的排列，可划分为单向纤维、双向纤维与三向纤维聚合物基复合材料；按纤维的形态，可划分为连续（无限长）纤维、长纤维、短纤维与磨碎纤维增强聚合物基复合材料；按纤维的种类，可划分为玻璃纤维、碳纤维、芳纶纤维、硼纤维、金属纤维等纤维增强聚合物基复合材料。增强材料采用玻璃纤维及其制品时所得到的热固性玻璃纤维增强塑料，即所谓的“玻璃钢”，缩写为 GFRP；增强材料采用玻璃纤维及其制品时所得到的热塑性玻璃纤维增强塑料，缩写为 GFRTP；增强材料采用碳纤维的热固性增强塑料与热塑性塑料的缩写分别为 CFRP 与 CFRTP。

③ 按复合方式划分。纤维与聚合物可采用多种复合方式组成复合材料，如预混复合、浸渍复合、层叠复合、骨架复合等。

#### 7.3.1.2 纤维增强聚合物复合材料的性能

复合材料可综合发挥各种组成材料的优点，使一种材料具有多种性能，具有天然材料所没有的性能。例如，玻璃纤维增强环氧基复合材料，既具有类似钢材的强度，又具有塑料的介电性能和耐腐蚀性能。此外，复合材料可按对性能的需要进行材料的设计和制造，可制成所需的任意形状的产品，可避免多次加工工序。纤维增强聚合物复合材料最突出的优点主要表现在力学性能的提高，即比强度高、比模量高、蠕变小、抗疲劳、耐磨耗等。力学性能又与复合材料中纤维的品种、纤维的排列取向、纤维的含量、纤维的长度、聚合物基体、纤维与基体的界面结合等因素密切相关。

（1）比强度高、比刚度大

单位质量的强度和模量，称为比强度和比模量，是在质量相等的前提下衡量材料承载能力和刚度特性的一种指标。对于航空、航天的结构部件，汽车、火车、舰艇、分离核燃料的高速离心机等运动、转动结构，这是一个非常重要的指标，它意味着可制成性能好而又质量轻的结构。即使对于土建工程和化工设备等，因为材料的比强度高比刚度大意味着可减轻自重，承受较多的载荷和改善抗震性能等，故也是一个重要指标。

（2）成型工艺性能好

这里是指聚合物基体纤维增强复合材料的成型工艺性能好。金属基体复合材料的成型工艺非常复杂。对于连续纤维增强复合材料，可用手糊法、模压成型法、缠绕成型法和拉拔成型法等制造工艺。从原理和设备上讲，其制造工艺比较简单，没有大量的切割，原材料消耗少，所用功率也不大，可制成形状复杂的部件，尤其适宜于制作相当大的整体结构部件，这种较大整体结构部件可一次成型，大大减少了零部件、紧固件和接头数目，减少了装配工作量，显著减轻了结构质量并减少了工时。

（3）材料性能可以设计

复合材料的最主要优点和特点在于它的可设计性。复合材料和复合材料的结构部件（产品）都具有可设计性，这两者在制造时是同步完成的。金属结构用已生产出来的金属材料来进行设计和制造。金属材料是成批生产的，当品种规格选定了，材料的力学性能也就确定了。纤维增强复合材料在微观上是由纤维和基体组成的一种“结构”。在增强材料和基体材料选定以后，尚有许多材料参数和几何参数可以变动，以设计出具有不同性能的复合材料。纤维增强复合材料及其结构的可设计性，表现在选择纤维的种类、性能和体积分数，安排铺层的方向、层数和层次。根据载荷的种类、大小、使用要求和工艺条件等，对结构的形式、尺寸和厚度等进行设计，可使结构的性能、质量和经济指标等都做到合理和优化。

（4）抗疲劳性能好

疲劳破坏是材料在交变载荷作用下，由于裂纹的形成和扩展而造成的低应力破坏。疲劳破坏是飞机坠毁的主要原因之一。复合材料在纤维方向受拉时的疲劳特性要比金属好得多。金属材料的疲劳破坏是由里向外经过渐变然后突然扩展的。在渐变阶段，疲劳裂纹和损伤尺寸甚少且很小，不易检测到，裂纹一旦达到临界尺寸就突然断裂。因此在发生疲劳破坏之前，并没有明显的预兆。而纤维增强复合材料的基体是断裂应变较大的韧性材料。在基体中或在界面上，固化后常有缺陷和裂纹存在，纤维和基体间的界面常常能阻止裂纹的扩展或者改变裂纹扩展的方向。因此其疲劳破坏总是从纤维或基体的薄弱环节开始。逐步扩展到结合面上，损伤较多且尺寸较大，破坏前有明显的预兆，能够及时发现和采取措施。

（5）破损安全性能好

单向纤维增强复合材料是成千上万根纤维在同一方向由基体黏合而成的。纤维中不可避免地存在着缺陷。若没有基体在传递剪应力，则在拉伸过程中必定有一些纤维由于应力过大或缺陷较大而首先断裂，不再参与承载。于是各纤维的受力状态发生变化，又有一些应力过大或缺陷较大的纤维再次发生断裂，并使断裂的过程加速发展，直至全部的纤维断裂为止。每一根纤维所承受的应力和应变非常悬殊，很不均匀，而全部纤维的平均应力和应变则很低。纤维束几乎没有抗压和抗弯的能力，因而纤维束不能单独作为结构材料使用。在纤维增强复合材料中，由于基体的作用，在沿纤维方向受拉时，各纤维的应变基本相同。已断裂的纤维由于基体传递应力的结果，除断口处不发挥作用和在断口附近一小段部分发挥作用外，其余绝大部分纤维依旧发挥作用。断裂了的纤维周围的邻接纤维，除在局部需多承受一些内断裂纤维通过基体传递过来的应力而使应力略有升高外，各纤维在宏观意义上几乎同等受力。各纤维间应力的不均匀程度大大降低了，其平均应力将大大高于没有基体的纤维束的平均应力，因而增大了平均应变。这样，个别纤维的断裂就不会引起连锁反应和灾难性的急剧破坏，因而破损安全性能很好。

（6）减振性能好

以聚合物为基体的纤维增强复合材料的基体具有黏弹性。在基体中和界面上有微裂纹和脱黏的地方，还存在着摩擦力。在振动过程中，黏弹性和摩擦力使一部分动能转换为热能。因此，纤维增强复合材料的阻尼比钢和铝合金大，若采取措施还可使阻尼增大。这就是纤维增强复合材料减振性能好的原因。

（7）热稳定性好

纤维增强复合材料的结构部件（和产品）在大幅度温度变化的环境下，具有非常微小的热变形。石墨纤维和 Kevlar 纤维的复合材料，在纤维方向具有数值很小而且是负值的热膨胀系数。当温度升高时不是伸长而是收缩，当温度下降时不是收缩而是伸长。这种可贵的特性经过合理铺层，可设计出线膨胀系数为零或接近于零的部件。这种特性很重要，只有采用上述纤维增强复合材料才能得到。

复合材料目前还存在一定的缺点，主要包括以下问题。

大多数增强纤维拉伸时的断裂应变很小，所以纤维增强复合材料也是脆性材料。沿纤维方向是这样，垂直于纤维方向更是这样。其断裂应变要比金属材料小得多，这是较大的缺点。但改善纤维的断裂应变、基体的韧性和界面状况，就可提高复合材料的强度和抗断裂、疲劳及冲击等能力。此外，叠层复合材料的层间剪切强度和层间拉伸强度很低，这已成为致命的弱点；层间切变模量相当低，引起了若干问题，带来了不良的后果。

影响复合材料性能的因素很多，其中包括纤维和基体性能的高低，孔隙、裂纹和缺陷的多少工艺流程和操作过程是否合理，固化的温度、压力和时间的安排（升温和降温阶段）是否合适，生产环境和条件是否满足要求等，这些都能引起复合材料性能的较大变化。加上产品还缺乏完善的检测方法，因此产品的质量不易控制，材料性能的分散性大，可靠性较差。放松了对分散性的要求，而采用过大的安全系数，将使复合材料的优点得不到充分利用。因此，需要十分重视产品质量问题。

#### 7.3.1.3　纤维增强机理

早在几千年前，人类就已经在泥土中添加稻草来维修建房屋，以此增加土墙的强度。在纤维增强塑料体系中，塑料为连续相、为基体，纤维为分散相，纤维的强度一般远高于树脂基体。因此，当受到外力作用时，力从树脂基体传递到树脂和纤维的界面层、再传递到纤维，因此纤维能帮助基体“承担”很大一部分作用力从而起到增强作用。事实上，由于纤维具有高强度，在纤维增强塑料破坏时，纤维往往成为载荷的主要承担者。纤维增强塑料的破坏一般主要有基体破坏、界面破坏、纤维拔出、纤维断裂等多种形式。

从上述的作用机理可以看出，影响纤维增强效果即“纤维能承担多大的力”主要取决于纤维含量、纤维长度、纤维与树脂的界面强度、纤维自身强度等多个要素。在其他要素已经确定的情况下，纤维长度往往成为纤维增强塑料强度的最大影响因素。一般来说，在材料或制品中的纤维保留长度越长，纤维增强塑料（或制品）强度越高。

这里需要特别强调的是短纤维增强塑料体系，纤维在体系中的保留长度必须要达到一个所谓的“临界长度”（或临界长径比）后，纤维增强效果才能体现明显，否则纤维就接近于普通填料的效果。这也是用螺杆挤出机制备短纤维增强塑料时，纤维不能和塑料从主喂料口同时加入的原因。一般来说，只能在树脂熔融后，纤维在螺杆挤出机的中部加入，这样才能保证纤维不会被剪切混炼等作用力“磨碎”从而获得良好的增强效果。

纤维不但能增强塑料的强度，往往还能提高耐热性，这点在结晶型热塑性塑料中体现得特别明显。比如30%玻璃纤维增强PA6的热变形温度（负荷1.8MPa）比未增强的PA6树脂高130℃左右。

#### 7.3.1.4　纤维增强聚合物复合材料的应用

纤维增强的热塑性塑料由于性能良好，而且一般可采用注射方法成型，生产率高等，因此，目前已被广泛应用。它主要用于要求质量轻、强度高的零件材料。如航空、机车车辆、汽车、船舶和农机等方面的受力、受热的结构件与传动零件，也有用于电机、电器上绝缘零件。

玻璃纤维或玻璃纤维制品（纤维布）与热固性树脂组成的复合材料，被称为玻璃纤维热固性增强塑料，通常又称为玻璃钢。玻璃钢具有高的比强度和良好的电绝缘性和绝热性，对于淡水、大气及多种腐蚀性化学介质都具有稳定性，可根据需要制成半透明或特别的保护色和辨别色，能承受超高温的短时作用。如酚醛树脂玻璃钢可在150~200℃温度下长期使用，也能耐瞬时超高温。玻璃钢适宜于制成大型整体件，可以方便地制成任意曲面形状不同厚度和非常复杂的形状。还可以利用玻璃纤维的各向异性，单独增强受力的方向，非受力部位的尺寸和质量得以减小。

总的来说，玻璃钢集中了玻璃纤维和树脂的优点，具有轻质、比强度高、成型工艺好的特点。早在20世纪40年代初，英国就利用玻璃钢透波性好、比强度高、复杂曲面容易成型等优点制作了雷达罩。目前，飞机、汽车、轮船上许多部件都可以用玻璃钢制作，具有质量轻，载重能力高，降低油耗，隔热、隔音性好，制造、维修方便等突出优点．此外，玻璃钢在石油化工、机械制造以及医学领域也有非常广泛的应用。从发展趋势看，玻璃钢在车辆上的应用前景非常可观。

## 7.3.2 增强纤维

增强纤维是用于增强复合材料的纤维材料，主要用来提高聚合物的强度、模量和硬度等，为复合材料中承受载荷的组分。用作树脂基复合材料增强纤维的主要类型有：玻璃纤维、碳纤维、芳纶纤维、硼纤维、碳化硅纤维、超高相对分子质量聚乙烯纤维等。不同类型纤维之间性能相差很大，每一类纤维又包含许多性能各异的品牌。典型增强纤维的主要物理性能见表7-3。

**表7-3 典型增强纤维的主要物理性能**

| 性能 | E-玻璃纤维 | 碳纤维（PAN） | 芳纶纤维 | PET纤维 | 石棉纤维 | 剑麻纤维 | 不锈钢纤维 | 陶瓷纤维 |
|---|---|---|---|---|---|---|---|---|
| 纤维直径/mm | 0.01 | 0.007 | 0.013 | 0.023 | 0.005 | 0.254 | 0.008 | 0.005 |
| 相对密度 | 2.54 | 1.8 | 1.45 | 1.38 | 2.5 | 1.5 | 7.8 | 2.7 |
| 弹性模量/GPa | 72 | 230 | 131 | 10 | 159 | 16.5 | 193 | 103 |
| 拉伸强度/GPa | 3.5 | 3.8 | 2.8 | 1.0 | 2.1 | 0.5 | 0.6 | 1.7 |
| 断裂伸长率/% | 4.8 | 1.1 | 2.4 | 22 | — | 2~3 | 2.3 | — |
| 热导率/W·(m·K)$^{-1}$ | 1.01 | 8.65 | 0.5 | 0.25 | — | — | 1.12 | 2.88 |
| 线膨胀系数×10$^{-4}$/℃ | 0.08 | 0.06 | — | — | — | — | 0.04 | — |
| 近似相对成本(质量) | 1 | 15 | 4 | 2 | 1 | 0.7 | 18 | 3 |

由于性能上的差异，不同的纤维有不同的应用效果。实际应用中，应在全面了解各类纤维的基础上，结合对制品性能的具体要求，正确地选用增强纤维。

### 7.3.2.1 玻璃纤维

玻璃纤维是一种性能优异的无机非金属材料，是现代材料家族中重要的一员，也是高新技术不可缺少的配套基础材料。它不仅具有不燃、耐高温、电绝缘、拉伸强度高、化学稳定性好等优良性能，还可以采用有机涂覆处理技术来进行制品深加工及扩大制品的应用。玻璃纤维具有一系列优越的性能，作为聚合物的增强材料效果十分显著。它产量大、价格低廉，是目前应用最为广泛的一类增强纤维。用玻璃纤维增强塑料已成为当今最热门的工业领域之一，即复合材料工业的主体。

#### 7.3.2.1.1 玻璃纤维的制造工艺

目前生产玻璃纤维最常用的方法有玻璃球法（也称为坩埚拉丝法）和直接熔融法（也称为池窑拉丝法）。

（1）玻璃球法

玻璃球法生产工艺由制球和拉丝两部分自成。根据纤维质量要求，将砂、石灰石、硼酸等原料按一定的比例干混后，装入高于1260℃熔炼炉中熔融，熔融的玻璃流经造球机制成玻璃球供拉丝选用。

将制好的玻璃球经热水清洗、去污和挑选后放入坩埚加热熔化，再由高速（1000~3000m/min）

转动的拉丝机拉丝制成直径很细（3～20μm）的玻璃纤维。图 7-1 是玻璃纤维的制备工艺示意图。

（2）直接熔融法

直接熔融法是将玻璃配合料投入熔窑熔化后直接拉制成各种支数的连续玻璃纤维。这是生产连续玻璃纤维的一种新的工艺方法。与玻璃球法相比较有以下优点：

① 省去制球工艺，简化工艺流程，效率高；

② 池窑容量大，生产能力高；

③ 对窑温、液压、压力、流量和漏板温度可实现自动化集中控制，所得产品质量稳定；

④ 适用于采用多孔大漏板生产粗玻璃；

⑤ 废产品易于回炉。

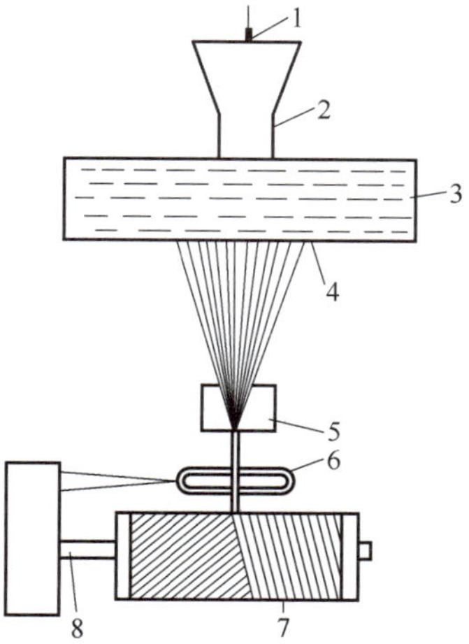


图 7-1 玻璃纤维的制备工艺示意图

1—原料 2—带有筛孔的炉子 3—熔融玻璃 4—多孔筛 5—集束器 6—排线器 7—丝轴 8—卷绕

#### 7. 3. 2. 1. 2 玻璃纤维的分类和性能

玻璃纤维的品种、性能和用途各式各样，因而分类方法较多，下面介绍几种常用的分类方法。

（1）按玻璃纤维的组成、特性与用途分类

有碱玻璃纤维，含碱量在 10%以上的玻璃纤维，代号 A。含碱量是指成分中含钾、钠氧化物的质量。有碱纤维，这是玻璃纤维中最基本的类型，其化学组成类似窗玻璃。A 玻璃纤维耐酸性优良、原料丰富、成本低，常用于玻璃毡及耐酸性用的玻璃纤维增强制品。其力学强度、化学稳定性、电绝缘性能都较差，已逐步为其他形式的玻璃纤维所取代。

中碱玻璃纤维，含碱量在 2%～10%的玻璃纤维，代号 C。此种组成的玻璃纤维化学稳定性较好，尤其是耐酸性能比下述 E 玻璃纤维好。虽然力学强度不如 E 玻璃纤维，但由于来源较 E 玻璃纤维丰富，且价格便宜，所以对于力学强度要求不高的一般增强聚合物复合材料，可用这种玻璃纤维。

无碱玻纤，含碱量在 1%以下，代号 E，也叫电气玻璃纤维。其碱含量低且强度高，有良好的拉伸、压缩强度与刚性，良好的电气性能与热性能，较好的防水性与抗碱性，但耐酸性略差。因其良好的综合性能与较低的成本而得到了广泛的应用。

低介电玻纤，代号 D。此种组成的玻璃纤维的力学性能远不如 E 玻璃及 S 玻璃，但它具有特别良好的介电性能。其低介电常数与低介电损耗使它主要应用于电子工业，如电绝缘件等，最适合做雷达天线罩等。

耐腐蚀玻璃纤维，代号 E-CR，它是在 E 玻璃纤维的基础上，为改善其长期耐化学性能而发展出来的品种。其耐酸性比 E 玻璃纤维好得多。 E-CR 是一种铝硅酸盐玻璃纤维，不含 $B_2O_3$，这是它与 E 玻璃纤维在组成上的主要区别。与 E 玻璃纤维相比， E-CR 玻璃纤维的相对密度和折射率稍高。

高强度玻璃纤维，代号 S，它与 E 玻璃纤维相比，拉伸强度高 33%，弹性模量约高 20%。S 玻璃纤维具有高的强度质量比、高温下良好的保留强度和高的疲劳极限，这些性能非常有利于空间应用。因此， S 玻璃纤维广泛应用于火箭发动机壳体、高性能的飞机部件及力学性能为主要要求的其他方面。

高模量玻璃纤维，代号 M。含氧化铍的玻璃纤维是最常见的高模量纤维，比重较高，为 2.89，具有较高的模量，主要应用在高技术性能领域如宇航和国防工业。

粗纤维，代号 G～R，大多是无纺布制品，用作塑料、橡胶和水泥的增强材料， R 玻璃纤维适用于缠绕法制造管道。

此外，为满足各种特殊的应用领域，还有一些添加了特殊成分的玻璃纤维。如高硅氧纤维、抗红外玻璃纤维、光学玻璃纤维、导电玻璃纤维等。其中，高硅氧纤维是指含 $SiO_2$95%以上的纤维，耐热达 1100℃，常用于高温防火设备。不同玻璃纤维的性能见表 7-4。

表 7-4　　　　不同玻璃纤维的性能

| 性能 | 有碱玻璃纤维 A | 中碱玻璃纤维 C | 低介电玻璃纤维 D | 无碱玻璃纤维 E | 高强度玻璃纤维 S | 粗纤维 R | 高模量玻璃纤维 M |
|---|---|---|---|---|---|---|---|
| 拉伸强度/GPa | 3.1 | 3.1 | 2.5 | 3.4 | 4.58 | 4.4 | 3.5 |
| 弹性模量/GPa | 73 | 74 | 55 | 71 | 85 | 86 | 110 |
| 断裂伸长率/% | 3.6 | — | — | — | 3.37 | 4.6 | 5.2 |
| 密度/g·$cm^{-3}$ | 2.46 | 2.46 | 2.14 | 2.55 | 2.5 | 2.55 | 2.89 |
| 比强度/GPa·$[(g·cm^{-3})]^{-1}$ | 1.3 | 1.3 | 1.2 | 1.3 | 1.8 | 1.7 | 1.2 |
| 比模量/GPa·$[(g·cm^{-3})]^{-1}$ | 30 | 30 | 26 | 28 | 34 | 34 | 38 |
| 热膨胀系数/$×10^{-6}$/K | — | 8 | 2~3 | — | — | 4 | — |
| 折射率 | 1.52 | — | — | 1.55 | 1.52 | 1.54 | — |
| 损耗角正切值 | — | — | 0.0005 | 0.0039 | 0.0072 | 0.0015 | — |
| 相对介电常数 $10^5$Hz | — | — | 3.8 | — | — | 6.2 | — |
| 相对介电常数 $10^{10}$Hz | — | — | — | 6.11 | 5.6 | — | — |
| 体积电阻/Ω·cm | $10^{14}$ | — | — | $10^{19}$ | — | — | — |

（2）按玻璃纤维的直径分类

初级玻璃纤维，单丝直径在 20μm 以上；中级玻璃纤维，单丝直径在 10～20μm 之间；高级玻璃纤维，单丝直径在 3～9μm 之间；超级玻璃纤维，单丝直径在 3μm 以下。典型的玻璃纤维直径范围及其代码见表 7-5。

表 7-5　　　　典型的玻璃纤维直径范围及其代码

| 直径代码 | 直径范围/μm | 直径代码 | 直径范围/μm |
|---|---|---|---|
| DE | 5.8~7.1 | M | 15.2~16.5 |
| F | 7.6~8.9 | N | 16.5~17.8 |
| G | 8.9~10.2 | P | 17.8~19.1 |
| H | 10.2~11.4 | R | 20.3~21.6 |
| J | 11.4~12.7 | S | 21.6~22.9 |
| K | 12.7~14.0 | T | 22.9~24.2 |
| L | 14.0~15.2 | | |

玻璃纤维的直径越细则强度越高，扭曲性越好。主要原因是纤维直径越细，其表面裂纹较少而且小，因此抗拉强度随纤维直径的减小而大幅度上升。玻璃纤维直径与拉伸强度的关系见表 7-6。

**表 7-6　　玻璃纤维直径与拉伸强度的关系**

| 直径/μm | 4 | 5 | 7 | 9 | 11 |
|---|---|---|---|---|---|
| 拉伸强度/MPa | 3000~3800 | 2400~2900 | 1750~2150 | 1250~1700 | 1050~1250 |

(3) 按玻璃纤维长度分类

玻璃纤维按其长度可分为连续玻璃纤维、短切玻璃纤维以及磨碎纤维等。

连续玻璃纤维也叫连续长纤维，是指用漏板法拉制形成的玻璃纤维原丝。

短切玻璃纤维是指未经任何形式结合的短切连续玻璃纤维原丝段所构成的产品。其纤维长度通常为 3~25mm。在生产各种模压及增强热塑性塑料时，就大量采用玻璃纤维短切原丝作为增强材料。玻璃纤维原丝短切后的长度规格主要有 3、4.5、6、12、24mm 等。用于短切原丝的玻璃纤维直径系列通常为 9、10、11、12、13、14μm，其中 13μm 的短切原丝（也叫 k 纤维）最为常用。

磨碎纤维也叫研磨纤维，是指研磨过的短切纤维，其长度比短切纤维更短， 0.8~1.6mm 之间。磨碎纤维用于要求硬度大、成型时的流动性高、尺寸稳定性好以及各向异性较小的场合。

### 7.3.2.1.3　玻璃纤维的产品形式

纤维常以连续纤维、长纤维、短纤维等不同形态应用于各种聚合物增强改性的场合。长纤维通常是指长度在 10~50mm 的不连续纤维，短纤维则是指长度小于 10mm 的不连续纤维。通常，当纤维在塑料制品中能保持的长径比越大，增强作用越有效。因此，连续纤维具有最好的增强效果，连续纤维增强塑料的强度也远高于短纤维增强塑料。玻璃纤维制品有纱、无捻粗纱、玻璃带、玻璃毡、短切纤维和玻璃纤维织物如平纹、斜纹和缎纹玻璃布等。最简单的纱是一股玻璃纤维原丝，通称单股纱，典型的纱是由两股或更多股原丝加捻后合股而成。玻璃纤维织物是将经纱与纬纱在普通织机上织成，生产出严格控制厚度、质量及强度的各种纺织品。决定织物类型的主要因素是织物的经纬密度、排列、厚度和不同结构的织法。

(1) 无捻粗纱

无捻粗纱就是将一组许多股基本平行的原丝，集束成一束（带条）缠绕在圆柱形的纱管上。生产上应用的有连续无捻粗纱及圈状毛纱两种。无捻粗纱有 4~60 股多种规格，具有浸渍树脂又快又透的特点，适用于纤维缠绕制品，例如作火箭发动机壳体、压力瓶、储罐及管道等。无捻玻璃布的特点是浸渍树脂容易渗透、覆盖性好。无捻玻璃布有平纹、斜纹和缎纹之分，厚度有 0.2、0.3、0.4、0.5mm 等多种规格，也有 5∶1 单向平纹方格布等产品。

(2) 短切纤维

连续无捻粗纱或圈状毛纱或原丝可切成短纤维。短切纤维应用中要涂以不同性质的浸润剂，使其易于同多种塑料树脂黏合，浸润剂的类型和用量，对无捻粗纱短切前后的集束性能影响很大。集束性高的纱称为“硬丝”，容易分散开的则叫“软丝”。

短切纤维主要用制玻璃毡及预浸渍料作模压制品，如泵、阀、电气等零部件、管配件，也可用于增强热塑性复合材料。长度短的短切纤维利于改变原丝的定向性，并能制成薄壁构件。在预混料模压法中，较长的短切纤维中可混以较短的纤维，以易于充填弯度很大的部位，增加制品在易受冲击及开裂部位的玻纤含量。

（3）磨碎纤维

连续纤维可粉碎成磨碎纤维，其长度随在操作中通过的筛孔而定。磨碎纤维上涂有不同品种的浸润剂，以提高纤维与不同种类树脂间的黏合能力。此种纤维一般用在浇注料、黏合剂、修补料及纤维浆中，作为抗裂剂及体积尺寸稳定剂。

（4）增强毡

增强毡是一种短切或连续原丝均匀和任意地分布在毡的表面，从而形成的各个方向性能均匀的非织造原丝毡。增强毡分为短切原丝毡和连续原丝毡两种形式。短切纤维毡是将原丝切成不同的长度（一般为 50mm），随机直接铺放在传送带（或铺放在预先置于传送带上的基材）上，一般采用黏合剂或针刺的方法将短切纤维固定成为短切毡。用针刺方法固定的短切原丝毡也称为短切纤维针刺毡。连续原丝毡是将连续原丝以涡旋的形式进行无规铺放，一般采用黏合剂固定或针刺固定，用针刺方法固定的连续原丝毡也称为连续纤维针刺毡。在热塑性复合材料中，主要采用短切纤维针刺毡和连续纤维针刺毡制造热塑性复合材料片材（GMT）。

① 短切玻璃纤维针刺毡。首先将基材放置在传送带上，再将玻璃纤维切成 50mm 长的短切粗纱随机铺放在基材上；然后用带有倒钩的针将短切纤维刺进基材中，同时钩针又将一些纤维向上带起，将短切纤维固定，形成密实牢固的三维结构。所用的基材可以是玻璃纤维的稀疏织物，也可以是其他纤维的稀疏织物。

② 连续纤维针刺毡。用抛丝装置将玻璃纤维原丝随机抛在连续移动的网带上，然后经针板针刺纤维，使得连续纤维相互联结成为三维结构毡。连续纤维针刺毡由于玻璃纤维是连续的，增强效果较好，主要用于抗冲击性能较好的 GMT。美国 GE 公司生产的商品名为 Azdel 的热塑性复合材料片材，其增强基材就是采用该公司的合作伙伴——PPG 公司的专利技术制造的玻璃纤维连续针刺毡。

（5）玻璃纤维织品

玻璃纤维织品根据织纹分为平纹、斜纹、缎纹和单向布等。根据选用的纱料分为一般织物（简称织物）、无捻粗纱织物和无纺织物。

① 平纹布。每一根经纱和纬纱都从一根纱下穿过，并压在另一根纱上。玻璃纱的卷曲最大，因此强度较斜纹或缎纹布的低。由于它的经向与纬向强度几乎一致，因此适用于制造各方向强度要求一致的玻纤增强塑料制品，如电绝缘用的玻璃布层压板材等。

② 斜纹布。经纬纱上下交替有规律织成的，布面呈现斜织纹。斜纹布较平纹布致密，柔软性好，更好的变形性能，铺覆性较佳。

③ 缎纹布。由纬纱或经纱在布面组成有规律的织纹，纤维比较平直，强度较高，铺覆性好。

④ 单向布。单向布指在一个方向（一般是经向）有大量粗股纱通过，而在另一方向（纬向）只有较少的细纱通过，可根据制品要求，预先确定经纬强度比。

玻璃纤维织物与棉织物一样，还有许多纺纹组织和针织品。布的结构不同，由于玻璃纤维卷曲大小等的不同，对力学性能有一定影响。除此之外，玻璃布的厚度对力学性能也有影响。玻璃薄布其玻璃纤维纱的卷曲影响小，因此其拉伸、压缩强度较大；如玻璃布的厚度增加，玻璃纤维纱的卷曲影响相应增大，压缩强度降低；但因玻璃厚布采用大束玻璃纤维纱组成，冲击强度增加。

此外有高模量玻璃布，这种布系由粗和细的两股经纬纱组成。粗纱占玻璃布组成的90%左右，经纬纱是垂直相叠，不相穿插的。细纱占玻璃布组成的10%左右，相互交织在粗纱的周围，使之固定成不弯曲而整齐的柱状排列。由于承担荷载的粗纱不互相穿插而发生卷曲，因此强度与模量较高。另外一种织法是将经纬纱在交错点上织结起来，同时构成多孔方格结构。织成的布浸渍树脂后，夹在金刚砂轮中用以增强砂轮。

纤维与聚合物在混合过程及其后续的成型加工过程中，会逐渐被剪碎变短，从而使纤维长度与初始纤维长度相比大幅度下降。纤维的断裂通常是由3种相互作用造成，即：纤维/纤维、纤维/机械、纤维/聚合物。对纤维断裂的影响因素有纤维含量、短切纤维的初始长度、纤维与树脂的混合方式、纤维的加料方式、聚合物熔体黏度以及混合设备和混合工艺等。对于不同的聚合物基体和不同的加工设备，各种因素的影响程度也是不同的。因此，为使纤维增强聚合物复合材料中的纤维能保持所希望的长度，在制备与成型纤维增强聚合物复合材料时，应尽量减少纤维的断裂。

#### 7.3.2.2　碳纤维

碳纤维是纤维状的炭材料，其化学组成中碳元素占总质量的90%以上（几乎是纯碳），碳原子间的结合方式为石墨状，形成石墨晶格结构。但实际的碳纤维结构并不是理想的石墨点阵结构，而是属于“乱层石墨结构”。不同品种规格的碳纤维具有不同的石墨化程度。在乱层石墨结构中，数张或数十张直径约为20nm，厚度约为零点几到几个纳米的石墨晶片组成碳纤维的石墨微晶。层片与层片之间的距离约为0.34nm，微晶厚度约为10nm，直径约为20nm。由石墨微晶再组成原纤维结构，其直径为50nm，长度为数百纳米。最后，由原纤维结构组成碳纤维的单丝（直径一般为6~8μm）。

由于元素碳在高温时不会熔融（只是在3800K以上的高温时不经液相直接升华），在各种溶剂中不溶解，因此碳纤维不可能按一般合成纤维那样通过熔融纺丝或溶液纺丝来制造。通常，碳纤维是通过分解温度低于熔融温度的有机高分子纤维的固相炭化或低分子烃类的气相热解生长来制取。由于所采用的前驱体纤维的不同以及制备工艺的差异，可得到具有不同性能的各种碳纤维。

碳纤维的分类与命名方法比较混乱，大致有3种。按照原料可分为纤维素基（人造丝基）、聚丙烯腈（PAN）基、沥青基。按照制造条件和方法可分为碳纤维（800~1600℃）、石墨纤维（2000~3000℃）、活性碳纤维、气相生长碳纤维4种。还有按性能可分为通用级（GP）、高性能（HP）。通用级碳纤维的拉伸强度一般低于1400MPa，拉伸模量小于140GPa。高性能级碳纤维通常又可分为中强型（MT）、高强型（HT）、超高强型（UHT）、中模量型（IM）、高模量型（HM）、超高模量型（UHM）等。

与玻璃纤维相比，碳纤维具有高的强度与弹性模量、更低的密度、优异的导热与导电性、较低的蠕变性和热膨胀系数，在湿态条件下的力学性能保持率好。此外，碳纤维还具有良好的耐化学腐蚀性、自润滑性与耐磨性。表 7-7 为碳纤维与玻璃纤维的性能比较。

**表 7-7　碳纤维与玻璃纤维的性能比较**

| 性能 | | 碳纤维 | E 玻璃纤维 |
|---|---|---|---|
| 纤维直径/μm | | 5~8 | 9~13 |
| 相对密度 | | 1.8 | 2.54 |
| 弹性模量/GPa | | >210 | 72 |
| 拉伸强度/GPa | | >3.5 | 3.5 |
| 断裂伸长率/% | | 1.2 | 4.8 |
| 热导率/W·(m·K)$^{-1}$ | | 8.65 | 1.01 |
| 线膨胀系数 ×10$^{-6}$/℃ | 纵向 | 1 | 2.9 |
| | 横向 | 17 | 7.2 |

碳纤维增强聚合物复合材料的比强度、比模量明显地高于其他纤维复合材料，加之其耐热、耐低温及尺寸稳定，使其成为理想的航空航天材料，在人造卫星的主结构、天线、太阳能电池帆扳、航天飞机、导弹、火箭等方面得到应用。碳纤维增强聚合物复合材料还被应用于高速车辆（如铁道机车）、赛车、赛艇、纤维机械、体育用品（高尔夫球杆、网拍、羽拍、滑雪板）、钓鱼竿、登山用具等文体娱乐产品。此外，由于碳纤维具有高导电性，所以特别适用于电磁屏蔽材料与电磁屏蔽设备的制造。

### 7.3.2.3　有机聚合物纤维

有机聚合物纤维包括芳纶（芳香族聚酰胺）、涤纶（聚对苯二甲酸乙二醇酯，PET）、超高相对分子质量聚乙烯纤维等。

(1) 芳纶纤维

芳纶具有如下典型分子构造式：

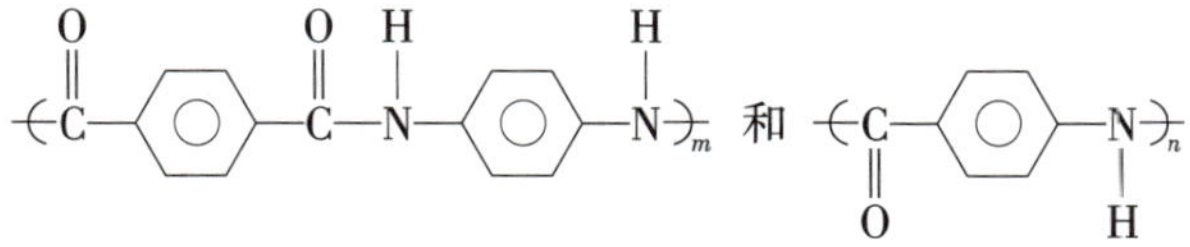

由于酰胺基团受芳环的阻碍并且与苯环形成 π 共轭效应，内旋位能相当高，分子链节呈平面刚性伸直状，使芳纶纤维具有极高的拉伸强度（仅次于石墨纤维和聚苯并咪唑纤维）和优异的耐热性及韧性。芳纶是一种耐高温的合成纤维，长期连续使用温度为-200~200℃，最高使用温度达 240℃，玻璃化转变温度 $T_g$>300℃，分解温度为 500℃。芳纶纤维比其他合成纤维更耐氧化、氨化和醇解等化学侵蚀，同时具有良好的耐强碱性、耐有机溶剂和耐漂白剂性能以及抗虫蛀和抗霉变能力。

芳纶通常以短切和经表面处理的两种形式存在。用芳纶制造的复合材料特别适用于要求高阻尼特性和低磨耗的配合部件。与玻璃纤维及其他工业纤维相比，芳纶密度较小，有更大的比拉伸强度、比模量。芳纶纤维不像玻璃纤维或碳纤维那样呈直棒状，而是呈卷曲状或扭曲状。这个特点使得芳纶复合材料中的芳纶纤维在加工过程中并不完全沿流动方向取向，因而在各向性能分布上更加均匀。芳纶在与聚合物的混炼过程中也不像玻璃纤维和碳纤维那样易于脆性断裂。因此，芳纶纤维增强橡胶基复合材料越来越受到重视。

（2）涤纶纤维

涤纶短切纤维束可以用来与玻璃纤维混合以提高脆性树脂基体的冲击强度。相对于其他非玻璃增强成分而言，涤纶纤维的成本较低，对模具表面的磨蚀作用也比玻璃纤维小。涤纶纤维增强聚合物复合材料的工作温度可达 204℃。

（3）超高相对分子质量聚乙烯纤维

是指相对分子质量在 $5\times10^5 \sim 5\times10^6$ 的聚乙烯纤维。它是继碳纤维、芳纶纤维之后出现的第三代高性能纤维。在目前的高性能纤维中，超高相对分子质量聚乙烯纤维具有最高的比模量与比强度，并且具有耐磨、耐冲击；耐化学药品、不吸水、密度小等优点。同时由于原料 PE 易得，大规模使用后可大大降低其生产成本。

虽然超高相对分子质量聚乙烯纤维的维卡软化点较低，重荷下易产生蠕变，在耐温及结构型复合材料领域中的应用受到限制，但在防弹、防爆、抗高速冲击以及具有独特电性能复合材料等领域中具有广阔的应用前景。

#### 7.3.2.4　其他增强纤维

（1）硼纤维

由于硼的比强度及比弹性模量极高，因而作为锌质高强结构材料，特别引人注目。硼纤维的缺点是价格比碳纤维高得多，直径较粗，可弯性不良，延伸率也不好。

（2）石棉纤维

石棉纤维是一种天然的多结晶质无机纤维。适宜用作热塑性增强材料的是一种温石棉，它是一种水合氧化镁硅酸盐类化合物。温石棉的单纤维是管状的，内部具有毛细管结构。其内径约为 0.01μm，外径约为 0.03μm，当十万根石棉纤维集成一束时，其直径约为 20μm。它的拉伸强度约为 3.8GPa，弹性模量约为 210GPa（玻璃纤维的拉伸强为 3.5GPa，弹性模量为 74GPa)。与采用玻璃纤维增强相比，石棉增强聚合物的制品变形小，耐燃性增加，对成型机械的磨损较小，并且价格低廉。其缺点在于，石棉增强聚合物制品的电气性能、着色性较差。

（3）陶瓷纤维

陶瓷纤维是由金属氧化物、金属碳化物、金属氮化物或其他化合物组成的多晶体耐火纤维，在此硅和硼也被视为金属。目前主要研究的陶瓷纤维包括氧化铝纤维、碳化硅纤维、硅铝纤维以及其他金属氧化物-硅纤维。陶瓷纤维的特点是质轻、高强度、高硬度、高模量、耐高温、很低的热导率。它可在高温下连续使用，在某些场合使用温度甚至可达 1800℃。陶瓷纤维的两个显著缺点是成本高和固有的脆性（复合过程中会导致纤维长度的明显磨损)。

（4）金属纤维

金属纤维包括不锈钢纤维、铜纤维、铝纤维、镀镍的玻璃纤维或碳纤维。这类纤维主要用在要求导电或电磁屏蔽的复合材料中。其中，不锈钢纤维是目前使用最广泛的金属纤维。金属纤维有较大的长径比和接触面积，易形成导电网络，其电导率也较高。因此，在复合材料中加入低含量的金属纤维（通常体积含量为3%~10%），就能够获得令人满意的导电性与电磁屏蔽性能，并且力学性能也可基本保持基体聚合物的性能。

金属纤维的填充量对电导率的影响规律与填充炭黑的情形相似，且纤维体积填充量一定时，纤维直径越小，长径比越大，导电性越好。基体聚合物的性质对复合材料的导电性与电磁屏蔽性能也有重要影响。如在金属纤维含量相同的条件下，不锈钢纤维/聚丙烯复合材料的导电性比不锈钢纤维/ABS复合材料要好，电磁屏蔽效果也更高。造成这种差别的主要原因是因为PP是结晶型聚合物，受结晶的影响，金属纤维在非晶区富集较多，从而容易形成导电网络。

（5）导电性TRF纤维

Ti-Si-C-O纤维（简称TRF）是继玻璃纤维、碳纤维、铝纤维、硼纤维、SiC纤维等增强纤维之后，最新开发的一种在性能和功能化方面最优异的增强纤维。而合成TRF纤维的前驱体是聚钛碳硅烷高分子（它是由Ti、Si、C元素组成的交联型金属有机高分子）。TRF纤维具有高强度、低密度、耐高温、有导电性、结节强度大、对金属及塑料反应性小、湿润性好等一系列优异特性。其主要性能指标见表7-8。

表7-8 TRF纤维的主要性能

| 耐热温度/℃ | 拉伸强度/GPa | 相对密度 | 热膨胀系数/℃ | 体积电阻率/Ω·cm |
|---|---|---|---|---|
| >1400 | 3.0 | 2.3~2.4 | $3.1\times10^{-6}$ | $0.1\sim10^{7}$ |

由它可制备高性能聚合物基或金属基的复合材料。这种复合材料兼备了高强度、轻质、耐高温、抗电磁波干扰等综合性能。因而它是宇航工业、汽车工业、通信设备、计算机工业、体育用品、高档家用设备等的零部件或壳体结构材料的最佳选料。

（6）植物纤维

植物纤维包括α-纤维素、棉纤维、剑麻纤维、黄麻纤维等。自然界中的植物纤维资源丰富，价格低廉，密度比所有无机纤维都小，而模量和拉伸强度与无机纤维相近，其最突出的优点是成本低、具有生物降解性和可再生性，这是其他任何增强材料无法比拟的。植物纤维与其他增强材料性能比较见表7-9。

表7-9 植物纤维与其他增强材料性能比较

| 纤维材料 | 相对密度 | 弹性模量/GPa | 比模量/GPa | 拉伸强度/GPa |
|---|---|---|---|---|
| 石棉纤维 | 2.55 | 164 | 64.3 | 4.5 |
| E玻璃纤维 | 2.55 | 72 | 28.2 | 3.5 |
| 钢纤维 | 7.9 | 210 | 26.6 | 4.2 |
| 碳纤维Ⅱ型 | 1.9 | 390 | 205.3 | 2 |
| 亚麻纤维 | 1.5 | 100 | 66.7 | 1.1 |
| 黄麻纤维 | 1.45 | 13 | — | 0.55 |
| 牛皮纸纤维 | 1.54 | 40 | 26 | 1 |

虽然使用植物纤维可以提高聚合物的拉伸强度和冲击强度，但因其长径比较小，复合材料的强度和韧性的提高幅度较小。并且由于其耐热性较差，强度在大约 124℃时开始降低，在 163℃时即开始发生热降解。此外，植物纤维的加入，会使复合材料的色泽变暗，在阳光的暴晒和微生物作用下容易发生降解。在共混过程中，植物纤维受到热力学作用，会发生热降解、氧化降解、力学降解等而使纤维的形态性能发生改变，尤其是强度和力学性能下降很快。因此，纤维的形态、性能在其与聚合物共混复合过程中必须保护。

**学习活动（7-1）**

查找：

查找我国常用增强材料（玻璃纤维、碳纤维等）的生产厂家，了解其产品的规格、性能与用途以及行业发展概况。

## 7.4　玻璃纤维增强热塑性塑料粒料的制备

制造热塑性增强塑料粒料的工艺方法有许多种。这是根据树脂、玻璃纤维等原材料的形态和性能，以及工厂本身所具有的设备条件而定。但最终目的是要将体积庞大、结构疏松的玻璃纤维加入到基体树脂中去。对于制造增强粒料有以下要求：

① 玻璃纤维能均匀地分散于树脂之中。

② 玻璃纤维与树脂应尽可能包覆或黏结牢固、以避免包装运输、烘料、成型过程中玻璃纤维飞扬，影响环境及操作条件。

③ 制造过程中应尽可能减少对玻璃纤维的机械损伤，尽可能减少对树脂相对分子质量的降解。

### 7.4.1　原料的选择及配方

#### 7.4.1.1　树脂的选择

选用热塑性树脂主要有两个依据，一是根据增强和改性塑料产品性能对树脂的性能要求，二是增强改性塑料粒料所加工的制品的几何形状和尺寸所要求的流动性能。例如，制备玻璃纤维增强 PP 粒料时，由制品性能要求确定选用的是均聚 PP、共聚 PP 还是化学处理 PP，用于低温环境仍要求保持高强度和良好的冲击性能，则采用乙烯丙烯共聚物，需要高流动性加工则选用高熔体流动速率 PP。此外，增强改性 PP 的生产对 PP 是粉状或粒状并没有特定的要求，不像塑料加工成型那样严格，只要价格便宜即可。应该指出，通常情况下，用粉状 PP 要比粒状的合适，因为少一次熔融造粒，也不必重复加入助剂。再者粉状的 PP 在增强填充改性生产过程中更易混炼均匀，更能有效地保证产品有良好的分散性。

#### 7.4.1.2 增强填充材料

（1）增强纤维

热塑性树脂的增强通常采用玻璃纤维，一般采用无碱玻璃纤维或中碱玻璃纤维。纤维直径一般在 8~15μm，太细则加工难度大，价格昂贵，成本高；太粗则增强效果受到影响。

短切玻璃纤维长度多以 6mm 为宜。在挤塑过程中由于螺杆的挤塑，高温剪切作用逐渐变短至 0.1~1mm。这个长度对最终产品的性能有至关重要的影响。因为凡是用玻璃纤维增强复合材料中的纤维长度，必须保证不低于所谓的临界长度或长径比（$L/D$），否则将大大降低增强的作用。

合成树脂是高分子有机物质，玻璃纤维是无机物质，二者性能差别很大，复合在一起的强度取决于二者间界面的作用力。为了改善二者间的结合能力，必须要对二者的界面进行处理。同时为使玻璃纤维在高温剪切作用下不致过于断碎而影响增强效果，以及确保玻璃纤维在树脂熔融塑炼过程中有一定的流动性和良好的分散性，对玻璃纤维表面必须加以处理。

（2）填充材料

在增强改性体系中还加入其他助剂，填料对物料性能的影响相当复杂，一般来说它有下列一些用途和性能：作为增量剂，降低产品的成本；调节成型加工体系的黏度和流动性；改进制品的物理机械性能，如力学性能、耐热性能的提高，热膨胀率、成型收缩率的降低，耐磨性的改善等；赋予材料新的性能，如导电、磁性、压电、隔音、减振、屏蔽、吸湿等等性能；改进基体树脂的耐候、耐环境、阻燃、耐腐蚀等方面的性能。

常用的填充改性材料有碳酸钙、滑石粉、云母等。

（3）树脂改性剂

有时为了满足某种专门用途，必须使增强改性热塑性的某项物理性能或力学性能指标进一步提高或加强，这就需要在增强改性加工过程中还要加入一些树脂改性剂。这些改性剂的作用，或者是在树脂链上再接枝另一种带有官能团的单体；或者加入某种带有双官能团的化学物质。这些化学物质的官能团分别与树脂及增强填充改性材料发生作用，使二者增加了结合能力或偶联作用。

通常用来作为改性剂的物质有：三聚氰酸三烯丙酯、亚苯基双马来酰亚胺、二烯丙基顺丁烯二酸酯、乙烯基三乙氧基硅烷、顺酐、丙烯酸等。用量一般为树脂的 0.1%~1%。除此之外有时还要加入少量的过氧化物，以引发官能团发生交联或接枝。

### 7.4.2 增强材料的表面处理

增强体与树脂间的黏合强度是增强型复合材料制备的关键。一般来讲，作为增强材料的无机纤维（如碳纤维、玻璃纤维、硼纤维等）与聚合物基体之间的亲和性都较差。即使是有机纤维，也会由于化学结构上的差异而与聚合物基体间的相容性欠佳。这就导致复合时容易在界面上形成空隙和缺陷，增强材料与聚合物基体相之间难于形成有效的黏结。为解决这一问题，需要对纤维表面进行处理（如刻蚀、表面接枝、偶联剂处理等）及对聚合物基体进行改性，增强聚合物对纤维的润湿性，甚至在纤维与基体之间形成化学键结合，从而提高纤维与基体树脂之间的界面粘接强度，获得层间剪切强度较高的复合材料。

#### 7.4.2.1　纤维表面处理应遵循的基本原则

（1）极性相近原则

一般来说，无机类增强材料的表面极性与聚合物基体有较大的差别，易造成二者相容性差，基体不易浸润增强材料的表面，造成复合过程中基体材料难以完全排除增强剂表面已吸附的气体，使复合材料孔隙率高、性能差；同时由于二者不相互浸润，使两个接触面间距离难以达到0.5nm的近程，因而削弱或丧失界面分子间的色散、偶极与氢键等作用力，导致基体聚合物对增强剂表面不发生黏结作用，二者不可能复合成完整的一体材料。为了避免发生这种不良后果，对增强材料表面进行改性处理，使其极性与基体聚合物树脂极性相近，增加二者相容性。

（2）界面酸碱匹配原则

无机增强材料的表面大多具有酸碱性，故在选择表面处理剂时，应考虑与增强材料表面的酸碱性相匹配。这样才能使接触体系界面电子斥引作用相匹配，充分发挥界面酸碱配位作用而产生黏合力，提高复合材料界面的粘接强度。

（3）形成界面化学键原则

如果复合材料界面粘接仅仅凭分子间的作用力，尽管这种界面有一定的粘接强度，但抗腐蚀耐湿热老化性能仍然是低水平的。为了使复合材料既有优良的物理力学性能，又具有抗腐蚀、耐湿热老化性能，粘接的界面必须具备既有分子间作用力又有化学键力。故选择表面处理剂处理增强材料表面时，除考虑上述两项原则之外，同时必须考虑选用的表面处理剂是否具有能与增强材料表面及聚合物表面起化学反应的反应性基团和反应的可能性。

例如所选的偶联剂含有一种化学官能团与玻璃纤维表面的硅醇基作用形成共价键，还含有至少一种别的不同官能团与聚合物分子键合。这样，偶联剂就起着无机相与有机相之间相互连接的桥梁作用，有效增加界面结合强度。

#### 7.4.2.2　玻璃纤维的表面处理

（1）玻璃纤维的表面性质

玻璃纤维增强应用方面存在着很多弱点，例如：纤维表面光滑、有吸附水膜、与高分子树脂粘合力很差；此外它还有性脆、不耐磨、僵硬、伸长率小等缺点。所以它的纺织品不柔软、布面不易平整、受拉后易发生变形、脱边等现象，在许多用途方面受到了限制。吸水膜层产生的原因在于：玻璃纤维内部各种离子处于平衡状态，而在玻璃表面（边界处），阳离子在该处不能获得所需数量的氧阴离子，处于不平衡状态，有强烈地吸附类似状态的极性分子的趋向，如大气中的水气等。因而在玻璃纤维表面就牢固地吸附着一层水分子，层厚约为水分子的100倍。并且湿度越大，吸附水层就越厚。玻璃纤维越细，表面积越大，则吸附的水量也越多。吸附过程异常迅速，在相对湿度为60%～70%时，仅需2～3s。这种吸附力很强，大约在500℃和负压的情况下才能把这层水膜除去。

这层水膜的存在会严重地影响玻璃纤维与高分子树脂的黏结强度。此外，吸附水还会渗入到玻璃纤维表面的微裂痕中，使玻璃水解成庞大的硅酸胶体，从而降低玻璃纤维的强度。另外，玻璃纤维中含碱量越高，水解性就越强，强度降低也越大。由于玻璃纤维表面的光滑性，本来就不易与其他材料黏合，再加上这层水膜，黏结力就更差了。实践证明，玻璃纤维无论用于电气绝缘材料、塑料增强材料、橡胶增强材料以及诸如人造革、窗纱、过滤布等工业与民用的各种用途，都必须经过不同的玻璃纤维表面处理手段，以克服上述缺点而获得新的、适合于各种特殊用途的特点，才能使玻璃纤维在许多领域中充分体现和发挥它本身的优越性。因而玻璃纤维的表面处理技术是发展玻璃纤维工业的关键。对于热塑性增强塑料制品来说，玻璃纤维的长度比较短，所以玻璃纤维与高分子树脂的黏结性能尤显重要。

（2）玻璃纤维的表面处理

玻璃纤维的表面处理就是在光洁的玻璃纤维表面涂上一层均匀的表面处理剂（或称黏合剂、偶联剂)。工程中常采用偶联剂来对玻璃纤维进行表面处理。处理方法分为前处理（将偶联剂加入浸润剂中，或用偶联剂直接代替石蜡乳剂，主要用于无捻粗纱及其纺织制品)、后处理（玻璃纤维经热处理后再用偶联剂处理，主要用于有捻纺织制品)和迁移法（偶联剂直接加入树脂中，主要用于缠绕、模压成型)等3种。

① 前处理法。在拉丝过程中将处理剂引入浸润剂，适当地改变浸润剂配方，使它既能满足于拉丝、纺织等各道工艺过程的要求，又不妨碍玻璃纤维与合成树脂之间的浸润和黏结。在拉丝过程中，处理剂就被覆盖到玻璃纤维的表面上了，所以这种纤维或布，在用作玻璃纤维增强塑料的增强材料之前不必再进行任何表面处理了。

与后处理法比较，前处理法工艺及设备简单，使用简便，同时还避免了因热处理而造成纤维强度的损失。目前常用的前处理剂为聚醋酸乙烯酯，使用过程中，玻璃纤维在纺织过程中易起毛，故只适用于生产无捻粗纱、无捻粗纱织物以及短切纤维和短切纤维毡。

② 迁移法。将化学处理剂直接加入到树脂胶液中进行整体掺合，使处理剂在浸胶的同时施于玻璃纤维上，借助处理剂从树脂胶液至纤维表面的迁移作用与纤维表面发生作用，从而在树脂固化过程中产生偶联作用。

迁移法常与前处理法结合使用。在缠绕制品和模压制品中，除了所用的增强型浸润剂中已含有的处理剂外，可以在树脂胶液中再掺入其他类型处理剂，使制品性能进一步提高。迁移法比较适用于填料与树脂不便分开的系统。例如聚酯、黏土和短切玻璃纤维制成的预混料、酚醛与玻璃微珠组成的预混料、树脂与金刚石黏结制成的砂轮等。在材料黏结中，如果在胶黏剂中掺入硅烷处理剂，黏结效果得到较大改善。在迁移法中，硅烷处理剂的用量视填料的品种、形式不同而异。对于玻璃布、带、粗纱，用量一般不超过树脂的1%；对短切纤维、粉状填料，因其表面积更大，用量更多些。

一般讲，迁移法处理的效果较其他两种方法稍差一些，但它的优点是工艺操作简单，不需要庞杂的处理设备，成本低，适用范围也较广。

③ 后处理法。玻璃纤维表面的后处理工艺分除去浸润剂和进行表面化学处理两大工序。

（a）除去浸润剂的方法有洗涤法和热处理法两种。洗涤法是根据浸润剂的组成，采用碱液、丙酮、乙醇等溶解和洗去浸润剂。经化学清洗后，玻璃纤维上油、蜡等残存量可降低到

0.5%~0.3%。但这种方法成本高，且溶剂有毒，使用较少。

热处理法即利用加热方法，使涂覆在玻璃纤维及制品表面上的浸润剂组分经挥发、碳化、烘烧而除去。在热处理中，根据加热温度的高低，又分为低温（250~300℃）和高温（>450℃）热处理；根据处理的过程又有间歇式和连续式之分。热处理的具体时间，视温度高低、连续性与否及产品要求而不同。低温间歇处理时间可长达2h，而高温连续处理时则只需几十秒。

热处理法无论是高温或低温，工艺温度都比较高，对玻璃纤维或玻璃布、带的强力都有影响，温度越高强力损失越大。一般在温度为300~450℃，热处理3~6min，处理后浸润剂残存量约0.2%，玻璃纤维或玻璃布、带的强度损失约为20%~30%。热处理时温度过高会导致玻璃布、带强度损失过大，反而会降低增强塑料的性能；温度过低，强度损失虽小，但不能有效地清除浸润剂，达不到处理的预期效果。

热处理后玻璃布的颜色会发生变化。可根据热处理后玻璃布的颜色定性地反应残留物的含量：即棕色时最多，金色时次之，白色时最少。热处理温度和时间宜以玻璃纤维、布、带经热处理后浸润剂的残存量<0.2%、强度损失<25%为标准。

（b）表面化学处理是后处理工艺中的另一大工序。玻璃纤维及其织物的表面化学处理是根本改善玻璃纤维与树脂黏结性，提高玻璃钢的强度和抗老化性的办法，特别是湿态强度提高很大。

玻璃纤维表面化学处理剂，也称偶联剂，具有较强的选择性，应根据树脂合理选用。铬络合物处理剂是应用最早、使用广泛的一种处理剂，最常用的是甲基丙烯酸氯化铬络合物，俗称“沃兰”（Volan）。硅烷类处理剂是有机硅化合物，是当前使用最广泛、品种最多的一类处理剂，60年代以来，新型硅烷处理剂不断出现，如耐高温型、阳离子型、叠氮型等。

硅烷偶联剂处理的基本做法是：将玻璃纤维高温处理后，浸渍浓度为1%~2%的硅烷偶联剂的稀水溶液（对水溶解性差的偶联剂可以用0.1%的醋酸溶液或水-乙醇的混合溶液），然后进行干燥处理。硅烷偶联剂的水解产物通过氢键与玻璃纤维表面作用，在玻璃纤维表面形成具有一定结构的膜。偶联剂膜具有物理吸附、化学吸附和化学键3种作用方式。在加热的情况下，吸附于玻璃纤维表面的偶联剂将与玻璃纤维表面的硅烷基发生缩合，在两者之间形成牢固的化学键结合。对于玻璃纤维增强热固性聚合物或极性的热塑性聚合物复合材料，只要偶联剂能与聚合物形成化学键，则作为此类聚合物的偶联剂是有效的。因此，选择偶联剂的主要依据是基体聚合物的官能团与偶联剂的官能团之间的化学作用。不同的聚合物具有不同官能团，故对不同的聚合物应选用不同的偶联剂。

偶联剂常与一些活化剂混合使用，以增强处理效果。例如以硅烷偶联剂与聚合物成膜剂等配制成浸润剂，再用于玻璃纤维的浸渍处理，也是玻璃纤维表面处理的常用方法。在浸润剂中添加成膜剂主要是促进玻璃纤维与树脂的结合，保护玻璃纤维表面，提高其加工性能，并吸收树脂与玻璃纤维之间的温度收缩差。通常，商业上出售的玻璃纤维都经过浸渍处理。对直径10~14μm之间的玻璃纤维，浸渍剂的厚度一般在0.5~1.0μm范围内。浸渍剂包含多种成分：80%~90%的聚合物成膜剂，5%~10%的硅烷偶联剂，5%~10%的其他助剂，其中聚合物成膜剂对界面粘接强度起着重要作用。

这里要着重指出，将玻璃纤维进行表面处理的目的是力图使增强塑料界面黏结从物理结合变为化学结合，以提高纤维与树脂的黏结力，从而使复合材料具有较高的刚性及静强度。但表面处理会增加纤维的脆性，为了克服这种弊病，近年来采用多层处理的方法来改进界面黏结状态，使具有韧性，如采用玻璃/硅烷改性树脂/橡胶/树脂本体的多层结构。

**学习活动（7-2）**

查找：

硅烷类处理剂、沃兰等常用处理液处理玻璃纤维的工艺及效果？

讨论：

若要制备玻璃纤维增强 PP 改性粒料，如何选择树脂、助剂？

#### 7.4.2.3 碳纤维的表面处理

碳纤维具有很高的比强度与比模量，因此在复合材料中应用得比较广泛。但是由于未经表面处理的碳纤维与高聚物之间的黏结性较差，导致复合材料的层间剪切强度比较低。为了提高层问剪切强度，许多学者对碳纤维表面进行改性研究，以改善碳纤维的表面性能，增加它与高聚物的教结力。常用的表面改性方法主要有以下几种。

（1）氧化法

氧化法主要有气相氧化法、液相氧化法、阳极氧化法。

气相氧化法中使用的氧化剂有空气、氧气、臭氧或二氧化碳等。最常使用的方法为空气氧化法。空气氧化法是在空气中不同的温度下氧化碳纤维，一般是在空气中400~500℃条件下进行处理，处理过程中采用铅和铜的盐作为催化剂。这种方法设备简单，容易实现连续化处理，但操作比较困难，氧化程度也难以控制，有时会使碳纤维发生严重损伤。

液相氧化法有浓 $HNO_3$ 法、混合酸氧化法以及强氧化剂溶液氧化法等，前两种方法应用较多。浓 $HNO_3$ 法的原理是根据 $HNO_3$ 的强氧化性能，在一定温度下将惰性的碳纤维表面氧化形成含氧活性官能团（如—COOH、—COH 等)。混合酸氧化法采用酸性高锰酸钾、酸性重铬酸钾（钠)、可溶性氯酸盐与 $NaNO_3+H_2SO_4+KMnO_4$ 混合液、 $(OsO_4+NaIO_4)/(HNO_3+H_2SO_4)$ 的混合液、 $NaClO_4/HNO_3$ 等对碳纤维进行表面处理，以改善碳纤维的表面性能，提高复合材料的界面粘接强度。

阳极氧化法又称为电化学氧化法，是目前工业上普遍采用的一种碳纤维表面处理的方法。其方法就是将碳纤维作为阳极、石墨及其他金属材料作为阴极，在含有 NaOH、$HNO_3$、$H_2SO_4$ 等电解质溶液中通电对碳纤维的表面进行电解表面阳极氧化处理，阳极氧化处理的效果较好，均匀性好，层间剪切强度可提高 40%~80%。缺点是比空气氧化法工序多，需经水洗、干燥等工序，碳纤维强度稍有降低。

（2）沉积法

沉积法是指在高温及还原性气氛中，使烃类、金属卤化物等以碳、碳化物的形式在碳纤维表面形成沉积膜或生长晶须，从而可对碳纤维表面进行改性。沉积到碳纤维表面的碳膜活性较大，容易被树脂润湿，并能提高碳纤维复合材料的层间剪切强度。另外，在高温晶须生长炉中，采用高温气相沉积的方法，可在碳纤维表面生长出 β -碳化硅单晶晶须。晶须垂直于纤维轴向，因此改变了纤维表面的形状、面积及活性，提高了它与树脂间的黏结能力。一般沉积法对纤维力学性能影响不大，很少损失纤维的强度，主要是利用沉积膜及晶须来增加纤维与高聚物之间的界面结合力。此法缺点是工艺较复杂，不易连续化、工业化，均匀性也差。

（3）表面涂层改性

该法是将某种聚合物涂覆在碳纤维表面，从而改变复合材料界面层的结构与性能，使界面极性相适应，以提高粘接强度，并提供一个可塑界面层，消除界面内应力。如用热塑性羟基醚（PHE）作为涂覆剂，对碳纤维进行涂层处理，用此处理碳纤维增强环氧树脂，结果得到了较好的增强效果。原因主要有两个方面，第一是羟基与环氧基反应生成醚键，以及与碳纤维表面的羧基反应形成酯键，提高了界面上化学键的比例；第二是提供一个能消除界面内应力的可塑层。

（4）电沉积与电聚合法

用电沉积或电聚合的方法将一些有机物沉积或聚合到碳纤维表面之后，可以针对性地改进纤维表面对某些高聚物基体的黏附作用。电沉积法就是利用电化学的方法使聚合物层均匀而致密地覆盖在碳纤维的表面上，提高了纤维表面对高聚物的黏附作用。若沉积层中含有羧基则可跟环氧树脂进行反应，形成很好的黏附性能，提高了碳纤维复合材料的层间剪切强度。

电聚合法是利用电极氧化还原反应过程引发产生的自由基使单体在电极上聚合或共聚。聚合的机理取决于聚合所在位置，根据碳纤维作阳极还是阴极，相应地有阳极引发和阴极引发聚合机理。用于聚合的单体为各种含有烯基的化合物，如丙烯酸系、丙烯酸酯系、马来酸酐、丙烯腈、乙烯基酯、苯乙烯、乙烯基吡咯烷酮等。形成的聚合物可与碳纤维表面的羧基、羟基等发生化学键合而形成接枝聚合物，赋予牢固的界面粘接性能。采用电聚合的方法，可使聚合材料的层间剪切强度、冲击强度以及韧性得到提高，有资料报道，经电聚合处理后，复合材料的层间剪切强度可提高 20%左右。

（5）等离子体处理法

近几年来，等离子体技术在处理碳纤维表面上得到了发展。等离子体是一种全部或者部分电离了的气体状态物质，含有原子、分子、离子亚稳态和激发态，并且电子、正离子与负离子的含量大致相等，因而称为等离子体。等离子体共有 3 种，即高温（热）等离子体、低温（冷）等离子体、混合等离子体。其中低温等离子体的能量较低，作用强度高而穿透力小，反应温度低，操作简单，不污染环境，经济实用，因而在碳纤维表面处理领域引起越来越多人们的关注。

### 7.4.2.4 有机纤维的表面处理

有机纤维的品种较多，目前较常用的是芳纶纤维（芳香族聚酰胺纤维）和超高相对分子质量聚乙烯（PE-UHMW）纤维。这两种纤维表面都是惰性且光滑，表面能低，与聚合物基体构成的复合材料的界面粘接强度低，因而限制了它们自身优越性的发挥。通过对它们进行表面改性，可改变其表面性能，提高界面粘接强度。

芳纶纤维表面处理方法主要有物理改性方法和化学改性方法。物理改性方法是通过等离子体处理、电子束辐照等物理技术对纤维表面进行刻蚀和清洗，并在纤维表面引入羟基、碳基等极性基团。利用等离子体聚合工艺，可以在纤维表面生成大量活性自由基，引发单体在纤维表面上的接枝聚合反应，进而加强纤维与基体之间的相互作用。化学改性则是通过硝化/还原、氯磺化等化学反应在芳纶纤维表面引入氨基、羟基、羧基等活性或极性基团，通过化学键合或极性作用提高纤维与基体之间的黏合强度。

PE-UHMW 纤维具有很高的结晶度和取向度，使得纤维表面的化学惰性非常突出，集中表现在与树脂基体制成复合材料后，界面结合力很低。因此，必须对纤维进行适当的表面处理，才能使其在所制得的复合材料中发挥高强度与高模量的优点。目前，国内外已出现了多种对 PE-UHMW 纤维进行表面处理的方法，包括低温等离子体处理、辐射引发表面接枝、电晕放电、氧化性表面氧化处理等方法。

### 7.4.3　玻璃纤维增强热塑性塑料粒料的生产工艺

热塑性增强塑料粒料有长纤维型和短纤维型之分。长纤维型增强粒料（LFT）一般采用经典的电缆包覆方法制造，它适用于螺杆式注射成型机。而所谓短纤维型增强粒料（或称分散型增强粒料， SFT）是指玻璃纤维和高分子树脂通过混炼，在此过程中玻璃纤维被折断，它以长度约为 0.25~0.5mm 的短玻璃纤维形式，均匀地分散于树脂之中，它适用于柱塞式注射成型机（当然也可以用于螺杆式注射成型机）。

#### 7.4.3.1　LFT 的制备

LFT 制造方法有：溶液浸渍技术、粉体浸渍技术和熔体浸渍技术。

溶液浸渍技术是将热塑性树脂粉末溶于有机溶剂中，然后使纤维通过有机溶液得到分散浸渍，然后除去溶剂，并经熔融、冷却、切粒得到 LFT。

粉体浸渍技术按具体工艺可分为湿法粉体浸渍和干法粉体浸渍。湿法粉体浸渍工艺是使热塑性树脂粉体和一些表面活性剂在浸渍室中形成以水为介质的悬浮液，用牵引连续玻璃纤维通过树脂的悬浮液，使树脂粉末均匀地渗入纤维之间，再使附着树脂粉末的玻璃纤维束通过干燥装置，后加热熔融、冷却，切成长纤维增强粒料。此工艺简单，设备投资少。干法粉末浸渍工艺最早是 Price 在 1973 年发明的。具体工艺是采用连续无捻粗纱通过带电的 PP 树脂的粉末流化床，树脂粉末由于静电的作用被吸附到纤维上。为使每根单丝得到良好的浸渍，需在粉末流化床中加入几根分散辊，使纤维束能充分地散开，同时分散辊还可以与连续玻璃纤维进行摩擦而使连续玻璃纤维产生静电，进一步增加树脂粉末的吸附量。带有树脂粉末的连续玻璃纤维被牵引至加热通道，熔融形成预浸料，最后冷却切成 LFT。

熔融浸渍技术也叫熔融包覆法，是生产 LFT 效果最好的制造工艺。该工艺方法设备简单、操作连续、质量优异，因而国内外普遍采用此法。工艺流程见图 7-2，连续纤维纱通过十字形挤出机头被熔融树脂包覆，经冷却、牵引、切粒即得 LFT。具体生产中，先将树脂充分干燥后加入挤出机，在其熔融达到黏流态并进入挤出机头时，将连续纤维纱（一般有6~8股）由送料机构送入包覆机头。聚合物熔体在压力作用下包覆在纤维束的周围，而纤维束在牵引装置的牵引下向前移动。包覆好的纤维自机头出来后通过冷却水槽，再经切粒机切成粒料，最后干燥即得到包覆的LFT。

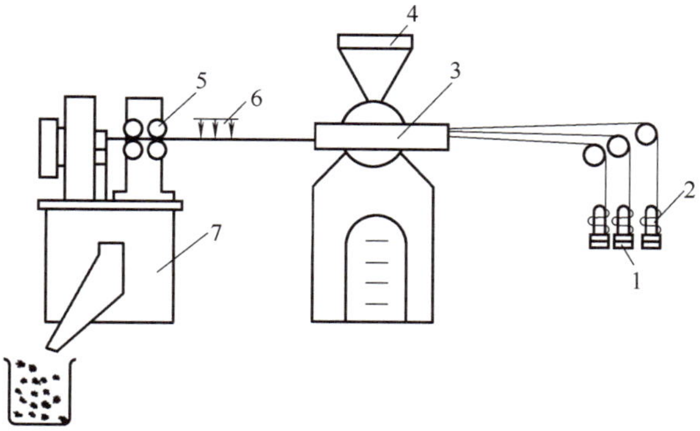


图7-2　LFT工艺流程图（熔融包覆法）

1—连续纤维　2—送丝机构　3—机头　4—挤出机
5—牵引辊　6—水冷或风冷　7—切粒机

LFT制备工艺

采用熔体包覆工艺生产LFT，切粒是一个重要环节。老式旋转剪刀式切粒机的切刀寿命短，拖尾现象和玻璃纤维飞扬较严重，这些缺点影响了该种工艺和粒料的推广应用。新近的旋割式切粒机，具有寿命长、刃口利用充分、粒子切断平整（无拖尾）、耗能低、噪声小等优点。

需要指出的是，长纤维增强粒料并没有真正体现出增强塑料之性能。在LFT中，由于纤维尚未得到良好的预分散，粒料硬度低。必须借助进一步加工过程中，通过螺杆的塑化、混合作用，才使纤维分散开，分布于熔体之中。通常注射成型机的混合分散效能较差，因此纤维的分散情况不够理想，故不适于制作结构复杂的制品或薄壁制品。

### 7.4.3.2　SFT的制备

SFT是由短切增强纤维原丝和热塑性树脂一起混炼造粒而制得。在此过程中纤维被折断，以长度约为0.1~1mm的短纤维形式，均匀分散于热塑性树脂基体中，纤维增强热塑性复合材料的主要品种。

制造短纤维增强塑料粒料的设备很多，通常用来制造短纤维增强粒料的设备有单螺杆挤出机、双螺杆挤出机、传递式混合机和Buss混合机等。从产业界来看，普遍采用双螺杆挤出机。表7-10中汇总了各种方法的基本工艺路线、优缺点以资对比和选用。

#### 7.4.3.2.1　单螺杆挤出机制备SFT

用单螺杆挤出机制造玻璃纤维增强粒料的方法有两种：一种是在单螺杆挤出机中直接加入粗纱纤维或短纤维与基体树脂混合造粒来生产增强粒料；另一种是将长纤维增强粒料在单螺杆挤出机中回挤，再一次造粒来制造增强粒料。由于混合过程中有挥发性物质的产生，必须排除，一般采用排气挤出机挤出。

表 7-10 SFT 的制造方法

| 制造方法 | 工艺路线 | 优点 | 缺点 |
|---|---|---|---|
| 单螺杆挤出 | 将树脂与短切纤维按比例加入挤出机中，重复 2~3 次挤出造粒 | 纤维和树脂混合均匀 | 1. 纤维强度损失大<br>2. 设备磨损严重<br>3. 生产率低<br>4. 劳动条件差 |
| 单螺杆排气式挤出机回挤造粒法 | 将长纤维型粒料加入到单螺杆排气挤出机中回挤一次造粒 | 1. 连续化生产<br>2. 粒料外观、质地好<br>3. 劳动条件好 | 1. 树脂可能部分热老化<br>2. 粒子外观不及双螺杆排气式挤出 |
| 双螺杆排气式挤出 | 树脂由加料口与连续玻璃纤维按比例自动加进挤出机挤出造粒 | 1. 连续化生产<br>2. 粒料外观很好，质地致密<br>3. 劳动条件好 | 1. 对设备要求高<br>2. 噪声大 |
| 混合法 | 纤维和树脂预先在混合器内混合再送入挤出机塑炼，挤出造粒 | 1. 物料混合均匀<br>2. 外观质量好 | 1. 间歇生产<br>2. 纤维损伤较大 |

（1）在单螺杆挤出机中直接加入粗纱纤维或短纤维生产增强粒料

排气式挤出机螺杆可看做由两根不同长度的单螺杆同轴串联而成，将粗纱从加料斗与基体树脂一起加至螺杆第一输送段后，随之进入第一压缩段和第一计量段。基体树脂在前进过程中受热而熔融塑化，玻璃纤维也被切断、粉碎并与熔融的基体树脂混合在一起。进入排气段时，包含于熔体中的水分或其他低分子挥发物被脱走。脱去低分子挥发物的物料继续被螺杆推向前进，通过第二压缩段和第二计量段，得到进一步均化，最后进入机头，挤出成致密料条，通过冷却，由切粒机切成粒料。

在单螺杆挤出机中加长纤维（粗纱）比较困难，一般是加短纤维。将短纤维加入单螺杆排气挤出机的方法也有两种，一种是在加料口上方通过切断装置把粗纱切成短纤维，然后与基体树脂一起加入到挤出机中去。另一种是将购来的短纤维与集体树脂直接加到挤出机中，由于短纤维容易飞扬，一般不对短纤维和基体树脂进行预混。

在单螺杆挤出机中直接加短纤维生产增强粒料，对机器的磨损比较严重，由于螺杆的剪切作用易造成玻璃纤维的过度破碎。研究结果表明，玻璃纤维的破碎主要发生在加料口处、进入机头口模处和熔融段。因此从提高混合质量、减少纤维过度破碎、降低机器磨损角度来看，纤维最好在基体树脂熔融后加入，这样加入的玻璃纤维直接与熔体混合，熔体很快将纤维包围起来，防止玻璃纤维与螺杆、机筒表面接触，避免了纤维的过度破碎。但设置加入口时必须注意，加入口前应形成高压密封（可以通过螺杆设计来满足此要求），玻璃纤维加入口区螺槽的容积应加大（加深槽深和加大螺距），使熔体在螺槽中处于半充满状态，便于玻璃纤维的加入。

（2）将长纤维增强粒料加入到挤出机中回挤造粒生产增强粒料

采用排气式单螺杆挤出机，将长纤维增强粒料回挤的工艺路线来生产纤维增强粒料。生产过程是：当长纤维粒料从料斗中加至螺杆第一输送段后，随之进入第一压缩段和第一计量段。

在前进过程中粒料受热而成熔融流体，压力从零逐步升高，当它继续前进进入第二输送段（排气段）时，由于螺槽突然变得很深，受压的熔体突然降压，从而物料膨胀，包含于熔体内的水气或其他低分子挥发物随之逸出。此段螺纹设计为双头螺纹，并沿轴向铣出两条平槽，进一步加强物料搅动，更利于熔体中气体的逸出。在螺杆排气段上方设有排气口，并连接真空泵，因而熔融物料中低分子挥发物的逸出速度极快。脱去低分子挥发物的物料继续被螺杆推向前进，通过第二压缩段和第一计量段进入机头，挤出成致密料条，通过冷却，由切粒机切成粒料。

为使挤出机工作平稳，进料与出料达到平衡，防止排气口溢料，通常在螺杆第一计量段与第二输送段（排气段）之间装有节流阀。

由于熔融物料在排气段停留时间很短，要在短时间内尽可能将低分子挥发物除尽，这就需要一定的真空度。生产实践证明，当真空度高于 0.8MPa 时，即可得到光洁致密的 SFT。

7.4.3.2.2　双螺杆挤出机制备玻璃纤维增强粒料

同向啮合双螺杆挤出机比单螺杆挤出机更适合于玻璃纤维增强粒料的生产，也是产业界普遍采用的方法。双螺杆挤出机生产玻璃纤维增强塑料粒料的工艺流程非常简单，基体树脂经计量加料装置计量后，加入到挤出机中，在外加热器和物料、螺杆、机筒的剪切摩擦热的作用下熔融塑化，在物料已基本熔融的区域设置第二加料口，玻璃纤维由第二加料口加入，并与熔融聚合物混合。

用双螺杆排气式挤出机制备 SFT 有十分明显的优点。首先，纤维是在挤压系统下游物料已熔融塑化处加入，可大大减少由第一加料口加入后经固体输送段造成的纤维过度折断。其次，由于纤维在树脂熔融后加入，有利于熔体对纤维的包裹，对玻璃纤维提供了润滑保护作用，也大大减轻了对螺杆、机筒的直接接触和磨损。第三，同向双螺杆挤出机一般都采用积木式结构，通过改变螺杆结合方式及改变玻璃纤维送入后的那一段螺杆长度，可以在一定范围内改变玻璃纤维的平均长度。对于易磨损的几节筒身和螺杆，可及时更换而不必报废整个机筒和螺杆。对于不同的基体树脂，可采用不同的螺杆组合。这种结构给生产条件的改变和选择提供了很大的方便，特别适合于增强粒料的生产。此外，双螺杆挤出机具有自洁作用，这样避免了在挤出机内部的物料死区，保证所有物料在挤出机内停留时间一致，沿着螺杆螺纹可以是不连续的，可以在这些不连续的区段设置一些特殊构型的捏合元件，以适应复合工艺要求。沿着机筒可以有一个或一个以上的排气口，以便将水分及聚合物、浸润剂分解物排除，以利于树脂对纤维的润湿。

图 7-3 为在 ZSK 型同向旋转、啮合型双螺杆挤出机中加入短玻璃纤维制作短玻璃纤维增强热塑性塑料粒料的流程图，短切玻璃纤维是在聚合物熔融后才加入的。

短切玻璃纤维也可通过连续玻璃纤维纱在挤出机的中部处加入，被啮合的螺杆旋转时搅断而获得。由连续玻璃纤维纱在线配料、就地切断，是生产短玻璃纤维增强热塑性塑料粒料的另一种工艺方法。这种方法的优点是成本低，缺点主要体现在玻璃纤维含量稳定性稍差。图 7-4 为同向旋转啮合型双螺杆挤出机中加入连续玻璃纤维纱制备增强粒料的流程图。

而短纤维增强粒料，由于玻璃纤维已与树脂均匀混合，表面处理剂已发挥全部作用，粒料已体现了增强塑料的性质，因而很硬，加料时易爆裂，对螺杆及机筒侵蚀力强，机械易受损伤，所以短纤维增强粒料应制成小粒或小片形式较为妥当。

短玻璃纤维增强塑料粒料制备工艺

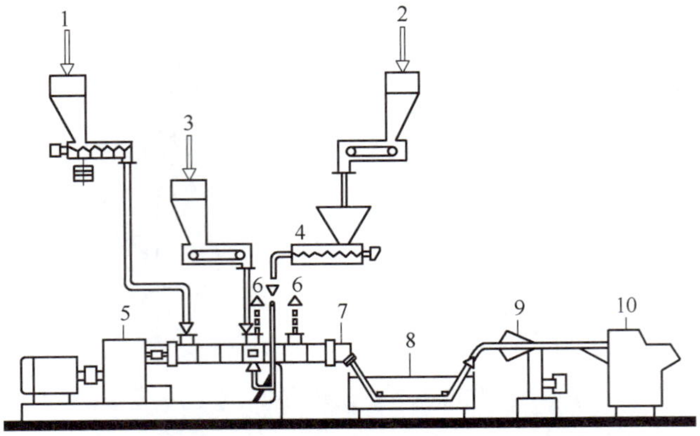

图 7-3 向同向双螺杆挤出机中加入短玻璃纤维进行增强改性

1—聚合物 2，3—短玻璃纤维 4—送料螺杆 5—ZSK 型双螺杆挤出机 6—真空排气 7—机头 8—水槽 9—吹气装置 10—切粒机

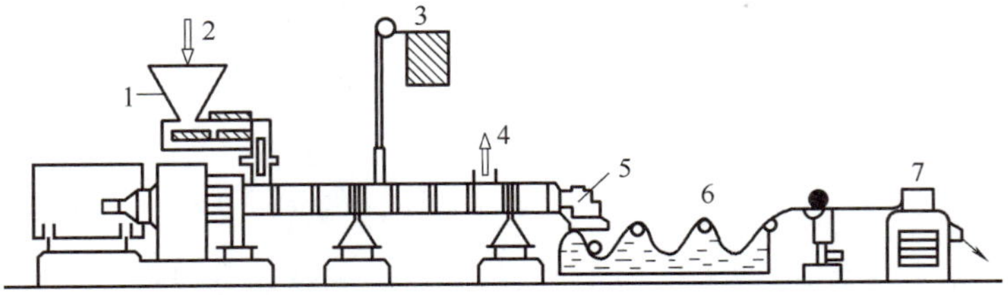

图 7-4 用连续玻璃纤维纱生产短玻璃纤维增强粒料的流程图

1—计量加料装置 2—热塑性塑料 3—连续玻璃纤维束 4—排气口 5—机头 6—冷却水槽 7—切粒机

**学习活动（7-3）**

讨论：

1. 确定玻璃纤维增强改性热塑性粒料的配方；
2. 选择改性造粒工艺路线与设备、制定实验方案、安全及防护规定。

实操：

1. 熟悉设备的结构与操作规程；
2. 按确定投料量，将基本配方换算为实用配方；
3. 对原料进行预处理；
4. 据实用配方中的原料用量，选择合适的计量器，称料；
5. 遵守安全及防护规定，按所定的配混操作规程完成混合熔融、造粒操作，记录数据与现象。

### 7.4.4 玻璃纤维增强热塑性塑料粒料的质量检验

热塑性树脂经过玻璃纤维增强后，除保持原有的优良性能外，强度、硬度和刚性大大提高，且具有良好的耐热性、尺寸稳定性和低温冲击性以及耐电弧性能，收缩率减小。

① 增强改性粒料外观。增强改性塑料粒料外观应塑化良好，无明显杂质和碎末，无浮纤，色泽一致、色度纯正。颗粒大小均匀。

② 流动性。采用熔体流动速率仪测定。

③ 物理力学性能测定。将增强改性粒料注塑试样，根据制品性能指标要求测试：拉伸强度、弯曲强度、冲击强度、硬度、拉伸和弯曲模量等。

④ 热性能。将增强改性粒料注塑为试样，按试验标准测定热变形温度、热膨胀系数等。

**学习活动（7-4）**

实操：

检验制得的玻璃纤维增强改性材料；记录、整理检验结果。

## 7.5 总结与提高

### 7.5.1 总结与评价

完成了学习活动（7-1~7-4），还需要对本项目工作任务进行：

**总结与评价**

1. 资料整理

汇总本项目中所做的各项资料查询、讨论记录，制定的配方、原料处理与混合造粒工艺规程、安全及防护规定，混合操作与现象记录，所得玻纤增强改性热塑性塑料的质量检验结果。

2. 写出总结报告。

3. 小组讨论，对工作任务完成情况做出评价。

（报告编写格式、评价指标见附录）

### 7.5.2 知识与能力拓展——片状和团状纤维增强模塑料

随着科学技术的发展，纤维增强聚合物复合材料的应用越来越广泛。针对不同的用途，人们开发了多种聚合物复合材料成型技术。而不同的成型方法，纤维增强聚合物复合材料的应用形态各有差异。

根据材料制造工艺的不同，纤维增强热塑性塑料除了前文制作的 SFT、LFT 之外，还有纤维增强热塑性塑料片材（RTPS），SFT 是纤维增强热塑性复合材料的主要品种，但是短纤维增强复合材料不适用于对材料性能要求较高的场合；而 RTPS 是以连续纤维或者纤维毡的形式与热塑性树脂预制成半成品片材，供后续的成型加工，性能上比 SFT 有了很大进步，且加工工艺简单、无环境污染、可回收利用。

纤维增强热固性塑料模塑料有片状模塑料（SMC）和团（散）状模塑料（BMC 或 DMC）两种。一般地讲，生产批量大、数量多及外形复杂的产品，宜采用团（散）状模塑料以模压成型或注射成型工艺制备，如机械零件、电工器材与仪器仪表部件等。对形状简单的大尺寸制品如浴盆、汽车部件与各种箱体、壳体，宜采用片状模塑料以大台面压机模压成型。

#### 7.5.2.1 纤维增强热塑性塑料片材

由于基材、增强材料及其形式、工艺方法等的不同，纤维增强热塑性塑料片材有很多品种。各种热塑性树脂都可以用作增强热塑性片材的基体，常见的有 PP 与高密度聚乙烯 PE-HD、聚苯乙烯（PS）、聚对苯二甲酸乙二醇酯（PET）、聚碳酸酯（PC）、聚酰胺（PA）、聚苯硫醚（PPS）等。片材中的增强纤维可以是玻璃纤维（GF）、碳纤维（CF）、芳纶纤维（AF）等，玻璃纤维的交织形式也多种多样，如连续纤维毡、针刺毡、短切原丝毡及单向连续纤维等。

增强材料及其形式对片材的工艺性能和材料性能影响很大，而采用不同的工艺方法，所获得制品的力学性能也有很大差别。目前，国际上主要的热塑性塑料片材品种是玻璃纤维毡增强热塑性片材（glass mat reinforced thermoplastics，简称 GMT）。GMT 法也是当前国际上研究最为活跃的复合材料生产工艺方法。

GMT 有两类：一类是连续玻璃纤维毡或针刺毡与热塑性塑料层合而成；另一类是随机分布的短切原丝与粉末状热塑性树脂熔合制成的片材。不同的片材结构，其生产工艺各不相同。常用的工艺方法有熔融浸渍法、悬浮沉积法、静电吸附热压法和流态化床法等。

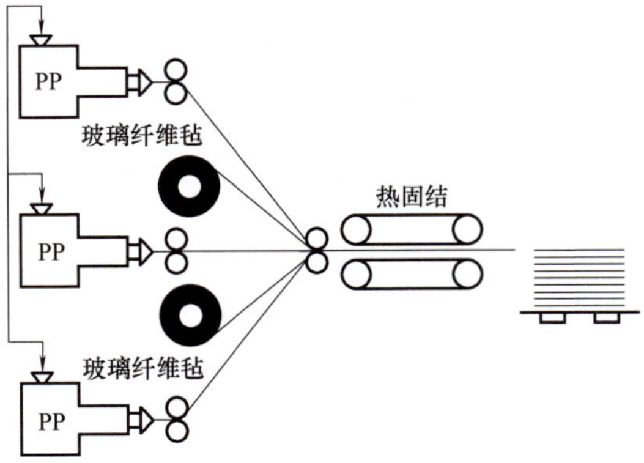

图 7-5 熔融浸渍工艺流程图

熔融浸渍法（干法）是目前最普遍的 GMT 片材生产方法。工艺流程见图 7-5，具体制备工艺是将两层纤维毡压合在 3 层热塑性树脂（主要品种是 PP）之间，中间层是熔融的热塑性树脂，最外层可以是薄膜，也可以是热塑性树脂。将该夹层结构送入双棍压带机，在高于热塑性树脂熔融温度条件下加压浸渍、层合，冷却定型，经裁切得到 GMT 片材。根据需要，片材中的增强纤维毡可以是 1 层或多层（最多可有 6 层）。

悬浮沉积法又称湿法。其工艺过程为：首先将短切纤维原丝（6~25mm）、热塑性树脂粉末和悬浮助剂加入水中，借助于悬浮助剂和搅拌作用将密度差较大的纤维和树脂微粒均匀分散在水介质中，使纤维呈单丝分散，树脂达到单粒分散，再将这种均匀的悬浮液通过流浆箱和成型网，加入絮凝剂使其凝聚，并使凝聚物与水分离，将水滤出后形成湿片，再经过干燥、黏结、压轧成为增强热塑性塑料片材。该片材主要有两种形式：毡状片材或刚性片材（也叫板材）。在悬浮法工艺中，悬浮介质一般是水。使用的纤维长度要适中，太短时片材的力学性能较低，太长则纤维很难在悬浮体系中均匀分散。选用的基体材料为粉末状热塑性树脂，其颗粒直径通常为 100～400μm。片材里的纤维含量在 25%～40%（质量分数）之间，具体工艺过程见图 7-6。

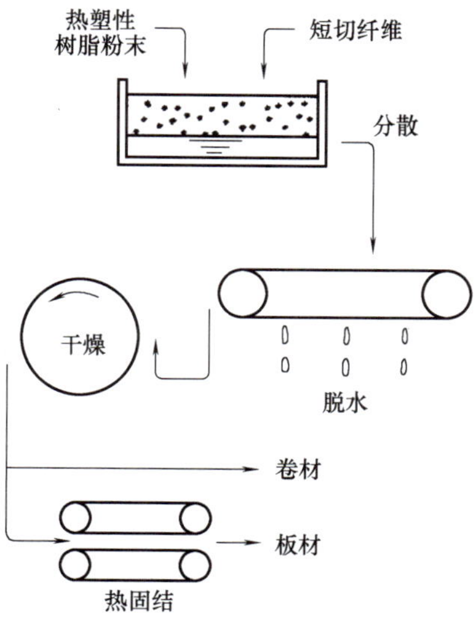

图 7-6　悬浮沉积法工艺流程

高静电吸附热压法是将热塑性树脂制成薄膜，使薄膜带静电，当带静电的树脂薄膜通过短纤维槽时，纤维被吸附在薄膜上。然后将上述吸附有纤维的薄膜在双带式热压机上层合、热压成增强热塑性塑料片材。流态化床法也叫粉末浸渍法，该法先将干燥的树脂粉末置于流化床上，使其带上静电荷；使连续纤维经扩散器吹松散后进入流化床，带静电的树脂粉末很快被吸附沉积在接地的纤维上；附着树脂的纤维通过切断器被切成定长，落在输送网带上，通过热轧区和冷却区后制成增强热塑料片材。

### 7.5.2.2　纤维增强热固性塑料模塑料

（1）片状模塑料（SMC）

片状模塑料（sheet molding compound，简称 SMC）是一种用于成型最终制品的半成品，主要由树脂、增强材料和填料等组分组成。SMC 所用的树脂主要是不饱和聚酯树脂，所用的增强材料主要是玻璃纤维，长度约为 25～50mm。为控制固化、收缩和其他性能，通常还需加入其他各种类型的添加剂，如固化剂、低收缩添加剂、化学增稠剂、内脱模剂、溶剂等。

SMC 的制造过程通常由两阶段组成。树脂、填料和其他添加剂先行混合成糊，然后再和纤维增强材料进行复合。对于 SMC 的连续生产而言，树脂糊经增稠并通过刮刀定量地涂敷在两层移动承载膜上，短切玻璃纤维或连续玻璃纤维经切割器切割后均匀地落在涂有树脂糊的薄膜上，另一层薄膜覆盖其上，成一整体夹心结构，进入浸渍区通过各类压辊的揉捏作用，驱除被困于夹层内的空气，实现浸渍。随后即可收卷得到片状模塑料。片材在一定的环境条件下，经过一定时间的熟化与存放，物料增稠并达到模压黏度要求后，即可用于模压成型。

SMC 生产设备主体上分两部分：其一是制备树脂糊的设备，它包括投料、混合、输送 3 个过程；其二是制片设备，它包括上糊、粗纱短切、浸渍、压紧和最后收卷成材，它的主功能是使纤维被树脂糊充分浸渍，驱除片内空气并将模塑料制成片状。SMC 的生产原理示意图见图 7-7。

制备 SMC 过程中存在两个关键的问题。一是不饱和聚酯树脂基体固化收缩率大（6%～

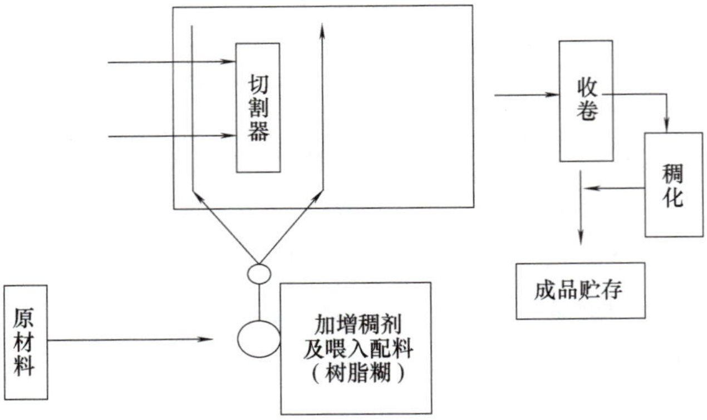


图 7-7 SMC 生产工艺流程示意图

10%），从而导致 SMC 制品收缩率过大，产品质量缺陷。目前已被广泛应用的低收缩添加剂主要有羧基化的改性聚醋酸乙烯酯，其中醋酸乙烯酯含量大于 50%（质量分数）。二是化学增稠。不饱和聚酯树脂需采用增稠剂增稠，形成网状结构，使聚酯的黏度增大，满足模压成型工艺的需要。传统的氧化镁增稠剂虽然价格低，但增稠速度慢。采用二异氰酸酯化合物对端羟基的不饱和聚酯进行增稠，聚氨酯的端异氰酸酯基与不饱和聚酯的端羟基反应生成一种交替分散的高分子网状片段，这种网状片段由两种聚合物经交联与互穿所形成。这种技术可以更快、更有效地控制黏度，而且模压制品收缩率低，冲击强度高，容易得到强韧性材料。

（2）团（散）状模塑料（BMC 与 DMC）

与片状模塑料相比， BMC 所用的增强材料品种更加广泛，所用纤维的短切长度比较短（3~12mm），含量比较低（15%~20%）。 SMC 是以片状形式应用，而 BMC 可以团状、木节状或散状的形式应用。虽 BMC 的力学性能比 SMC 稍低，但其成型工艺性及其制品的外观质量明显优于 SMC，并可用于成型各种结构复杂的制品。典型 BMC 与 SMC 材料的综合性能比较见表 7-11。

**表 7-11　典型 BMC 与 SMC 材料的综合性能比较**

| 性能 | 单位 | 品种 | |
|---|---|---|---|
| | | BMC | SMC |
| 密度 | $g/cm^3$ | 1.65~2.0 | 1.65~2.5 |
| 成型收缩率 | % | 0.1~0.7 | 0.1~0.4 |
| 弯曲强度 | MPa | 50~140 | 70~253 |
| 拉伸强度 | MPa | 21~70 | 56~140 |
| 压缩强度 | MPa | 140~210 | 105~210 |
| 冲击强度 | $kJ/m^2$ | 3.2~34 | 15~47 |
| 热变形温度(1.8MPa) | ℃ | 204 | 188~260 |
| 体积电阻 | Ω·cm | $10^{12}$~$10^{15}$ | $10^{14}$~$10^{16}$ |
| 击穿电压 | kV/mm | 11~15.6 | 14~16 |
| 介电常数 | $10^6$Hz | 5.2~6.4 | 4.2~5.8 |
| 耐电弧性 | S | 120~240 | 120~202 |

续表

| 性能 | 单位 | 品种 | |
|---|---|---|---|
| | | BMC | SMC |
| 吸水性(24h) | % | 0.06~0.12 | 0.1~0.15 |
| 线膨胀系数 | $10^{-4}$/℃ | 20~33 | 20 |
| 氧指数 | % | 23~40 | 23~40 |

BMC 模塑料的配制工艺过程有连续法和间歇法（批混法）两种。批混法比较经济，而且易于更换 BMC 的混合配方和品种，因而团状模塑料通常都用批混法制造。BMC 常规的配制工艺分两步，第一步是将树脂、固化剂、颜料、脱模剂、化学增稠剂、低收缩添加剂及可能加入的部分填料等组分放进高剪切型搅拌机中进行搅拌混合，再加入剩余填料进一步混合得到树脂浆料。第二步，将搅拌好的浆料倒入混合机，加入玻璃纤维短丝，搅拌混合。经 10～15min 的混合后即可卸料。料团进一步用挤出机挤成小圆柱条料或丸块状，密封包装，贮存备用。

在上述 BMC 配制工艺过程中，影响预混料质量的因素很多。包括树脂体系的组成与黏度、增强纤维的类型、含量与纤维长度、混合器类型、加料顺序、混合温度和混合时间等。为适应不同的制品与后续的成型工艺，应注意各工艺因素的调整。以树脂体系的黏度为例，就成型而言，树脂体系具有较高的黏度有利于各组分流动的均一性；但就混合来讲，过高的黏度会造成玻璃纤维的折断，使制品的拉伸强度和冲击强度急剧下降。因此，树脂体系的黏度应在这两方面取得适当的平衡。又如增加混合时间，虽能提高混合均匀性，但不必要的时间延长将使玻璃纤维过度损伤，降低制品的力学性能。因此，当配制高玻璃纤维含量（达 35%）的预混料时，须较快地、均匀地加入玻璃纤维，以适当缩短所需要的总混合时间，防止先加入的玻璃纤维受到损伤。

查找相关资料，讨论纤维增强热塑性塑料片材的成型方法、制品性能与应用。

# 附录一　常见混合混炼设备的操作规程

## 1. 高速混合机操作规程

（1）使用机器前，先在各润滑点加润滑油（脂），检查电器箱内接点、电器元件连接是否牢固，混合机内腔内有无异物，搅拌桨是否拧紧。

（2）合上电源，按下启动按钮，让机器空机运转，检查有无异常现象。

（3）根据试验要求，选择控制方式，当选用混合时间控制时，将时间控制器调到所需要的时间，当选用温度控制时，把温度调到实验要求温度。

（4）清理干净混合机内腔，关闭卸料门，加入按配方称量之物料。

（5）关上机盖，按下启动按钮，开动桨叶，搅拌。

（6）混合时间或温度达到要求时，警报鸣响，打开排料口，在搅料情况下排料。

（7）按下停按钮，切断电源，停止搅拌，打开锅盖，清理剩料。

（8）试验结束时，要清理干净机器，加上润滑油。

## 2. 密炼机操作规程

（1）开机前，检查机器各部位的清洁卫生，确保混炼室转子间无杂物、加料门、压料装置、卸料门等和物料接触部位的清洁。

（2）检查气路、润滑油路和液压油路有无泄漏，各轴承部位温度是否正常，根据润滑细则定期加润滑剂。

（3）检查压缩空气、冷却水的压力是否符合要求，加料门、压料装置、卸料门等运动是否灵活、可靠，检查转子端面密封有无漏料现象。

（4）随时检查（观察）各指示仪表显示是否正常。

（5）检查整机运转情况是否正常，检查机器正常后，方可开机。

（6）转子的加热和冷却必须在转子转动条件下缓慢进行，防止转子因局部温度突变而产生断裂。

（7）密炼室的加料量不得超过设计能力，满负荷运转的电流一般不超过额定电流。

（8）投料前要先关闭好下顶栓，粉料要轻投轻放。

（9）操作时若发现杂物掉入混炼室或遇故障时，必须停机。

（10）如遇突然停车，应先将上顶栓提起插好安全销，将下顶栓打开，切断电源，关闭水、汽阀门。如用人工转动联轴器排料，注意相互配合，严禁带料开车。

（11）上顶栓被物料挤（卡）住时，必须停车处理；下顶栓漏出的物料，不准用手拉，要用铁钩取出。切勿将头、手伸到混炼室里面。

（12）停车后插入安全销，关闭翻板门，落下上顶栓，打开下顶栓，关闭风、水、汽阀门，切断电源。

### 3. 开炼机操作规程

（1）开机前，先给机器各转动处，电机齿轮箱内和油杯等处加润滑油，检查机器正常后，方可接通电源，启动主机，使辊筒转动。

（2）接通前、后辊加热棒电源，加热辊筒（边转动，边升温）。40min后，停转辊，用表面温度计测量辊筒表面温度，继续在转动下加热辊筒。

（3）以后每隔15min停机测温一次，直到辊筒温度符合要求。辊筒温度可通过调压器调节高低。

（4）当温度达到要求后再恒温30min，开启排风机排气。

（5）在两辊上方加上已混合好的物料，调节辊距，使物料通过辊隙。落下的物料再送上辊面，反复塑炼，打三角包数次，使物料塑化均匀。

（6）待物料塑炼均匀后（用刀切开，切面光洁无未塑化粒子），可从前辊出片。

（7）出片完毕后，停止加热，调大辊隙，在转动中冷却辊筒，待温度降至60℃以下时，方可停机。

（8）清理干净机器，关闭排气扇。

（9）遇到突发事件，应立刻按下急刹车按钮。

### 4. 挤出机操作规程

（1）全面检查机器的机械、电器配件完好性，传动部分要加足润滑油。

（2）装换上实验（生产）使用的机头。

（3）接通加热器开关，预热机筒、机头，调节温度至工艺要求的刻度值，接通冷却水。

（4）当各部分的温度达到要求时，恒温30min，同时对机头部分的衔接螺栓均应检查并拧紧，以免漏料。

（5）加料→启动电机→合上控制器开关→慢慢旋动调速旋钮→螺杆转动，注意人不能站在机头的正前方。

（6）开动造粒辅机，根据工艺要求调节切粒机速度和冷却风量。

（7）停机时，先停止加料，断开加热，将机筒里余料挤清，必要时加入少量清洗料，清洗机筒和螺杆。将控制器调速旋钮至“0”位，按停止按钮，电机停止转动。

（8）关停辅机，关水、关气，将机头清理干净。对机器、机头进行必要的保养。

### 5. 塑料造粒辅机操作规程

（1）检查机器的完好性，将各防护罩合上，并使塑料造粒辅机的各个部分均置于预备工作状态。

（2）检查和调整切刀和挤出机的同步性，调节切刀与模面间距使两者均符合工作要求。

（3）挤出机起动后开动造粒机，根据挤出速度和造粒大小要求配合调节速度旋钮，以得到所需的切粒速度以上。

（4）当冷却器出口处容器装满时，关上闸门并尽快要换容器，以免粒料不能正常落下而落到冷却器里。

（5）当加工或调节结束后，如需拆造粒飞刀时必须等挤出机口模不再出料后才能进行。

（6）加工完后，调速旋钮复零，关断电源。

（7）定期清理造粒机中灰尘和残留粒料，以防新原料受污染。

（8）各移动和转动部位定期加润滑剂。

# 附录二　报告的编写格式

报告的编写应规范、标准，本课程的报告编写参照中华人民共和国国家标准《（GB/T 7713. 1—2006）学位论文编写规则》。

## 1. 报告编写的一般要求

1.1　报告的内容应完整、准确。

1.2　报告应采用国家正式公布实施的简化汉字和法定的计量单位。

1.3　报告中采用的术语、符号、代号在全文必须统一，并符合规范化的要求，使用新的专业术语、缩略语、习惯用语，应在首次出现时加以注释。外文专业术语、缩略语，应在首次出现的译文后用圆括号注明原词语全称。

1.4　报告中文稿必须用白色稿纸撰写或打字，采用 A4 纸（210mm×197mm）标准大小的白纸。

1.5　报告的插图、照片必须清晰。

## 2. 报告的组成部分

报告一般包括前置部分、主体部分、参考文献、附录等 4 个组成部分。

2.1　前置部分

报告的前置部分主要包括封面、摘要和目录等部分内容。

2.1.1　封面

报告应有封面，封面内容包括中图分类号、标题和学生、教学单位署名。

2.1.1.1　中图分类号

中图分类号采用《中国图书馆分类法》（第 4 版）或《中国图书资料分类法》（第 4 版）标注。

2.1.1.2　标题

标题应准确地表达设计（论文）的特定内容。一般控制在 20 个汉字以内。如语意未尽，可以借副标题予以补充。

2.1.1.3　学生、教学单位署名

标题中下方即是学生署名，学生署名下方即是教学单位署名（教学单位指独立设置的系部）。

2.1.2　致谢

放在摘要页前，对象包括：

——对国家科学基金、资助研究工作的奖学金基金、合同单位、资助或支持的企业、组织或个人。

——对协助完成研究工作和提供便利条件的组织或个人。

——对在研究工作中提出建议和提供帮助的人。

——对给予转载和引用权的资料、图片、文献、研究思想和设想的所有者。

——对其他应感谢的组织和个人。

2.1.3 摘要

摘要是报告内容的简要陈述，应具有独立性和自含性，即不阅读报告全文，就能获得必要的信息。摘要一般应说明研究工作目的、方法、结果和结论等，重点是结果和结论。中文摘要一般不宜超过200~300字，摘要中应尽量避免采用图、表、化学结构式、非公知公用的符号和术语。

报告应选取3~5个关键词。关键词应能正确地反映文章的主题内容，在报告中有明确的出处，并应尽量采用《汉语主题词表》或各专业主题词表提供的规范词。

2.1.4 目录

目录由报告的篇、章、条、款、项、附录等的序号、名称和页码组成。

2.2 主体部分

主体部分应从另页右页开始，每一章应另起页。一般由引言（绪论）、正文和结论组成。

2.2.1 引言（绪论）

引言（绪论）应能简要地说明本课题的目的、意义、范围、前人研究情况及其与本课题的关系，引言（绪论）不要与摘要意思雷同，也不要成为摘要的解释。引言（绪论）是作者注意力的焦点，应认真撰写，注意精炼。对前人的工作应只讲与本课题有关的主要结论，并指出文献来源。

2.2.2 正文

正文是报告的核心部分。内容包括理论基础、调查对象、方案论证、过程论述、实验和结果分析以及主要见解和结论等。要求实事求是、客观真切、准备完备、合乎逻辑、层次分明、简练可读。

2.2.2.1 图

图应具有“自明性”，即只看图、图题和图例，不阅读正文，就可理解图意。

图应有编号。图的编号由“图”和从“1”开始的阿拉伯数字组成，图较多时，可分章编号。图宜有图题，图题即图的名称，置于图的编号之后。图的编号和图题应置于图下方。

2.2.2.2 表

表应具有“自明性”，应有编号。表的编号由“表”和从“1”开始的阿拉伯数字组成，表较多时，可分章编号；表宜有表题（即表的名称），置于表的编号之后。表的编号和表题应置于表上方。表的编排一般采用国际通行的3线表。

2.2.2.3 公式

论文中若有两个以上的公式，应用从“1”开始的阿拉伯数字进行编号，并将编号置于括号内。公式的编号右端对齐。公式较多时，可分章编号。

2.2.2.4 引文标注

论文中引用的文献的标注方法遵照GB/T 7714—2005，可采用顺序编码制，也可采用著者-出版年制，但全文必须统一。

2.2.3　结论

报告的结论是最终的、总体的结论，不是正文中各段的小结的简单重复。结论应包括报告的核心观点，交代研究工作的局限，提出未来工作的意见或建议。结论应准确、完整、明确、精练。如果不能导出一定的结论，也可以没有结论而进行相应的讨论。

2.3　参考文献

参考文献是文中引用的有具体文字来源的文献集合，其著录项目和著录格式应遵照 GB/T 7714—2005 的规定执行。所有被引用文献均要列入参考文献表中。如果引文采用著者-出版年制标注时，参考文献表应按著者字顺和出版年排序。

正文中未被引用但被阅读或具有补充信息的文献可集中列入附录中，其标题为“书目”。

参考文献的著录，按著录/题名/出版事项排列注明：

(1) 专著

主要责任者．题名 ［文献类型标志］．出版地：出版者，出版年：引文页码．

(2) 专著中的析出文献

析出文献主要责任者．析出文献题名 ［文献类型标志］．//专著主要责任者．专著题名．出版地：出版者，出版年：引文页码．

(3) 连续出版物

主要责任者．题名 ［文献类型标志］．年，卷（期）-年，卷（期）．出版地：出版者，出版年．

(4) 连续出版物中的析出文献

析出文献主要责任者．析出文献题名 ［文献类型标志］．连续出版物题名，年，卷（期）：页码．

(5) 专利文献

专利申请者或所有者．专利题名：专利国别，专利号 ［文献类型标志］．公告日期或公开日期．

(6) 电子文献

主要责任者．题名 ［文献类型标志/文献载体标志］．出版地：出版者，出版年（更新或修改日期）［引用日期］．获取和访问途径．

2.4　附录

附录作为主体部分的补充，并不是必需的。下列内容可以作为附录编于报告后：

——为了整篇报告材料的完整，但编入正文又有损于编排的条理性和逻辑性，这一材料包括比正文更为详尽的信息、研究方法和技术更深入的叙述，对了解正文内容有用的补充信息等。

——由于篇幅过大或取材于复制品而不便于编入正文的材料。

——正文中未被引用但被阅读或具有补充信息的文献。

——与报告有关的支撑材料（如调查资料、图表、原始数据，主要设备、仪器仪表的性能指标和测试精度等）。

附录编号、附录标题各占 1 行，置于附录条文之上居中位置。每一个附录通常应另起页，如果有多个较短的附录，也可接排。

### 3. 报告的编排格式

3.1 章节

报告的主体部分可根据需要划分为不同数量的章、节，章节的划分参照 CY/T 35—2001。示例如下：

| 第一级 | 第二级 | 第三级 |
| --- | --- | --- |
| 1 | 2.1 | 2.8.1 |
| 2 | 2.2 | 2.8.2 |
| 3 | 2.3 | 2.8.3 |
| · | · | · |
| · | · | · |
| · | · | · |
| 6 | 2.6 | 2.8.6 |
| 7 | 2.7 | 2.8.7 |
| 8 | 2.8 | 2.8.8 |

3.2 报告结构图

前置部分
- 封面（见2.1.1）
- 致谢（见2.1.2）
- 摘要（见2.1.3）
- 目录（见2.1.4）

主体部分
- 引言（绪论）（见2.2.1）
- 正文（见2.2.2）
- 结论（见2.2.3）

参考文献（见2.3）

附录（见2.4）

# 附录三　工作任务评价标准

| 考核项目 | | 评价等级 | | | 成绩比例 |
|---|---|---|---|---|---|
| | | 优 | 良 | 及格 | |
| 项目计划决策 | | 能由多种途径查找到各类型的资料，资料分析思路清晰，项目计划合理、准备充分 | 能由多种途径查找到较多的资料，资料分析思路较清晰，项目计划合理、准备较充分 | 能查找到主要的资料，能对资料进行分析，项目计划较合理、有少量的准备工作 | 20% |
| 项目实施检查 | | 在规定时间内完成项目、工艺过程与工艺参数设置合理、生产产品无缺陷、操作规范正确、故障应急处理合理，实践过程中有完整的详细的记录 | 在规定时间内完成项目、工艺参数设置较合理、生产产品无明显缺陷、操作基本规范正确、故障应急处理基本合理、实践过程中记录基本完整、详细 | 在规定时间内能完成项目主要内容、工艺参数设置基本合理、生产产品有缺陷、操作不太规范、故障应急处理应变能力比较差、实践过程中记录不详细 | 25% |
| 项目讨论总结报告 | | 能完整总结项目的开始、过程和结果；总结报告格式规范，有效数字表示正确；能准确分析结果、实践中出现的各种现象；正确地回答思考题 | 能完整总结项目的开始、过程和结果；总结报告格式基本规范，能较准确分析结果、实践中出现的各种现象；基本能够回答思考题 | 能较完整总结项目的开始、过程和结果；总结报告格式部分规范，能分析结果，基本能对实践中出现的各种现象进行解释；能回答部分的思考题 | 20% |
| 职业素质 | 工作态度 | 项目实践过程中，不缺勤、不迟到、不早退，中途不离开项目实践现场，态度端正、认真负责、积极进行动手操作，积极查阅相关学习资料，积极参与研讨、归纳总结 | 项目实践过程中，不缺勤、不迟到、不早退，中途离开项目实践现场不超过一次，态度端正、认真负责、积极进行动手操作，比较积极查阅相关学习资料，积极参与研讨、归纳总结 | 项目实践过程中，不缺勤、有迟到早退现象，中途离开项目实践现场不超过两次，态度比较端正、积极进行动手操作，比较积极查阅相关学习资料，比较积极参与研讨、归纳总结 | 10% |
| | 设备保养文明生产 | 严格按照设备操作规范，每次使用完设备都进行日常保养、态度认真；按照5S要求，机器打扫干净、工具箱等放回指定位置并摆放整齐、地板无污水及其他垃圾 | 经过提示能够按照设备操作规范，每次用完设备都进行日常保养、态度较认真；机器打扫干净、工具箱等放回指定位置、地板无污水及其他垃圾 | 经过提示能够按照设备操作规范，每次使用完设备都进行日常保养；机器基本打扫干净、工具箱能放回指定位置、地板基本无污水及其他垃圾 | 10% |
| | 团队合作 | 配合很好、能服从组长的安排、积极主动、认真完成本项目 | 配合较好，能够按照组长的安排完成本项目 | 能与同学配合完成本项目 | 5% |
| 创新能力 | | 在实践过程中能够提出自己的见解，有一定的创新点 | 在实践过程中能够提出自己的见解 | 在实践过程中能够在引导下提出自己的见解 | 10% |
| 总评 | | | | | |

说明：低于及格评价等级为不及格

# 参考文献


［1］ 黄锐主编.《塑料工程手册》编委会编. 塑料工程手册［M］. 北京：机械工业出版社，2000.

［2］ 耿孝正. 塑料混合及连续混合设备［M］. 北京：中国轻工业出版社，2008.

［3］ 林师沛. 塑料配制与成型（第二版）［M］. 北京：化学工业出版社，2004.

［4］ 林师沛. 聚氯乙烯配方设计指南［M］. 北京：化学工业出版社，2002.

［5］ 张明善. 塑料成型工艺及设备［M］. 北京：中国轻工业出版社，1998.

［6］ 刘小明. 硬聚氯乙烯改性与加工［M］. 北京：中国轻工业出版社，1998.

［7］［美］H. S. 卡茨，李佐邦，等译. 塑料用填料及增强剂手册［M］. 北京：化学工业出版社. 1985.

［8］ 山西省化工研究所编. 塑料橡胶加工助剂（第二版）［M］. 北京：化学工业出版社，2002.

［9］［德］R. 根赫特. H. 米勒主编. 成国祥，等译. 塑料添加剂手册［M］. 北京：化学工业出版社，2000.

［10］ 段予忠，谢林生主编. 橡胶塑料加工与制品应用工程手册［M］. 材料配合与混炼加工. 塑料部分，北京：化学工业出版社，2001.

［11］ 北京化工学院，天津轻工业学院编. 塑料成型机械［M］. 北京：中国轻工业出版社，1982.

［12］ 王加龙. 塑料配料工与塑料捏合工［M］. 北京：化学工业出版社，2006.

［13］［美］H. A. 萨维特尼克主编. 陈文瑛，译. 聚氯乙烯糊［M］. 北京：轻工业出版社，1975.

［14］ 陈昌杰，李惠康，刘汝范等. 塑料滚塑与搪塑［M］. 北京：化学工业出版社，1997.

［15］ 司业光，韩光信，吴国贞. 聚氯乙烯糊树脂及其加工应用［M］. 北京：化学工业出版社，1993.

［16］ 邹元杰. 物理化学［M］. 上海：上海科学技术出版社，1986.

［17］ 丁浩主编. 塑料工业实用手册（上册）(第二版)［M］. 北京：化学工业出版社，2000.

［18］ 韩光信，张健，王远兆. 耐热 PVC 增塑糊的研究［J］. 聚氯乙烯，2006，(9)：4.

［19］ 周凯梁，张美珍，王军梅. 聚氯乙烯糊树脂的交联改性［J］. 现代塑料加工应用，1991，(1)：6.

［20］ 张治华. PVC 糊交联改性新进展［J］. 化学建材，1993，(2)：74.

［21］ 杨明山. 聚丙烯改性及配方［J］. 北京：化学工业出版社，2009.

［22］ 杨明山，李林楷，等. 塑料改性工艺配方与应用［M］. 北京：化学工业出版社，2006.

［23］ 耿孝正，张沛. 塑料混合及设备［M］. 北京：中国轻工业出版社，1991.

［24］［美］马里诺·赞索斯. 塑料混合及设备［M］. 北京：化学工业出版社，1999.

［25］ 朱炤男. 聚丙烯塑料的应用与改性［M］. 北京：轻工业出版社，1982.

［26］ 王文广. 塑料配方设计（第二版）［M］. 北京：化学工业出版社，2004.

［27］ 宗成中，黄兆阁等. 塑料配方设计及应用 900 例［M］. 中国石化出版社，2002.

［28］ 王加龙. 热塑性塑料挤出生产技术［M］. 化学工业出版社，2003.

［29］ 潘祖仁. 高分子化学（第五版）［M］. 北京：化学工业出版社，2011.

［30］ 王丽，赵伟. 马来酸酐熔融接枝聚丙烯的研究［J］. 化学工程师，2005，(10)：62.

［31］ 吴大鸣，王伟明，任冬云，等. 特种塑料管材［M］. 北京：中国轻工业出版社，2000.

［32］ 耿孝正. 同向啮合双螺杆挤出机制备混合物和合金［J］. 中国塑料，1999，13 (12)：63.

［33］ 王益龙，郭继宁，张航空等. 反应式挤出机的设计及应用. 现代塑料加工应用，2000，12

(1)：34.

[34] 司林旭，郑安呐，朱中南．双螺杆反应挤出模型的研究［J］．高分子材料科学与工程，2002，18（1）：26.

[35] 余坚，何嘉松．聚烯烃的化学接枝改性［J］．高分子通报，2000，3（1）：66.

[36] 李眉远，李文斐，姚占海．预辐照聚乙烯与甘油单硬脂酸单丙烯酸二酯接枝物的制备及性能［J］．高分子材料科学与工程，2020，36（2）：1.

[37] 王益龙，刘安栋．反应挤出技术研究进展［J］．现代塑料加工应用，2004，16（2）：35.

[38] 袁宗伟，王旭华．以助交联剂为第二单体的聚丙烯熔融接枝反应［J］．工程塑料应用，2018，46（4）：113.

[39] 王益龙，吴菲菲．工艺条件对反应挤出接枝产品纯度的影响［J］．中国塑料，2002，16（12）：79.

[40] 徐建平，刘春林．LLDPE 熔融接枝的研究［J］．合成树脂与塑料，2000，17（2）：10-12.

[41] 欧阳本红，李欢，李建英等．不同交联工艺交联聚乙烯电缆绝缘微观结构的差异研究［J］．绝缘材料，2019，52（10）：13.

[42] 胡丽斌，陈杰，翟双，等．交联聚乙烯电缆材料晶体的熔融特性研究［J］．陕西理工大学学报，2020，36（3）：28.

[43] 郭林敏，李珍馥．过氧化物交联聚乙烯管及专用料性能研究［J］．塑料，2002，31（4）：69.

[44] 胡发亭，郭奕崇．聚乙烯交联改性研究进展［J］．现代塑料加工应用，2002，14（2）：61.

[45] 张超峰，曾薇．硅烷自交联聚乙烯的制备与性能研究［J］．塑料工业，2020，48（2）：50.

[46] 刘颖，龙文保，吴大鸣，等．硅烷交联聚乙烯管材生产过程中的化学反应及其主要影响因素［J］．塑料，2001，30（4）：29.

[47] 吴大鸣，刘颖，龙文保．几种用于建筑冷热水输送的塑料管材的比较［J］．塑料，2001，30（2）：49.

[48] 李明，徐秀雯．PET 扩链反应研究．合成技术及应用［J］．2004，19（2）：17.

[49] 吴彤，李莹，蔡夫柳，谭惠民．扩链剂联用技术对 PET 扩链反应的影响．聚酯工业，2002，15（2）：20-24.

[50] 汪朝阳，赵耀明．扩链反应在高分子材料合成中的应用［J］．化学推进剂与高分子材料，2003，1（6）：23.

[51] 王琛主编．高分子材料改性技术［M］．北京：中国纺织出版社，2007.

[52] 戚亚光，薛叙明．高分子材料改性［M］．北京：化学工业出版社，2004.

[53] Shi Dean，Hu Guo-Hua，Ke. Zhuo，et al. Relaxation behavior of polymer blends with complex morphologies：Palierne emulsion model for uncompatibilized and compatibilized PP/PA6 blends［J］. Polymer，2006，47（13）：4659-4666.

[54] Kim G M，Michler，G H，Roesch J et al. Micromechanical deformation processes in toughened PP/PA/SEBS-g-MA blends prepared by reactive processing［J］. Acta Polymerica，1998，49（2/3）：88.

[55] 孔萍、刘青山主编．塑料材料［M］．广州：广东高等教育出版社，2017.

[56] 辛浩波主编．塑料合金及塑橡共混改性配方·工艺·性能·应用技术［M］．北京：中国轻工业

出版社，2000.
[57] 邓如生主编. 聚酰胺树脂及其应用［M］. 北京：化学工业出版社，2002.
[58] 桑永. 塑料材料与配方［M］. 北京：化学工业出版社，2005.
[59] 吴培熙. 共混改性原理及工艺（第二版）［M］. 北京：中国轻工业出版社，1996.
[60] 王加龙编. 高分子材料基本加工工艺［M］. 北京：化学工业出版社，2004.
[61] 王经武编著. 塑料改性技术［M］. 北京：化学工业出版社，2004.
[62] 沈家瑞，贾德民编. 聚合物共混物与合金［M］. 广州：华南理工大学出版社，1999.
[63] 张良均，童身毅，王勇平，等. PP-g-MAH 增容 PP/PA6 形态结构与流变性能［J］. 合成树脂及塑料，2003，(2)：46.
[64] 邹本三，李金树，陈锡花，等. PP/PA-6 合金的力学性能与相态结构［J］. 合成树脂及塑料，1996 (3)：40.
[65] 卞军，李志君，魏福庆，等. PP 接枝物增容 PP/PA 塑料合金的研究进展［J］. 热带农业科学，2005，1 (25)：71.
[66] 陈红军，刘长维，宋加金，等. 接枝共聚物对聚丙烯/尼龙 6 共混物结构和性能的影响［J］. 塑料，2007，6 (36)：25.
[67] 罗成明. 尼龙 6 塑料的应用开发［J］. 工程塑料应用，1992，(1)：54.
[68] 刘安君. 汽车用尼龙 6 产品工艺试验研究［J］. 重型汽车，1998，(6)：18.
[69] 吴如洁. 玻纤增强尼龙 6 的试制［J］. 工程塑料应用，1986，(1)：9.
[70] 汪晓东，金日光. 尼龙 6 超韧化［J］. 合成树脂及塑料，1996 (4)：48.
[71] 喻炳，施绍裘. PP/PA 共混高聚物在冲击载荷下的热粘弹性力学响应［J］. 宁波大学学报（理工版），2005，(2)：163.
[72] 陶国良，匡黎敏，吕坤. PA6/HDPE/EVA 三元共混改性的研究［J］. 工程塑料应用，1992，(3)：20.
[73] 李笃信，贾德民. PP 固相接枝物增容 PP/PA6 共混物的界面相互作用和力学性能［J］. 高分子材料科学与工程，2003，(1)：120.
[74] 罗艳妮. PA6/PP/MMT 纳米复合材料相态结构及阻燃特性研究［D］. 西安科技大学硕士学位论文，2006.
[75] 刘英俊，刘伯元. 塑料填充改性［M］. 北京：中国轻工业出版社，1998.
[76] 王文广. 塑料改性实用技术［M］. 北京：中国轻工业出版社，2000.
[77] 王国全，王秀芬. 聚合物改性［M］. 北京：中国轻工业出版社，2000.
[78] 段予忠. 塑料改性［M］. 北京. 科学技术文献出版社，1988.
[79] 段予忠，张明连. 塑料母料生产及应用技术［M］. 北京：中国轻工业出版社，1999.
[80] 徐定宇. 聚合物形态与加工［M］. 北京：中国石化出版社，1992.
[81] 卢寿慈. 粉体加工技术［M］. 北京：中国轻工业出版社，1999.
[82] 郑水林，王彩丽，李春全. 粉体表面改性（第四版）［M］. 北京：中国建材工业出版社，2018.
[83] 北京市电线总厂. 塑料配合与加工［M］. 北京：机械工业出版社，1983.
[84] 刘英俊. 粉体填料在塑料中应用现状及面临的问题［J］塑料加工，2002，35 (1)：1.
[85] 岳名正. 填充母料配方设计［J］. 塑料，1989，18 (4)：3.

[86] 岳名正. 填充母料配方生产技术 [J]. 塑料工业，1990，(3)：56.
[87] 陈庆华，张华集. 塑料填充母料的状况和发展趋势 [J]. 塑料技术，1992，(1)：47.
[88] 邹雪梅. 活性碳酸钙填充母料的制备与应用 [J]. 塑料科技，2004，(1)：35.
[89] 孙阿彬，段予忠，王忠. 填充母料及其他常用塑料母料 [J]. 塑料助剂，2006，(1)：51.
[90] 项素云，田春香，孙彩霞. 滑石粉的表面改性及其对填充 PP 性能的影响 [J]. 中国非金属矿工业导刊，2006，(1)：36.
[91] 吉红念，陈烨璞，丁准贞，等. 碳酸钙表面改性剂磷酸酯的合成及其在塑料体系中的应用 [J]. 塑料工业，2002，30 (1)：6.
[92] 赵亮，金斗满. 长余辉光致发光塑料流变等性能的研究 [J]. 塑料科技，1991，(1)：13.
[93] 郑水林，钱柏太，卢寿慈. 非金属矿物填料表面改性研究进展 [J]. 粉体技术，1998，4 (2)：24.
[94] 蔡力锋，杨俊，林志勇. 玻璃微珠填充聚合物复合材料界面 [J]. 工程塑料应用，2003，31 (3)：66.
[95] 陈洵. 磁性塑料及其应用 [J]. 工程塑料应用. 1998，26 (12)：25.
[96] 朱艳秋. 塑料加工应用 [J]. 导电高分子材料，1998，(2)：38.
[97] 马传国，容敏智，章明秋. 导热高分子复合材料的研究与应用 [J]. 材料工程，2002，(7)：40.
[98] 陈崧哲，于九皋. 填充型降解塑料的研究进展 [J]. 化学工业与工程，1998，15 (3)：44.
[99] 杨桂英，赵红竹，孙颜文. 抗菌剂及抗菌塑料概况 [J]. 塑料加工应用，2000，22 (2)：47.
[100] 张玉龙，高树理. 纳米改性剂 [M]. 国防工业出版社，2004.
[101] 张立德. 纳米材料 [M]. 北京：化学工业出版社，2004.
[102] 黄锐，王旭. 纳米塑料 [M]. 北京：中国轻工业出版社，2002.
[103] 杨志伊，刘书进，刘同冈，等. 纳米科技 [M]. 北京：机械工业出版社，2004.
[104] 梁基照，王丽. PP/纳米 $CaCO_3$ 复合材料的抗冲击性能. 合成树脂及塑料，2005，22 (2)：63.
[105] 梁基照，王丽. 表面处理对 PP/纳米 $CaCO_3$ 复合材料拉伸性能的影响 [J]. 材料工程，2004，20 (4)：24.
[106] 胡圣飞，郦华兴，严海彪. PP/纳米级 $CaCO_3$ 复合材料的研究 [J]. 塑料科技，2004，6：14~15.
[107] 刘艳军. PP/POE/纳米 $CaCO_3$ 复合材料的制备及性能研究 [J]. 山东化工，2019，48：10.
[108] 廖松泽，王腾达，杨双春，等. 层状硅酸盐/高分子材料复合的研究进展 [J]. 应用化工，2019，48 (11)：2753.
[109] 王月欣，李英，张留成. 聚合物/纳米黏土复合材料的研究进展 [J]. 合成树脂及塑料，2018，35 (6)：92.
[110] M. Belhocine，A. Haouzi，Abdelkader Ammari，et al. On the effect of Benzethonium intercalation process：Structural and dielectric properties of exchanged montmorillonite [J]. Colloids and Surfaces A：Physicochemical and Engineering Aspects，2019，577 (20)：224.
[111] 秦怀礼，张世民，阳明书. 聚合物/层状硅酸盐纳米复合材料的环境稳定性 [J]. 化学通报，2005，8：569.
[112] 郝向阳，刘吉平，田军，等. 聚合物基纳米复合材料的研究进展 [J]. 高分子材料科学与工程，2002，18 (4)：38.

[113] 罗海强，余传柏，高鹏，等. 纳米材料协同增强聚合物基复合材料的研究进展［J］. 化工新型材料，2020，48（5）：32.
[114] 高春华. 纳米材料的基本效应及其应用［J］. 江苏理工大学学报（自然科学版），2001，22（6）：45.
[115] 霍朋. 可降解塑料的研究现状与发展趋势［J］. 工程塑料应用，2016，44（3）：150.
[116] 刘青山，严玉蓉，赵耀明，等. 纳米 ZnO 对 PP 自然光降解的影响［J］. 合成纤维工业，2005，28（3）：7.
[117] 刘青山，严玉蓉，赵耀明. 纳米二氧化钛催化光降解聚丙烯纤维的研究［J］. 合成材料老化与应用，2005，34（1）：8.
[118] 王立娟，王鉴，王焱鹏，等. 生物降解塑料的产业现状及其发展前景［J］. 现代塑料加工应用，2020，32（2）：50.
[119] 周帅，侯璞，李云龙，等. 玉米秸秆/聚乳酸复合材料的制备及性能测试［J］. 林业工程学报，2019，4（5）：92.
[120] 王善勤. 塑料配方设计问答［M］. 北京：中国纺织出版社，2003.
[121] 宋卓颐. 塑料原料与助剂［M］. 北京：科学技术文献出版社，2006.
[122] 孙大康，王文元. 塑料制品成型加工［M］. 北京：化学工业出版社，1987.
[123] 钟世云. 聚合物降解与稳定化［M］. 北京：化学工业出版社，2002.
[124] 张旭之等编. 丙烯衍生物工学［M］. 北京：化学工业出版社，1995.
[125] 段予忠，徐凌秀. 塑料配方设计及应用 900 例［M］. 北京：中国石化出版社，1995.
[126] Benderly，D，Siegmann，A，Narkis，M. Polymer encapsulation of glass filler in ternary PP/PA-6/glass blends［J］. Polymer Composites，1996，17（1）：86.
[127] 陈占勋. 废旧高分子材料资源及综合利用（第二版）［M］. 北京：化学工业出版社，2007.
[128] 刘英俊，王锡臣. 改性塑料行业指南：塑料改性理论与实践及企事业名录［M］. 北京：中国轻工业出版社，2000.
[129] 吴培熙，王祖玉编. 塑料制品生产工艺手册［M］. 北京：化学工业出版社，1998.
[130] 刘雄亚. 复合材料工艺及设备［M］. 武汉：武汉大学出版社，1994.
[131] 工程材料实用手册编辑委员会. 工程材料实用手册 5 塑料，透明材料，复合材料，胶黏剂［M］. 北京：中国标准出版社，1989.
[132] 《中国玻璃钢工业大全》编委会. 中国玻璃钢工业大全［M］. 北京：国防工业出版社，1992.
[133] 黄丽主编. 聚合物复合材料［M］. 北京：中国轻工业出版社，2001.